KB213844

레이첼 헬드 에반스와 나는 같은 시기에 대학을 다녔고 이십대를 보냈다. 내가 새벽 기도에 빠지지 않는 어린이였고 십대에 가장 오래 붙들고 있던 책이 성경이던 예장합동교회 출신이어서일까. 어린 시절 최우수 기독교인 상을 받고 올바른 종류의 기독교인이 되려고 매진한 십대를 거쳐 믿음을 이해하기 위해 질문을 던지고 길을 찾아 나선 저 먼 나라 친구 이야기가 전혀 낯설지 않다. 그러면서 내 이야기들이 같이 끌려 나왔다. 서울에 사는 내가 먼 도시의 '하나님의 대학'에 갈 뻔했으나 면접을 보러 간 대학에 붙어 있던 술 마시고 회개하는 대자보를 보고는 뒤도 돌아보지 않고 그 도시를 떠났던 기억부터 친한 후배의 커밍아웃, 구약 성경과 세계사 속에서 전쟁과 폭력을 일삼는(!) 하나님과 기독교인 때문에 괴로워하던 친구의 질문, 대학 시절 기독교 세계관을 중요하게 공부했던 기억, 성경적 여성관에 도무지 동의할 수 없었던 질문의 시간들, 보수적 정치 성향의 교회를 다니면서 사회과학을 전공할 때 느꼈던 지적인 혼란 등. 레이첼의 이야기에 응답해 책 한 권 분량의 한국 버전의 내 이야기를 들려줄 수 있을 것 같았다. 미국 테네시주 데이턴 '원숭이 마을'의 레이첼과 동시대를 살면서, 그가 만난 네이선과 아델, 샘을 나 또한 만났기 때문이다. 내가 끝없이 던졌던 질문 "이 시대에 기독교인으로 산다는 건 어떤 의미인가"에 대해 같은 질문을 던지고 끝내 믿음에 도달하는 여정을 찾아낸 내 친구 레이첼. 그러니까 이 책은 이런 책이다. 레이첼의 이야기를 들으면 내 이야기가 떠오르고 '마침내' 하나님의 긴 이야기를 다시 듣게 만드는 책. 비록 지금 레이첼은 없지만 그가 남긴 이야기들로 인해 "이 시대에 기독교인으로 산다는 건 어떻게 진화해야 하는 것인가"라는 질문의 대답은 계속 생성될 것만 같다. 그의 이야기를 듣고 나처럼, 믿음을 가지고 살아남기 위해 그 과정이 엉망진창일지언정 '진화하는' 이야기를 꺼내고 싶어진 다른 믿음의 친구들이 많아질 테니까.

박혜은 | 서울책보고 매니저

회사 동료 피디가 만드는 〈잘잘법〉이라는 기독교 유튜브 콘텐츠가 있다. 나는 거기에 달리는 악플을 유심히 보는 편이다. 최근의 인상적인 댓글은 "당신의 비성경적인 강의를 정중히 보이콧합니다"였다. 이렇게 몸에 좋은 건강식(두 분의 주 강사인 K 목사님과 K 교수님의 강의는 내 삶의 보양식이다)을 '먹지 못할 음식'이라고 보이콧하는 그분은 그럼 대신 무엇을 드시고 계실까? 짐작은 간다. 그렇기에 내 얼굴은 "밥은 먹고 다니냐?"고 묻던 송강호의 슬픈 얼굴이 된다. 필명으로 달린 댓글이었지만 나는 댓글러의 본명을 안다. 20대의 나다. 젊은 시절, 나 역시 모든 것을 성경적/비성경적 둘로 나누던, 나눌 수 있다고 믿던 사람이었다. 그리고 이제 또 한 명의 본명을 안다. 이 책의 저자 레이첼 헬드 에반스. 알고 보니 그녀는 나보다 더 지독한 근본주의자였다.

이 책 『헤아려 본 믿음』은 37세의 젊은 나이로 세상을 뜬 미국 작가 레이첼 헬드 에반스가 쓴 회고록이다. 우리는 얼마나 자주 성경 구절 몇 개로 상대방(의 신앙)을 고치려 하는지! 누구보다 그걸 잘 아는 에반스는 그래서 '이야기'를 하기로 한다. 신문과 잡지의 칼럼니스트로 일했던 경력 때문에 그의 글은 참 인상적이다. 그녀가 자신의 죄를 묘사하는 부분에선 잠시 소름이 끼쳤고(나는 마음속으로 '그러지 마, 제발 그러지 마!'를 외쳤다), 학교에서 진행하는 순결 서약에 교사보다 더 확신과 열정과 기쁨에 차서 참가했다는 이야기를 들을 땐 웃지 않을 수 없었다. "아마 나는 죄책감에 근거한 순결 수업을 그것을 가르친 어른들보다 더 많이 기뻐한 지구상의 유일한 십대였을지도 모른다." (근본주의가 몸에 딱 맞았던 소녀 에반스!) 그녀의 회고록 이곳저곳에선 "나는 여전히 잘 모르겠다"라는 말이 나오는데, 이 말은 내가 제일 좋아하는 말 중의 하나다. 모르는 게 있다고 우리 삶이나 신앙이 붕괴되지는 않는다. 그럼 붕괴시키는 건 무엇일까. 변화하기 두렵고 혹은 귀찮아서, 이전에 받아들인 것 하나만 계속해서 붙잡는 삶 아닐까. 그녀의 말대로 "절망을 초래하는 정도의 아주 심각한 의심은 하나님께 질문하기 시작할 때가 아니라 두려움 때문에 질문하기를 멈출 때 시작된다."

한 여성이 27세(!)에 쓴 회고록을 50대 후반(!)에 접어든 내가 빠져들어 읽은 이유는 무엇일까. 어쩌면 내가 여전히 근본주의자이기 때문인지도 모르겠다. 근본주의는 내가 해결해 버린 과거의 문제가 아니라 늘 다른 모습으로 찾아오는 도전 같다. 젊은 청년에겐 클럽에서 따낸 여성 전화번호 리스트가 소중하고, 베드로에겐 타협할 수 없는 먹방 리스트가 있었다. 에반스를 읽다 보니 내가 지금 소중히 여기는 '기독교적 목록'은 무엇일까, 묻게 된다. 그건 과연 기독교적 목록이 맞을까? 누군가는 한국의 복음주의는 연성화된 근본주의일 뿐이라고 말했는데 공감 가는 지적이다. 오랜 시간 연성화된 근본주의자로 살아온 내 삶과 내 목록에 소중한 균열을 일으킨 에반스의 이 책을 마음 중심에서 추천한다.

신동주 | CBS TV 프로듀서, 〈낸시랭의 신학펀치〉 제작

이 책은 도발적이다. 회고록의 형식을 띠지만, 저자가 경유하는 이슈들은 상당히 폭넓기 때문에 한편으로 논쟁적이다. 그러나 어느 위치에서 바라보느냐에 따라 달라지는 광학적 홀로그램 같다. 어떤 이에게는 문제적으로, 다른 이에게는 호의적인 방식으로 읽힐 것이다. 저자는 다변화되는 사회 속에서 현대의 교회가 안고 있는 모순들을 자기 서사의 방식으로 풀어내고자 고군분투한다. 불확실한 세계를 건너는 '확실한 믿음'들에 관한 그녀의 치열한 사색의 과정을 좇다 보면 나는 어느 순간 의구심 가득한 얼굴이었다가, 또 격한 공감과 동질감을 느끼며 금세 고개를 끄덕이게 된다.

레이첼 헬드 에반스는 '미국 남부, 중산층 가정의 20대 여성 개신교인'으로 범주화할 수 있는 자신의 지평을 끊임없이 탐색하며 신앙과 윤리, 나아가 정치적 올바름에 관해 질문한다. 그런 의미에서 이 책은 징후적이다. 십여 년 전에 출간된 첫 저서임에도 차별과 혐오, 주술과 맹신이 난무하는 지금의 한국 교회에 시의적인 통찰을 제공한다. 저자는 교회 안팎에서 쉽게 부딪힐 수 있는 일상적인 사건과 사람들을 해상도 높게 관찰하고 자신의 신앙 고백을 되짚어 봄으로써 가장 정치적인 문제들에 기꺼이 참여한다.

이 책은 질문하기를 그치고 쉬운 선택을 종용하는 독선적인 문화 안에서 자라, 비슷한 고민을 떠안게 된 신앙인들에게 위로가 될 만한 성장담이다. 더불어, 읽는 이로 하여금 새로운 신앙의 행로를 모색할 수 있도록 돕는 상세한 안내서다. 동시대를 살아온 그녀의 삶의 궤적을 따라가다 보니, 나 자신이 어디에서 울고 웃었으며 또 어디를 향하고 있는지를 헤아려 볼 수 있는 긴한 성찰의 계기가 되었다.

강현아 | 프리랜서 편집자, 강사

ver.1 꽤 오랫동안 세상의 헛된 것과 거룩한 일을 구분하여 섬기며 주님께 영광을 돌리도록 창조된 존재임을 고백하는 일을 신앙의 전부라 여겼다. 그러기 위해 성경을 의심 없이 받아들이며 어리석은 세상을 향해 대답할 말을 준비하도록 훈련받았다. 그런 신앙이 그리스도인으로서의 나를 형성하는 데는 기여했지만 지금은 그 신앙을 의심하고 회의한다. 그렇다고 내가 신앙으로부터 멀어졌다고 생각하지 않는다. 고장 나 버린 내비게이션을 버리고 새로운 여정을 시작했을 뿐.『헤아려 본 믿음』은 한 번쯤 자신이 확신하며 헌신하던 신앙을 의심하며 당혹스러운 질문을 해 봤을 그리스도인이라면 밑줄 쫙쫙 그으며 읽을 책이다. 레이첼 헬드 에반스는 때론 불온했던 나의 의심과 회의가 틀리지 않았다는 사실을 자신의 경험과 여러 인물을 통해 사려 깊게 알려 주며 새로운 신앙의 길을 제시한다. 나에게 레이첼 헬드 에반스는 신앙이라는 위대한 여정에서 만날 수 있는 가장 재미있고 사려 깊은 길동무다.

ver.2 내가 속한 단체에는 자신이 그동안 신앙이라 믿었던 것들을 의심하고 새롭게 질문하며 교회 언저리에서 서성이는 이들이 많이 찾아온다. 수년간 그들과 모임을 지속하며 가장 많이 들었던 말은 이렇다. "제가 틀리지 않았다는 걸 알게 돼서 기뻐요." 교회는 우리에게 유의미한 신앙의 유산을 물려주었지만 그 유산을 받기 위해서는 의심 없이 정답의 길을 걷도록 요구했다. 답이 정해진 신앙은 편리했지만, 때론 하나님의 뜻을 평면적이고 협소하게 이해하게 했고, 이웃을 배제하며 사회적 진보의 뒷덜미를 잡아채는 일에 기여하게 했다. 그래서 누군가는 이제라도 고장 난 내비게이션 같은 신앙의 유산을 거부하고, 질문으로 가득한 불확실한 신앙의 모험을 감행한다. 레이첼도 그렇게 모험을 감행한 그리스도인이다. 『헤아려 본 믿음』은 그가 어떻게 '원숭이 마을'로 상징되는 '확신하는 신앙'에서 뛰쳐나와 '질문하는 신앙'이라는 모험을 시작했는지, 그 모험이 얼마나 신앙을 풍요롭게 했는지 용감하고 지혜롭게 기록한다. 의심하고 회의하는 신앙의 길로 한 걸음 내딛으며 '이런 질문을 해도 되는' 공동체를 원하는 그리스도인에게 레이첼 헬드 에반스는 재미있고 사려 깊은 친구이며, 그가 지은 글들은 질문하며 진화하는 공동체를 위해 꼭 필요하다.

오수경 | 청어람ARMC 대표

이 책의 저자 레이첼 헬드 에반스는 성경을 문자적으로 믿으면서 노예제, 여성 혐오, 폭력, 인종 청소가 당연하다고 여겼던 열성적인 근본주의였으나 성경, 구원, 과학, 종교, 우주의 추첨, 예수님과 진리에 대한 의심과 질문, 그리고 자신의 변화된 삶을 통해 '진화하는 믿음'이야말로 예수의 성육신 방식을 구현하는 삶임을 기술하고 있다. 해서 이 책은 특히 복음주의에 속한 자들을 향해 "우리의 성경 사랑은 우리의 해석을 다른 사람에게 확신시키기 위해 얼마나 용맹하게 싸우는가가 아니라, 다양한 의견을 보존하기 위해 얼마나 부지런히 애쓰는가로 측정되어야 할 것이다", "복음주의 기독교인들만이 하나님의 모든 것을 파악한 사람들이라면 그들은 주변에서 가장 친절하고 관대한 사람들이어야 한다"는 성찰과 변화를 요구하고 있다. 이 책의 저자 에반스가 37세로 일찍 생을 마감하게 되었음을 알고 책을 읽노라니, 그녀가 신앙과 지적 성실성 사이에서 혹은 종교와 연민 사이에서 치열하게 고민했던 삶에 전이되는 듯한 감동이 몰려왔다. 빠르게 변화하는 세태 속에서 우리가 붙잡아야 할 진리는 무엇이며, 편견과 고정관념, 두려움과 절망을 이기고 변화를 견뎌 낼 수 있는 믿음과 관용은 무엇인지 도전을 줄 것이라 여겨 일독을 권한다.

강호숙 | 비블로스 성경인문학연구소 연구원

근본주의 배경에서 자란 저자의 회고록은 동지애를 떠올리게 했다(신앙의 성숙 과정이 참 비슷하다는 생각 때문이겠다). 진화론과 페미니즘, 동성애와 종교 다원주의를 경험하며 질문과 의심이 들었지만 그의 신앙은 오히려 진화했다. 저자의 표현대로, 의심은 믿음을 진화시키는 작동 방식이기 때문이다. 믿음은 확신에 차서 흔들리지 않는 것이 아니라, 의심의 파도와 질문의 격랑 속에서도 요동치며 바다에 떠 있는 것이다. 이 책을 읽는 독자들 모두가 우리의 상상력과 이해를 넘어 하나님을 신뢰하는 진정한 신앙을 갖게 되기를 바란다.

우종학 | 서울대학교 물리천문학부 교수

작가는 하나님 앞에서 참 정직한 신앙인이다. 하나님에 대한 근본주의적인 진술들에 의문을 제기하다가 결국 하나님의 본질 자체를 질문하기 시작한다. 하나님을 질문하다가 드디어 복음서의 예수를 만나서 나름 하나님을 알게 된다. 그러나 그것이 하나님의 전부라고 생각하지 않고 여전히 질문하기를 멈추지 않는다. 작가가 우리에게 정직한 질문을 충고하는 것은, 질문만이 교리에 붙잡힌 배타적인 신앙을 변화와 성숙의 생동적인 신앙으로 이끌기 때문이다. 도대체 믿음이 무엇인지, 성경을 어떻게 읽어야 할지, 기독교인으로 산다는 것이 무엇을 의미하는지 등 질문을 멈추지 않는 이들에게 이 책은 좋은 대답이 될 것이라 믿는다.

정종훈 | 연세대학교 연합신학대학원 교수

『헤아려 본 믿음』으로 레이첼 헬드 에반스는 재능 있는 작가, 정직한 이야기꾼, 매력적인 목소리로 기독교 공동체의 무대에 오른다. 그녀는 명료하고 지적이고 믿을 만한 젊은 리더들의 새로운 세대에 가장 큰 희망과 가능성이 무엇인지 서술한다.

브라이언 맥클라렌 | 『새로운 그리스도인이 온다』 저자

이 책은 논쟁이다. 레이첼은 자기 자신과, 하나님과, 성경과, 남부 근본주의와 논쟁한다. 그런데 어떤 면에서 우리는 이 논쟁의 승자인데, 한 젊은 여성이 성숙한 믿음—예수님의 나라의 비전이 그녀의 삶을 재편하는—으로 나타나는 모습을 지켜보며 배우기 때문이다. 어느새 나는 그녀를 응원하고 있었다.

스캇 맥나이트 | 노스파크 대학교 종교학부 석좌교수

레이첼 헬드 에반스는 영리하고, 배짱 있고, 현실적이고, 재미있다. 『헤아려 본 믿음』은 내가 결코 상상하지 못했던 방식으로 내 영적 여정에 영향을 끼쳤다. 이보다 더 재미있게 읽은 책이 기억나지 않는다. 한편으론 레이첼이 뛰어난 작가이기 때문이고, 다른 한편으론 그녀가 하나님에 대해 자신이 물려받은 신앙과 자신의 영적 경험의 진실 사이에 있는 갈등을 두려워하지 않고 들여다보기 때문이다. 『헤아려 본 믿음』에는 다른 영적 회고록들과는 구분되는 어떤 무게가 있다.

짐 파머 | 『하나님은 어디 계실까』 저자

내가 레이첼 헬드 에반스를 얼마나 감탄해마지않는지 설명할 수 있을까? 그녀는 영리하고, 동정심이 있고, 웃기고, 끈질기게 캐묻는다. 『헤아려 본 믿음』을 그토록 설득력 있는 책으로 만든 것은, 그녀가 찾아낸 답이 아니라 그녀가 던지는 질문이다. 읽을 만한 가치가 있는 좋은 책은 많다. 하지만 정말로 뛰어난 책은 표지를 덮은 후에도 오랫동안 사색에 잠기게 할 것이다. 나는 이 책이 좋았다. 에반스가 이렇게 어린 나이에 놀라운 데뷔작을 썼다는 데 격려를 보내고 싶고, 그녀를 진심으로 축복하고 싶다.

캐런 스피어스 재커라이어스 | 『앵무새의 침묵』 저자

영원한 빛속 머무름

헤아려 믿음

의심과 질문을 통해
새로운 믿음에 이르게 된 이야기

레이첼 헬드 에반스 지음

김경아 옮김

바람이불어오는곳

첫 책을 내면 두 분께 헌정하겠노라

약속하는 여덟 살 소녀를

깊이 신뢰해 준

엄마와 아빠께

차례

레이첼과의 만남을 기억하며

다른 많은 사람과 마찬가지로 나도 글을 통해서 레이첼을 처음 만났다. 사려 깊고, 도발적이며, 정직하고, 완벽하게 구성된 글 말이다. 자신의 유명한 블로그로, 소셜 미디어에 자기 목소리를 담아서, 그다음에는 책을 통해 레이첼은 이야기했다. 의심하고 꿈꾸는 사람, 회의하고 냉소하는 사람, 갈급하고 목마른 사람, 주일학교 시절 믿고 싶었지만 여전히 의심스런 질문이 끊이지 않았던 우리 모두를 위해 레이첼은 글을 썼다.

레이첼은 영적 피난민들이 자신들의 커다란 질문들을 붙들고 씨름하며, 자신들의 상처에 솔직해지고, 하나님의 사랑과 조우할 수 있도록 거룩한 공간을 만들었다. 또한 남편 댄에게는 헌신적인 아내였는데, 두 사람의 동역은 무척 보기 좋았다. 여러분도 이 책을 통해 댄을 알게 될 것이다. 레이첼은 두 아이에게도 아주 좋은 엄마였다. 한번은 레이첼과 내가 같이 수련회를 인도

하고 있을 때였다. 뒤쪽에서 레이첼의 예쁜 딸내미가 우는 소리가 들렸다. 레이첼은 곧바로 무대에서 내려가더니 뒤로 가서 아기를 안았다. 엄마 품에서 행복해진 아기를 안고서 설교를 이어나갔다. 레이첼의 삶과 사역 사이에는 단절이 없었다. 그녀는 완전히 통합된 삶을 살았다.

서른일곱의 나이로 레이첼이 세상을 떠났을 때 문자 그대로 전 세계 수백만의 사람들이 그녀의 가족과 친구들, 그녀가 속한 공동체의 슬픔에 동참하며 애도를 표했다. 레이첼의 죽음은 여전히 설명할 수 없는 채로 남아 있다. 그녀는 베스트셀러 작가 그 이상이었다. 존경받는 공공 신학자나 열정적인 강사, 수련회 기획자라고 표현하기에도 너무 부족하다. 레이첼은 목회자요 예언자이며, 많은 이들이 여행길에서 만난 신실한 친구요 치료자였으며, 우리 세대를 위한 공교회의 지도자였다.

레이첼은 특별한 사람이었다. 부드러우면서도 격렬했고, 총명하면서도 친절했다. 증오한다고 누군가가 보내온 편지를 가지고 종이학을 접는 그런 여성이었다. 독자들을 친구처럼 대했고, 자기가 성장한 뿌리가 된 작은 동네를 사랑했다. 해답보다는 대화를 좋아했고, 대지의 적막함과 앵무새의 지저귐 속에서 결코 유쾌함을 잃지 않았다. 주님의 식탁에는 여분의 자리가 있다고 늘 믿으며 관대하게 살았다.

레이첼과 나는 인터넷이 연결해 준 덕분에 처음 알게 되었다. 하지만 이후 우리는 실제로도 친구가 되었다. 우리는 몇 년 동안 서로의 곁을 지켰다. 새로 아기가 태어날 때마다 축하하고,

같이 책을 쓰고, 서로를 격려하고, 수련회를 기획하고, 함께 선한 일을 도모했다. 그녀와의 우정은 내가 좀 더 용감해지고, 지혜로워지고, 현명해지고, 더 많이 정직하도록, 그리고 이웃을 향해 더 깊이 사랑하도록 만들었다. 나는 레이첼이 사무치게 그립다.

레이첼의 편집인이 나더러 레이첼의 작품을 소개하는 글을 써 달라고 요청했을 때, 집에 돌아오자마자 바로 이 책 전부를 다시 한 번 읽었다. 이 책과 함께 시간을 보낸 지 여러 해가 지났는데, 슬픔의 저 밑바닥에서부터 레이첼의 뛰어난 은사와 지혜, 명석함과 환대가 다시금 떠올랐다. 레이첼은 역시 아주아주 재밌는 사람이다.

레이첼의 글을 처음으로 읽게 되었다니 여러분이 부럽다. 여러분은 횡재한 것이다. 그녀가 글을 쓸 때, 그녀의 믿음을 구원한 것은 의심이었다. 이는 대다수 신앙의 지도자들이 우리에게 말하는 바가 아니다. 그들은 우리에게 말한다. 우리를 구원하는 것은 굳건한 확신이요, 동요하지 않는 것이며, 조용히 순종하는 것이라고. 이 책에서 레이첼은 많은 사람들에게 그러했듯이 여러분에게 허가증을 내줄 것이다. 자신의 의심을 똑바로 들여다보고, 거기에 이름을 붙이고, 스스로에게 "만약 내가 틀린 거라면?"이라는 치명적인 질문을 해 보는 허가증 말이다. 이런 질문은 공포스러울 수도 있지만 낫게 하는 것일 수도 있다. 복수심에 불타서 벌 주시는 잔인한 하나님이란 우리의 생각이 틀린 거라면? 우리를 향해 분노하고 격분하는 하나님이란 우리의 생각이 틀린 거라면? 만약 우리가 틀린 거라면? 내가 하나님을 예배하고 이해하는 방식이 유일한 이야기가 아니라면? 만약 하나님이 우리가 상상했던 것보다 훨씬 더 좋은 분이라면? 질문에는 자유가 있다. 레이첼은 우리보다 앞서 나갔고 우리가 따라갈 길을 남겨 주었다. 그녀가 쓴 것처럼, "하나님의 길은 우리의 길보다 높다. 하나님이 우리보다 자비롭지 않아서가 아니라 우리가 상상할 수 있는 것 이상으로 훨씬 더 자비롭기 때문이다."

레이첼은 바로 그런 자애로운 사랑 안에서 충만한 삶을 살았다. 그리고 그녀는 지금 바로 '그 사랑' 안에 안겨 있다. 레이첼은 자신의 질문대로 잘 살았다. 그리고 그녀는 '그 이야기'를 말하는 것에 대한 사랑을 잃어버린 적이 없다. 이제 우리는 어떻게든 레이첼이 없는 세상에서 살아야 한다. 나는 그녀가 우리를 위해 적어 놓은 모든 단어에 감사하고, 그녀가 남긴 빵부스러기의 흔적에도 감사하다. 관대하고 포용적이고 사랑 많으신 하나님의 집으로 곧장 간 것에 대해 표현할 수 없을 만큼 감사하다.

사라 베시
'진화하는 믿음' 공동 설립자

들어가기 전에

여러분이 기독교에 대한 객관적인 분석이나 편견 없이 성경을
해석하는 방법을 찾다가 이 책을 집어 들었다면, 먼저 알아야만
하는 몇 가지 사항이 있다.

* 사람들은 내가 과장해서 말한다고 한다.
* 나는 생각을 바꾸는 경향이 있다.
* '백인들이 좋아하는 것들'이라는 블로그는 괴롭지만 내
  생활 방식과 습관을 대변한다.
* 나는 '메이슨–딕슨선'(미국 펜실베이니아, 메릴랜드, 버지니아
  세 주의 경계선. 19세기에는 노예제가 있는 남부 주와 없는 북부
  주를 나누는 경계선이었다—옮긴이) 위쪽에 산 적이 없다.
* 가끔 나는 매력적인 여성이 멍청하다고 생각한다.
* 나는 기독교인들에게 상처를 받았다.

* 기독교인으로서 나는 상처를 주었다.
* 지난 세 번의 선거에서 승자에게 투표했지만, 매번 정치적으로 소외된 느낌을 받았다.
* 팀 러서트(심장마비로 돌연사한 미국 NBC 방송의 간판 앵커―옮긴이)가 사망한 사실을 알았을 때 한 시간이나 울었다.
* 나는 나를 비판적이라고 생각하는 사람들에게 비판적이다.
* 회고록을 쓰기에 스물일곱 살은 너무 어린 것 같다.
* 나는 거의 항상 약자를 응원한다. 때로는 하나님도 그러신다는 느낌을 받는다.

내가 하고 싶은 말은, 내가 엄밀하게 공정한 관찰자는 아니라는 것이다. 내가 속한 문화, 나의 어린 시절, 나의 성별, 내가 가진 편견, 희망, 상상, 나의 장점과 단점, 이런 것들이 세상을 보는 나의 관점에 색을 입히고 의미를 부여한다. 다른 사람들과 마찬가지로 나도 짐을 지고 있고, 그 또한 내 신앙 여정의 한 부분이다. 높은 봉우리와 낮은 계곡이 있는 이 여정은 내가 영원히 계속되기를 바라는, 길고도 아름답게 펼쳐진 길이다.

나는 다양한 면모를 갖춘 사람이지만 공정하고 균형 잡힌 사람은 아니다.

자, 이제 여러분이 어디에 들어왔는지 알았으니, 계속 읽어 나가시길.

나는 왜 진화론자인가

나는 원숭이가 불편하다. 수학 문제를 푸는 침팬지나 아침밥을 달라고 수화를 사용하는 고릴라 코코 이야기를 들을 때면 마치 사람과도 같은 그들의 자질과 지능에 설명할 수 없는 위협을 느낀다. 동물원에 가면 원숭이관은 애써 피한다. 또 다이앤 포시 (고릴라 연구로 유명한 미국의 영장류 동물학자―옮긴이)가 등장하는 소름끼치는 다큐멘터리 〈애니멀 플래닛〉도 보지 않는다.

　　인도의 히말라야 산기슭을 여행할 때였다. 야생 일본원숭이가 교량과 전깃줄을 이리저리 올라타는 게 보였다. 그런데 한 원숭이가 내 카메라 가방을 수상쩍게 쳐다보더니 나를 보고 이렇게 묻는 것 같았다. '인구의 절반이 먹을 게 충분치 않은 나라를 그렇게 멋진 장비를 가지고 돌아다니는 너는, 네가 누구라고 생각하느냐?' 아마 내가 그렇게 상상한 것이겠지만, 그 원숭이는 돌아서서 나를 역겨운 눈초리로 쳐다보는 자기 동료에게 분명히 뭔가를 속삭였던 것 같다. 이후로 나는 카메라를 좀 더 잘 간수해야 했다.

나의 원숭이 공포증은 결국 생물학자들이 옳을지도 모른다는 비밀스러운 의심과 관련이 있는 것 같다. 어쩌면 사람과 유인원은 공통의 조상을 가졌는지도 모른다. 그리고 그것은 우리가 얼마나 섬뜩하게 비슷한지를 설명해 준다. 현생 인류가 진화의 현장에 너무 늦게 도착했다고, 하나님이 그 지점에 도착하는 데 수백만 년이 걸렸다고 생각하면 좀 당황스럽다. 이런 시나리오는 확실히 사람의 자존심을 상하게 하고 사람이 하나님의 형상으로 창조되었다는 개념에 의문을 제기한다.

설상가상으로 나는 어디에선가 진화론을 믿는 것과 인격적이고 사랑 많은 창조주를 믿는 것이 상호 배타적이라고 들었다. 성경이 생명의 기원을 정확하게 설명한다고 믿을 수 없다면 다른 어떤 것도 믿을 수 없고, 그러면 기독교 신앙을 잃게 된다고 들었다. 아담과 하와를 창조의 정점으로 두는 문자 그대로 6일 간의 창조에 대한 확실한 믿음은 유년 시절 내 신앙에서 근본적으로 중요한 의미가 있었다. 나는 인생의 첫 스무 해 동안 과학책 가장자리에 '논쟁의 여지가 있는', '일어날 것 같지 않은' 같은 단어를 끼적이면서 보냈다. 음흉한 작은 원숭이가 다 안다는 듯한 미소를 지으며 이 모든 것을 망치려고 할 때마다 나는 좀 불안해진다.

찰스 다윈은 유기체의 생존과 멸종이 환경에 적응하는 능력에 달려 있다고 주장했다. 적응에 실패했다는 말은 털 많은 매

머드가 빙하기 끝까지 살아남지 못한 이유를, 도도새의 똥 대신 비둘기 똥이 자동차 앞 유리창에 달라붙게 된 이유를 설명해 준다. 나는 무엇이 진화를 일으키는지 아직도 잘 모르겠다. 과학자들은 진화를 입증할 완벽하고도 충분한 증거를 가지고 있고, 반면 신학자들은 성경적으로나 철학적으로 진화의 의미에 경계해야 할 충분한 근거를 가지고 있다.

하지만 다윈이 옳다고 판명 나더라도 기독교 신앙은 어쨌든 무너지지 않을 것 같다. 믿음은 그보다 훨씬 회복력이 뛰어나다. 살아 있는 유기체처럼 믿음은 변화에 적응하는 엄청난 능력을 가지고 있다. 최선의 경우, 우리 기독교인들은 이런 특성을 받아들인다. 하나님이 우리를 시시때때로 놀라게 하실 수 있도록 정통 교리 안에 충분한 여지를 남겨 두는 것이다. 최악의 경우, 우리는 각각의 모든 변화에 발길질을 하고 비명을 질러 댄다. 책을 불사르고, 다리를 불태우고, 심지어 사람까지도 불사른다. 그러나 지구가 태양을 중심으로 돈다는 갈릴레오의 우주에도 적응하는 우리가 다윈의 생물학에 (원숭이에 관한 부분까지도) 적응 못할 이유가 없다. 내가 확실히 알고 있는 게 하나 있다면, 믿음은 진화할 수 있는 한 거의 어떤 것과 관련해서도 살아남을 수 있다는 것이다.

* * *

예전에 나는 근본주의자였다. 텔레토비를 싫어하고 종말을 준비하는 제리 포웰 같은 유형의 근본주의자는 아니었지만, 하나님이 이미 꽤 많은 것을 드러내셨기에 우리에게 새로운 뭔가를 말씀하시지 않는다고 생각하는 그런 근본주의자. 구원이란 하나님에 대해 바른 견해를 갖는 것이며 믿음의 선한 싸움을 싸운다는 것은 어떤 대가를 치르더라도 그 바른 견해를 수호하는 것이라고 생각했다는 점에서 나는 근본주의자였다. 나의 안정감과 자존감, 인생의 의미는 모두 하나님을 바르게 이해하는 데 있었기에 나는 근본주의자였다. 하나님에 대해 바른 것을 믿고, 하나님에 대해 바른 것을 말하고, 다른 사람들이 하나님에 대해 바른 것을 받아들이도록 설득하는 일에 전념했다. 좋은 기독교인은 이리저리 변하는 문화의 모래바람에 휩쓸리지 않는다고 생각했다. 좋은 기독교인은 자기 생각을 바꾸지 않는다고 믿었다.

내 친구 아델은 근본주의란 움켜쥔 주먹의 손톱이 손바닥에 자국을 남길 정도로 자기가 믿는 교리를 꽉 붙잡는 것이라고 설명한다. 아델은 동성애자다. 그래서 그 손톱이 얼마나 날카로울 수 있는지 다른 사람들보다 잘 안다. 나는 그녀가 맞다고 본다. 나는 내가 붙잡은 교리 때문이 아니라 내가 그것을 붙잡은 방식 때문에, 죽기 살기로 붙잡았기 때문에 근본주의자였다. 그 교리 중에서 몇 개라도 내 손에서 빼내려면 최종적으로 하나님이 직접 나서야 할 터였다.

근본주의의 문제는 변화에 적응하지 못한다는 점이다. 자기가 붙드는 교리 하나하나가 절대적으로 필수적이라 여긴다면, 변화는 결코 선택지에 들 수 없다. 변화가 선택지가 될 수 없다면, 세상을 보는 시야가 엉망이 되지 않도록 세상이 있는 그대로 유지되기를 바랄 수밖에 없다. 텔레비전에 나오는 어떤 설교자들이 왜 그토록 이성을 잃고 화를 내는 것처럼 보이는지 나는 이것으로 설명이 된다고 본다. 근본주의자들이 보기에 기독교는 항상 파멸의 절벽에 앉아 있는 것 같다. 과학적 발견, 문화적 변동, 어려운 신학적 질문 하나면 곧 멸망할 듯이 말이다. 믿음을 붙잡은 손에 힘이 빠질까 두려운 나머지 그들은 삶을 쥐어짠다.

다행히도 변화에 적응하는 능력은 기독교의 가장 좋은 특징이다. 비록 우리가 종종 그 사실을 간과하지만 말이다. 나는 진정한 기독 신앙은 혹은 적어도 기독 신앙의 가장 순수한 버전은 예수님과 그의 제자들에게서 시작되어, 로마 가톨릭이 지배하던 약 천 년 동안 중단되었다가, 마르틴 루터와 종교개혁으로 돌아왔고, 근대의 세속적 인본주의자들에 의해 다시 공격받고 있다고 생각했다. 나는 신앙의 가장 중요한 요소들이 세월이 흐르며 변한 게 아니라 단지 잃어버렸다가 재발견되었다는 인상을 받았다. 그 중요한 요소들이 가장 간단하면서도 명료하게 바로 여기 성경에 있으니 그것을 옹호하고 변화로부터 지켜 내는 것이야말로 기독교인으로서 우리의 임무였다.

그러나 기독교의 진짜 이야기는 그렇게 매끈하지 않다. 실제 이야기는 수 세기에 걸친 격변과 도전, 변화를 포함하고 있다. 예수님이 이 땅에 멍하니 서 있는 제자들을 남긴 채 구름 속으로 승천하신 그 순간부터 기독교인들은 예수님의 가르침에서 기본적인 원리들이 무엇인지 정의하고 삶에 적용하려고 애써

왔다. 지난 2천 년 동안 우리는 단순히 그 기본 원리들을 옹호하는 데 그치지 않고 그것이 무엇인지 결정하는 데 그 모든 시간을 사용해 온 것이다.

잘못된 원리가 신앙 속에 스며들고 환경의 극적인 변화가 있어야만 그것을 뽑아 낼 수 있을 때 상황은 특히 가열된다. 예를 들어, 천동설을 생각해 보자. 갈릴레오가 살던 시대에 교회는 지구 중심의 우주라는 전통적인 패러다임을 너무나 확고하게 옹호하여, 반대 증거를 제시하는 사람은 누구라도 파문될 수 있었다. 당시 기독교인 대부분은 성경이 우주에 대해 꽤 명확하게 말한다고 믿었다. 땅에는 기초가 있는데(욥기 38:4), 움직이지 않고 견고하다(시편 93:1, 잠언 8:28). 종교개혁 신학자 장 칼뱅조차 천동설을 너무나 근본적인 사실로 간주한 나머지 지구가 움직인다고 믿는 사람들은 악마에 사로잡혔다고 주장했다.[1]

그러나 만약 지구 중심의 우주가 진실로 기독교의 생존에 그처럼 중요하다면 결국 태양 중심의 우주론이 수용되면서 기독교는 소멸하고 말았을 것이다. 망원경으로 인해 수 세기 동안 이어진 신앙이 몰락했다고 상상해 보라! 하지만 그러기는커녕 기독교인들은 적응했다. 시간이 걸리기는 했지만, 신자들은 자신들이 더는 우주의 중심에 있지 않다는 새로운 환경의 맥락 속에서 신앙을 다시 생각하고 다시 상상할 수 있는 길을 찾았다. 환경이 바뀌자 그들은 멸종을 받아들이는 대신 마음을 바꾸는 쪽을 택했다. 덜 우아한 표현으로 하자면, 그들은 타협하기로 했다.

변화에 적응하는 능력이 교회의 DNA로 자리 잡는 동안, 잘못된 원리를 내려놓는 일은 거의 매번 분쟁을 동반했다. 초기 기독교인들은 회심자들이 유대인의 율법을 따라야 할지 말지를 놓고 싸웠다. 종교개혁가 위클리프와 후스는 사람들이 자기들의 모국어로 성경을 읽을 수 있어야 한다고 주장했다가 이단자로 낙인찍혔다. 교회가 면죄부를 파는 것을 두고 마르틴 루터가 문제를 제기했을 때 기독교의 기본 원리에 대한 역사상 가장 위대한 논쟁 중 하나가 시작되었으니, 정통으로 받아들여진 교리에 도전했다는 이유로 루터는 파문을 당하고 심지어 죽음의 위협을 무릅써야 했다. 그로부터 몇 년 후 개신교인들은 신앙고백이 세례보다 선행해야 한다는 '이단적' 주장을 고수한다는 이유로 재세례파 사람들을 조직적으로 처형했다. 그리고 미국에서 노예 제도에 대한 성경적 관점에 따라 의견이 갈리고 교단이 나뉜 것이 오래된 일이 아니다. 원래 남침례교 총회가 조직된 것은 남쪽 지역의 침례교인들이 북쪽 지역의 침례교인들로부터 노예 소유가 잘못되었다는 말을 듣고 싶지 않았던 게 부분적 이유였다. 결국 남침례교 교인들은 노예는 그 주인에게 복종해야 한다는 게 성경의 명확한 가르침이라고 주장했다.

물론 지나고 나서 교회가 어느 지점에서 잘못되었는지 살펴보는 건 쉽다. 1993년 4월, 교황은 갈릴레오가 이단으로 기소된 지 360년이 지나서야 공식적으로 갈릴레오에게 무죄를 선고했다. 이와 비슷하게 1995년 남침례교 총회에서는 인종 차별적 뿌리를 폐기하는 결의안을 채택하기로 했다.

우리는 모두 우리가 초대 교회나 종교개혁 시대에 살았다면 진실의 편에 섰을 거라고 믿고 싶을 것이다. 하지만 거의 모든 사례를 통해서 볼 때, 그렇게 하려면 그 시대의 근본적인 가르침에 깊은 의문을 가져야 한다. 기꺼이 변화하려고 해야 한다. 우리는 바리새인을 닮지 않도록 조심해야 한다. 그들은 **자기들이** 예언자들의 시대에 살았다면 죄 없는 자들을 보호했을 거라고 떠벌렸다(마태복음 23:30을 보라). 하지만 곧이어 그들은 예수님을 대적할 음모를 꾸몄고 예수님의 제자들을 박해했다.

이 점을 염두에 둘 때 나는 때때로 내가 다른 시대와 장소에 살았더라면 어떤 확신을 붙들고 살았을지 생각해 본다. 노예를 소유할 권리를 옹호하는 데 성경을 이용했을까? 십자군 전쟁을 응원했을까? 어느 무엇보다 예수님을 따르기로 선택했을까?

이것이 내가 원숭이에 대해 열린 마음을 가지려고 노력하는 이유요 나 자신을 진화론자로 여기는 이유다. 과학의 다양성이 아니라 신앙의 다양성이란 측면에서 말이다. 살아 있는 유기체가 시간이 흐르면서 진화한다고 하는 것처럼, 신앙도 개인적인 측면과 공동체적인 측면 모두에서 진화한다. 영적 진화는 기독교가 지금까지 번창한 반면 다른 고대 종교들이 사그라져 없어진 이유를 설명해 준다. 영적 진화는 짐바브웨 외곽에 사는 우리의 형제자매들과 그리스 정교회에 속한 형제자매들이 같은 하나님을 아주 다른 방식으로 예배할 수 있는 이유를 설명해 준다. 하나님이 기독교를 변화하는 환경에 적응하는 능력을 타고나도록 창조하지 않으셨다면, 기독교는 자체의 세계적 확장은 고사하고 시간의 밀물과 썰물 속에 결코 살아남지 못했을 것이다. 바울로 하여금 모든 사람에게 모든 것이 될 수 있게 해 준 다양성이 교회에도 공동체적으로 적용된다. 수영을 해야 할 때는 지느러미가 자라고 하늘을 날아야 할 때는 날개가 자라는 것처럼, 그리스도의 몸인 교회의 변화하는 능력은 2천 년이 넘는 시간 동안 기독교를 보전해 왔다. 곧 망할 것이라는 수많은 예측에도 불구하고 말이다.

이것이 내가 진화론자인 이유다. 나는 진화론자다. 변화의 시간 속에서 복음을 되찾는 가장 좋은 방법은 우리가 믿는 것들에 더욱 꽉 매달리는 게 아니라 그것들을 열린 손으로 붙잡는 것이라고 믿기 때문이다. 나는 진화론자다. 때로 하나님은 환경의 변화를 사용하셔서 우리의 손아귀에서 우상을 캐내시고 우리에게 새로운 것을 가르쳐 주신다고 믿기 때문이다. 하지만 다른 무엇보다도 내가 진화론자인 이유는 나 자신의 이야기가 생존 가능성이 희박한 이야기이기 때문이다. 진화가 아니었다면 나는 신앙을 잃었을지도 모른다.

시작은 사소했다. 한쪽에는 잔소리처럼 반복되는 질문이 있었고, 다른 쪽에는 새로운 생각이 있었다. 그리고 끊임없이 바뀌고 새롭게 접근할 수 있는 세상이 도처에 있었다. 그러나 그러한 사실을 알기 전, 그러니까 기독교 대학을 졸업하여 예수님을 위해 세상을 접수하려고 준비하고 있을 때, 20년 동안 아무 의심하지 않았던 내 신앙의 전제들이 갑자기 미심쩍어 보이기 시작했다.

더 이상 쉬운 대답에 만족스럽지 않았던 나는 좀 더 어려운 질문을 하기 시작했다. 내가 기본 원리라고 생각했던 게 정말 그러한지 의심했다. 즉 비기독교인은 모두 영원한 형벌을 받고, 성경이 과학적으로나 역사적으로 정확하며, 우리가 절대 진리를 알 수 있고, 복음주의가 정치화되는 것이 옳다는, 그간 당연하게 받아들였던 이야기들 말이다. 나는 하나님을 의심했다. 구원과 관련해서 그분의 공평함을 의심했다. 세상에 가난과 불의를 허용하시는 그분의 선하심에 이의를 제기했다. 기독교인들이 상황을 바로잡도록 맡겨 두시는 데 대해 그분의 지적 능력을 의심했다. 종족 학살과 여성 압제를 묵과하는 듯한 성경 구절을 붙들고 씨름했다. 교회 안에 있는 교만과 위선을 이해해 보려고 애썼다. 내 어린 시절의 하나님이 진정으로 내가 예배하고픈 하나님인지 질문했고, 때로는 하나님이 존재하기는 하는 것인지 의심했다.

그런데 이런 의심들이 내 믿음을 죽여 버리기는커녕 놀랄 만한 거듭남으로 이끌었다. 새롭고 불안정한 환경에서 살아남기 위해 나는 오래된 신념을 벗어 버리고 그 대신 새로운 것으로 채워야 했다. 내가 믿는 바를 더 자세히 들여다보고 진정으로 본질적인 것이 무엇인지 알아내야 했다. 물려받은 신앙의 진흙탕에서 안전하게 네 발로 기어 다니는 상태를 벗어나, 내 영적 경험의 진실 속에서 머리와 마음을 노출한 채 취약하게 서 있는 쪽으로 옮겨 갔다. 나는 진화했다. 내 주변 사람들보다 더 나은 존재가 되었다는 게 아니라 더 개선되고 더 적응한 나로 진화했다. 나 자신의 생각과 의심과 직관을 두려워하지 않는 나, 변화를 견녀 낼 수 있는 믿음을 가진 나로 말이다.

광범위하고 역사적인 규모의 진화는 이따금 발생한다. 반면에 개인의 영혼 안에서 일어나는 진화는 매일같이, 우리가 우리의 믿음을 변화에 적응시키려고 할 때마다 일어난다. 진화는 우리의 잘못된 원칙들을 내려놓는 것을 의미한다. 그래야 그분이 계시지 않았으면 좋겠다 싶은 그 어두운 곳에 하나님이 들어오실 수 있다. 틀려도 괜찮다는 뜻이다. 모든 답을 갖고 있지 않아도 괜찮고 끝을 맺지 않아도 괜찮다는 말이다.

내 이야기는 이런 진화에 관한 이야기다. 확신에서 시작해 의심을 통과하여 믿음에 이르는 이야기다. 내가 찾은 답이 아니라 내가 던진 질문에 관한 이야기다. 어쩌면 당신도 물어보았을 질문. 아름다운 이야기는 아니다. 심지어 완성된 이야기도 아니다. 내 이야기는 생존기다. '원숭이 마을'이라고 불리는 작은 동네, 있을 법하지 않은 환경에서 내가 어떻게 진화했는지 보여 주는 이야기다.

1부

서
식
지

1장

최우수 기독교인 상

때로 사람들은 내가 언제 기독교인이 되었는지 묻는다. 대답하기 어려운 질문이다. 내가 예수님께 내 마음에 들어와 달라고 영접 기도를 했을 즈음에는 그분이 이미 내 마음에 계셨을 거라고 확신하기 때문이다. 그때 나는 겨우 다섯 살이었는데, 옥수수 이삭처럼 불뚝 튀어나온 땋은머리를 한 아담하고 작은 아이였다. 기억하기로는 예수님처럼 중요한 분이 초대받기를 원하신다는 게 이상하다는 생각을 했었다. 처음으로 이가 빠지거나 자전거 타는 법을 배우거나 유치원을 졸업하기도 전에 내가 내 삶을 어떤 한 사람에게 맡기기로 했다니, 지금 생각해 보면 이상하다. 그분은 자기를 따르는 자들에게 원수를 사랑하라고 하셨고, 보답을 바라지 말고 베풀라고 하셨으며, 필요하다면 공개 처형을 당할지도 모르니 각오하라고 하셨다. 이는 아이에게 적절하지 않은 요구일 수 있지만, 예수님을 따르기로 마음먹은 사람들 중에 자기가 들어온 곳이 어디인지 처음부터 아는 사람은 거의 없다.

예수님에 대해 알지 못하던 시절은 내 기억에 없다. 그분이 물고기와 빵을 나누어 주신 이야기, 폭풍우 치는 바다를 잠잠하게 하신 이야기, 나귀를 타고 예루살렘으로 들어가신 이야기 등은 내가 자라는 동안 「잭과 콩나무」, 「신데렐라」처럼 친숙했다. 나는 부모님과 훌륭한 주일학교 선생님들에게서 그 이야기들을 배웠다(선생님들한테서는 페퍼민트향이 났고, 그분들은 내게 편하게 이름을 불러도 좋다고 하셨다). 그들이 들려준 이야기들은 참으로 이야기 그 이상이었다. 나 자신의 이야기 속에 강물처럼 흘러들어와 나를 앞으로 나아가게 하고 삶의 방향을 제시하는 조류를 형성한 거대한 서사였다.

나는 소박하지만 누구나 부러워할 만한 어린 시절을 보냈다. 우리 가족은 내가 열두 살 때까지 앨라배마주 버밍햄에서 살았다. 집은 작았어도 뒷마당이 넓었고, 공항이 내려다보이는 언덕 꼭대기에 있었다. 뒷마당 한가운데에는 거대한 참나무가 한 그루 있었는데, 여름이면 우리에게 그늘을 드리웠고 가을에는 반짝이는 황갈색 나뭇잎을 떨구었다. 낮에는 여동생 아만다와 도토리를 주워다가 운동화 상자에 넣어 토끼 덫을 만들었다. 밤이면 집 앞 현관에 앉아 떠도는 별처럼 오르락내리락하는 비행기 불빛을 바라보았다. 우리가 아는 한 우리는 여왕처럼 부자였다. 딱 한 번 그렇지 않다고 생각한 적이 있었는데, 엄마가 일회용 플라스틱 컵을 씻어서 재사용한다고 엄마 친구가 놀리는 걸 우연히 들었다. 분명 우리는 가난했지만 그 정도는 아니었다.

성실하고 인정받은 신학자의 딸로서 나는 우리 집 주소를
외우기도 전에 '4영리'(四靈理)를 암송했다. 아빠는 댈러스 신학
대학원에서 학위를 받았는데, 그 학교는 척 스윈돌, 토니 에반
스, 앤디 스탠리 같은 대형 교회 목사들을 배출해 낸 것으로 유
명하다. 하지만 아빠는 전임 사역의 길을 걷는 대신 기독교 교육
에 온 생애를 바쳤다. 내 생각에는 이것이 앞서 말한 플라스틱
컵을 설명해 주는 것 같다. 작은 대학의 교수로서 아빠는 똑똑한
학생들을 집으로 초대해서 커피를 마시며 해석학과 종말론, 인
식론에 대해 긴 이야기를 나누었다. 나는 거실에서 잔잔하게 들
려오는 그들의 목소리를 들으며 잠드는 게 좋았다. 내가 잠자는
동안에도 아빠는 깨어서 하나님에 관한 중요한 대화를 나누신
다는 생각에 안도감이 들었다.

나는 언제나 일종의 경외심을 갖고 아빠를 올려다보았다.
아빠에게 초능력 같은 게 있다고 생각했다는 말은 아니다. 그저
아빠와 하나님이 같은 잡지를 구독하고 비슷한 신발을 신는 등
여러 가지 공통점이 있지 않을까 상상했다. 돌아보면 아빠가 나
를 굉장히 드러내 놓고 사랑하고 내 말에 귀 기울여 주신 게 얼
마나 중요했는지 알겠다. 하늘에 계신 아버지에 대한 나의 첫인
상은, 하나님 역시 나의 아빠처럼 부드럽고 재미있고 친절한 분
이시라는 것이었으니 말이다.

나는 세대주의(19세기에 등장한 극단적 보수주의 성경 이해 사조
로, 성경과 교회의 역사를 시대별로 구분하여 각 시대마다 하나님의 통
치 원리와 구원 방법이 다르다고 주장했다―옮긴이)에 대해 내가 알

아야 하는 때보다 훨씬 이전부터 알고 있었지만, 내가 끝없이 교회에 다녀야 하는 세계에 갇혀 있다고 느낀 적은 없었다. 엄마는 독립침례교단에서 성장했는데, 어렸을 때 춤을 추거나 영화를 보러 가는 게 금지되었다. 율법주의를 피하기로 굳게 결심한 엄마는 나와 아만다가 세례를 받거나 성찬에 참여하거나 예수님 영접 기도를 하기 전에 우리가 온전히 준비될 때까지 기다려 주셨다. 개인적으로 포틀럭 파티와 교회 내 사업가 모임을 아주 싫어했던 엄마는 우리가 아무 때나 교회에 가는 것을 허락하지 않으셨다. 또한 목사님이 아내는 남편에게 복종해야 한다고 말씀할 때마다 나는 엄마의 심기가 불편하다는 걸 눈치챘다. 나는 엄마의 이런 점이 좋았다. 엄마가 밤에 나를 재울 때 풍기던 체리 아몬드 로션향이 좋았던 것처럼.

　엄마는 내가 초등학생 때 기간제 교사로 일하셨는데, 도움이 필요한 아이들을 콕 찍어서 챙겨 주신 것으로 유명했다. 부모님과 떨어져 사는 아이들, 얼룩지고 더러운 옷을 입은 아이들, 코를 줄줄 흘리는 아이들, 학습 부진인 아이들이 언제나 자신감을 가진 빛나는 아이가 되어 엄마의 교실을 떠났다. 내 생각에 내가 가진 약자에 대한 동정심은 엄마를 닮았는데 그게 아빠의 신중한 이상주의와 결합해서 뜻밖에 진보주의자인 나를 만들어 낸 것 같다. 아빠가 내 기독 신앙에 머리를 주셨다고 한다면 엄마는 마음과 손을 주셨다. 예수님을 영접하도록 처음으로 내 마음을 움직인 것은 엄마가 다정하게 들려주신 체리아몬드향과 뒤섞인 십자가 이야기였다.

어린아이일 때 기독교인이 되는 것은 비밀 모임의 일원이 되는 것과 같다. 나는 어떤 사람의 차에 물고기 문양이 붙어 있는 걸 보거나 식료품 가게 뒤쪽 공터에서 에이미 그랜트(80-90년대를 풍미한 미국의 CCM 가수—옮긴이)의 노래가 흘러나오는 걸 들을 때마다 무척 설렜던 기억이 난다. 다른 신자들, 특히 유명인들과 나를 동일시하는 것만큼 신나는 일은 없었다. 참나무 밑에서 도토리를 줍고 있을 때 단짝 친구 줄리가 물었다. "뉴 키즈 온 더 블록(90년대 미국의 보이 밴드—옮긴이)의 도니가 구원받았다는 얘기 들었어?" 나도 한마디 보탰다. "아빠가 그러는데 마이클 조던이 기독교인이래." 그들도 우리 중 한 명이라는 뜻이었고 그들 역시 천국에 들어갈 비밀 암호를 알고 있다는 의미였다. 그래서 미국인의 85퍼센트가 자신을 기독교인으로 생각한다는 것을 알고는 조금 실망했다. 내가 다수에 속한다는 것을 알고 나면 모든 게 그렇게 극적이지도 않고 매력도 확 떨어지기 마련이다.

1980년대와 90년대의 문화 전쟁은 내가 성장하는 내내 극심했거니와 내가 대학교 2학년 때 조지 부시가 대통령에 당선되면서 극에 달했다. 그러한 정치적 상황에서 좋은 기독교인이 된다는 것은 전통적인 가족관을 수호하고, 국기에 대한 맹세에 고백된 하나님을 붙들고, 무기를 소지할 권리를 지지하는 등과 같은 다양한 주장을 받아들이는 것을 의미했다. 나는 아기가 어디에서 나오는지 알기도 전에 낙태가 무엇인지 알았다. 또한 범죄율에서 자살률에 이르기까지 이 모든 것이 악화된 것은 공립학교에서 기도 시간을 없앴기 때문이라고 효과적으로 비난하는 방법을 배웠다. 평생 민주당 지지자였던 친할아버지가 1996년 대선에서 빌 클린턴을 지지했다는 소식을 듣고는 몇 시간이나 울었다. 그러면 할아버지가 지옥에 간다고 생각했기 때문이다.

진정한 의미의 참 복음주의자였던 나는 도화지에 구원 계획을 적어 종이비행기로 만든 다음 이웃에 사는 모르몬 교인의 뒷마당으로 날려 보낸 적이 있다. 아만다가 고자질하는 바람에 나는 오후 내내 땅바닥에 엎드려 막대기로 그 종이비행기를 다시 수거하느라 아주 애를 먹었다. 나는 이웃을 나의 첫 선교지로 보았고 아만다와 줄리를 꼬셔서 괴상한 전도 계획에 동참하게 했다. 우리는 사람들의 우편함에 전도지를 붙이거나 자전거를 타고 거리를 달리면서 목이 쉬어라 찬송가를 불렀다. 한번은 내가 줄리네 집에서 잠을 잘 때였는데, 줄리의 말에 따르면 내가 건조기 알람 소리에 너무 놀란 나머지 침대에서 벌떡 일어나 예수님이 우리 모두를 데리러 오셨다고 선언했다는 것이다.

내 생각에는 아침에 유치원 가는 길에 래비 재커라이어스(세계적인 기독교 변증가—옮긴이)의 설교를 들으면서 자라면 예수쟁이로 변하는 게 아닐까 싶다. 나는 대림절에 일어난 일을 좀 더 역사적으로 정확하게 묘사하기 위해 구유가 등장하는 크리스마스 장식품에서 동방박사 인형을 치워 버린 괴짜 꼬맹이였다. 주일학교 선생님이 '고래'가 요나를 삼켰다고 말했을 때(그 단어가 문자 그대로 '큰 물고기'로 번역되어 있다는 것은 모두가 안다) 그리고 에덴동산에 금지된 '사과'(중동에서 나는 무화과와 비슷한 과일)를 언급했을 때, 나는 슬며시 선생님의 잘못을 지적했다.

엄마는 거의 매일 내 인생에서 가장 주요한 책무는, 좋은 기독교 대학에 들어가서 좋은 기독교인 남자를 만나 결혼하는 것이라고 일깨워 주셨다. 나는 내가 그저 영원히 기독교인으로 남을 것이라고 생각했던 것 같다. 그것은 마치 내가 미국인인 것과 같았다. 그냥 가서 바꿀 수 있는 게 아니었다.

4학년이 되었을 때 나는 하나님의 존재를 변호하는 것에 대해 아주 많이 알고 있었다. 그래서 점점 더 회의적으로 변하는 친구들에게 산타클로스의 존재를 변호하는 것과 똑같은 변증 전략을 사용했다. 놀이터에서 우리의 대화는 보통 다음과 같이 흘러갔다.

회의론자: 산타가 진짜라는 걸 너는 어떻게 알아? 산타를 본 적 있어?

나: 아니, 못 봤어. 하지만 산타는 합리적인 의심의 여지가 없을 정도로 자기가 존재한다는 증거를 아주 많이 남겨 두잖아. 매년 크리스마스트리 아래에 산타가 두고 간 선물이 있고, 산타에게 주려고 쿠키를 남겨 두면 식탁 여기저기에 과자 부스러기가 떨어져 있기도 하고. 산타를 직접 본 적은 없어도 이런 증거들이 산타가 있다는 걸 알려 주지. 흔들리는 나무가 바람의 존재를 증명하는 것처럼 말이야.

회의론자: 그렇다면 어째서 백화점마다 여러 종류의 산타가 있는 거야?

나: 그들은 산타의 도우미들이야. 산타의 허락을 받아 자기들

이 산타 할아버지인 것처럼 변장하지. 크리스마스를 손꼽아 기다리는 세상의 모든 어린이들이 무엇을 원하는지 좀 더 효율적으로 목록을 작성하기 위해서 말야.

회의론자: 그런데 순록이 날 수 없다는 건 모두가 아는 사실이잖아. 산타는 어떻게 돌아다니는 거야?

나: 맞아, 대부분의 순록이 날지 못하는 건 사실이야. 그렇지만 성령의 능력을 받은 순록은 하나님이 시키는 어떠한 일도 할 수 있어. 산타가 바로 그런 순록들을 가지고 있는 거지. 그 원조를 보려면, 민수기에 나오는 발람의 당나귀 이야기를 읽어 봐.

회의론자: 어떻게 한 사람이 단 하룻밤 사이에 이 세상의 모든 굴뚝에 도달할 수 있지?

나: 산타가 사람이라고 누가 그래? 성자 니콜라우스의 이름이 언급되진 않지만, 성경은 분명 초자연적인 천사의 존재를 강조하고 있어. 사람을 보호하고 정보를 제공하고 축복하는 게 그들의 주된 임무야. 만약 산타가 이 세상의 착한 아이들에게 상을 주도록 하나님께 사명을 받은 천사라면, 자기의 초자연적인 능력과 속도를 자랑하려고 할 거야.

회의론자: 그렇다면 부모님이 크리스마스 전날 밤에 몰래 트리 밑에 선물을 가져다 놓는 걸 보았다고 말하는 아이들은 어쩔 건데?

나: 안타깝게도 그런 아이들이 진실을 말하는 것일 수도 있어. 자, 봐 봐. 우리 삶에서 산타의 능력이 이르는 범위는 궁극적으로 우리가 그것을 얼마나 기꺼이 받아들이느냐에 달렸어. 산타

를 믿지 않기로 선택한 부모들은 산타가 다녀가는 축복을 영원히 누리지 못해. 그러니 그들은 크리스마스에 자신들의 방식으로 아이들에게 선물을 주는 거야.

회의론자: 왜 여전히 나쁜 아이들이 선물을 받는 건데?

나: 왜냐고? 당연히 그게 은혜지.

『회의론자가 질문할 때: 크리스마스 증거에 관한 안내서』 같은 책을 썼어야 했나 보다. 물론 길고 끔찍한 내적 싸움 끝에 결국 포기하고 말았지만 말이다. 현실에 대한 깨달음은 나이가 들면서 점진적으로 찾아온 것 같다. 어른들이 산타가 크리스마스에 뭘 가져다주었는지 물어보며 재미있어 하는 목소리의 뉘앙스를 깨달았고 산타가 어떻게 선물을 배달했는지 설명하기 어려워하는 모순을 발견했다. 또한 만약 산타가 진짜로 있다면, 내가 제일 좋아하는 변증론자 조시 맥도웰이 초자연적 존재의 증거로 산타를 들었을 것이라는 생각이 들었다.

어릴 적에 내가 하나님을 의심한 유일한 사건은 내 피부가 불타는 것처럼 달아올랐을 때였다. 나는 평생 아주 심한 피부병으로 고생했다. 별것 아닌 작은 자극에도 내 몸은 거기에 맞서 전면전에 돌입했다. 브라우니 속에 든 아주 작은 호두 조각이나 학교에서 스트레스를 받은 주간, 폴리에스테르 재킷이나 알레르기 반응을 일으키는 알 수 없는 요인에서 모든 게 시작되었다. 그러면 며칠이고 팔다리의 피부가 터질 정도로 발진이 생겼고 나는 피가 날 때까지 긁곤 했는데, 피부에 남은 길고 빨간 상처는 자칫하면 감염이 되어서 염증이나 부스럼으로 바뀌기도 했다. 나는 내가 무슨 짓을 한 건지 부끄러워 긴 소매와 긴 바지로 몸을 가렸고 체육 시간을 앞두고는 탈의실 한 귀퉁이에 움츠려 있었다. 항상 히드로코르티손(관절염이나 피부염 치료약으로 쓰이는 부신 피질 스테로이드제—옮긴이)이라는 바르는 약을 가지고 다녔다. 언제나 손톱을 짧게 잘랐고 밤에는 양말을 손에 끼고 잤다.

피부병은 내 모든 행동에 광적인 요소를 더했다. 집에서 찍은 비디오를 보면, 생일 선물을 열어 보는 중에 몸을 긁는 내 모습이 등장한다. 아만다에게 책을 읽어 주면서도 긁고, 산타의 무릎에 앉아서도 긁고, 러시모어산(미국의 위대한 대통령 네 명의 조각상이 있는 산—옮긴이)을 바라보면서도 긁는다. 나는 팔에 끼워 움직이는 인형처럼, 양쪽 팔꿈치를 움직이는 게 전부였다. 부모님은 나를 버밍햄에 있는 모든 피부과 전문의에게 데려가셨다. 의사마다 각자 자기만의 우스꽝스러운 민간요법을 갖고 있었다. 그중 하나는 바셀린을 거품이 날 정도로 내 몸에 문지른 다음에 30분간 커다란 목욕 수건으로 미라처럼 둘둘 말아 놓는 것이었다. 다른 방법도 있었다. 일주일에 세 번 미지근한 물에다 식초를 섞어 코를 자극하는 물에 몸을 담갔다. 상태가 아주 심각해졌을 때 엄마는 마음이 약해져서 의사한테 스테로이드 주사를 맞는 것을 허락했다. 주사를 맞고 며칠 동안은 아기처럼 부드러워진 피부를 즐겼다.

"자, 너는 이 병에서 벗어날 수 있어." 한 의사 선생님이 내게 말했다. "내 딸도 열두 살이 될 때까지 아주 심한 피부병이 있었지. 그런데 어느 날 아침에 일어나 보니 말끔히 사라졌단다." 이 의사 선생님의 경험담은 내가 어디에 초점을 맞춰야 하는지 알려 주었다. 매일 밤 나는 피부를 긁으면서, 여기서 벗어나게 해 달라고 하나님께 기도했다.

모든 아이에게는 자기만의 공포증이 있다. 아만다는 자기 목구멍이 꽉 닫혀 있다고 확신한 나머지 한 달 동안이나 딱딱한 음식을 먹지 못한 적이 있다. 줄리는 『우유갑 위의 얼굴』이라는 소설을 읽은 후 자기의 진짜 부모님을 찾아다니느라 몇 주를 허비했다. 자라면서 나의 가장 큰 두려움은, 내가 하나님을 찾았는데 어른들이 말하는 것만큼 하나님이 위대하지도 선하지도 않음을 증명하는 어떤 끔찍하고 입에 담을 수 없는 사실을 우연히 발견하면 어쩌나 하는 것이었다. 어떤 때는 잠에서 깨어 침대보에 피가 묻은 것을 발견하고는 하나님이 기도를 들으시기는 하는 건지 아니면 다른 일을 하느라 바쁘신 건지 궁금했다. 어떤 때는 그분이 계시기는 하는 건지 의심스러웠다. 내 작은 잠재의식 주변을 맴도는 실체 없는 모든 불안과 당혹감은 하나의 끈질긴 질문 형태를 띠기 시작했다. **만약 내가 틀린 거라면?**

이 질문이 어린 나의 믿음을 무너뜨리지는 못했지만, 신발 속에 들어 있는 돌멩이처럼 불편하게 마음에 남았다.

* * *

이유는 잘 모르겠다. 어쩌면 아빠를 감동시키고 싶었는지도, 어쩌면 그게 하나님의 관심을 끌 거라고 생각했을 수도 있다. 아무튼 어렸을 때 나는 상 타는 것에 집착했다. 어와나(AWANA, 어린이와 청소년의 제자 훈련을 목적으로 하는 국제단체—옮긴이) 배지부터 리듬 체조에서 사용한 리본, 행진 악대의 트로피까지, 내 방은 성취의 전리품으로 반짝였다. 내가 특히 자랑스러워 한 상은 내 종교적인 재능을 알아 주는 상이었는데, 그중 최고는 '최우수 기독교인 상'이었다.

나는 버밍햄에 있는 사립 초등학교에 다녔는데 우리 반 친구들은 거의 모두 기독교인이었다. 물론 그 사실이 우리의 행동에 거의 영향을 끼치지는 않았다. 다만 기독교인으로서 우리는 선생님과 문제가 생기면 하나님과 문제가 생겼다고 여겼다. 매년 각 학급에서 단 두 명, 여학생 한 명과 남학생 한 명이 '최우수 기독교인 상'을 받았다. 이 상은 유일하게 실제 학생들이 투표해서 뽑는 상이라서 치어리더가 아닌 나 같은 사람도 탈 수 있는, 영적으로 포장된 일종의 인기 투표 같은 것이었다.

매년 그 상을 받기 위해 나는 전략적으로 책상에 여분의 펜과 연필을 갖춰 놓았다. 필요한 아이들에게 빌려주기 위해서였다. 음수대에서는 새치기하는 아이들을 내 앞에 자비롭게 끼워 주었고, 말썽을 부리는 아이의 표를 확보하기 위해 고자질을 하지 않으려고 애썼고, 누구에게 투표할지 결정하지 못한 소수의 표를 얻기 위해 이사벨라와 후아니타에게 달콤한 격려의 편지도 썼다.

그날의 기도 제목을 나누는 시간이 되면, 다른 아이들은 모두 병든 햄스터에 대해 계속 떠들어 댔지만 나는 빈민들, 노숙자들, 이교도들이 처한 어려움을 콕 찍어서 언급했다. 어디든지 성경을 들고 다녔고, 심지어 체육관에도 들고 갔으며, 또 기회가 있을 때마다 아빠가 신학자라는 사실을 아무렇지도 않게 말했다. 위협을 느꼈을 때(예를 들어, 5학년 때 크리스티나 심슨이 커서 선교사가 되고 싶어 한다는 걸 모두가 알게 되었을 때), 나는 현명하게도 그 아이에 대해 고자질할 거리를 남겨 두었다. 그 결과 그 아이는 연말에 나보다 벌점을 좀 더 많이 받았다. 나는 뛰어나게 계산적이었고 나이에 비해 비열했다. 하여 이 대회에 대한 헛소문을 퍼뜨렸고, 신입생들과 어울리며 친해지려 했고, 투표를 앞둔 몇 주 동안은 특히 순진하고도 상냥하게 굴었다. 나는 아마도 일년 내내 '최우수 기독교인 상'에 대해 생각한 유일한 아이가 아니었을까 싶다.

나는 4년 연속 '최우수 기독교인 상'을 받았다. 8학년 때 공립학교로 전학하지 않았다면 아마 또 받았을 것이다. 공립학교에서는 그런 상이 있다는 것 자체가 수정헌법 제1조의 국교금지 조항을 위반하는 것일 테니까. 나는 상을 받는 것이 '발견되기'를 바라는 은밀한 소망과 '탄로 나지' 않을까 하는 꾸준한 두려움 사이에서 내적 고통을 경감시키는 한 방법이라고 생각했다. 상을 받는다는 것은 사람들이 여전히 내가 아주 훌륭하고 재능 많은 사람이라고 생각한다는 뜻이었고 또한 내가 완전히 사기꾼이라는 이면의 사실을 사람들이 알지 못한다는 것을 의미했다. 상은 결국 드러날 수밖에 없는 불가피한 일을 지연시킬 뿐이다.

6학년 때의 일이 기억난다. 최우수 기독교인 상을 뽑는 투표가 끝난 직후 나는 이런 생각을 했다. '혹시 선생님이 내 필체를 보고 내가 나에게 투표했다는 걸 알아보시면 어떡하지?' 나는 걱정스러웠다. 그때 내 오른편에 앉은 통통하고 옅은 갈색 머리를 한 에반이 실수로 연필을 떨어뜨렸다. 연필은 통로를 가로질러 내 책상 아래쪽에서 멈췄다. 에반은 내게 연필을 좀 주워달라고 조용히 신호를 보냈다. 그런데 나는 망설였다. 에반은 말썽꾸러기였고, 나는 선생님이 내가 말썽꾸러기와 이리저리 물건을 주고받는 현장을 목격하기를 원치 않았다. 그 아이를 도와주면 최우수 기독교인 상을 받는 데 필요한 상점을 받을 거라는 생각이 퍼뜩 스쳤다. 하지만 그때 우리가 이미 투표를 마쳤다는 사실이 생각났다. 그래서 나는 그냥 에반에게 어깨를 으쓱이며 씁쓸한 미소를 지었고 내년에 그 아이가 우리 반이 되지 않기를 바랐다. 딱하게도 에반은 연필을 집기 위해 책상에서 느릿느릿 일어났고, 결과적으로 선생님에게 큰 꾸중을 들었고(무슨 이유에서인지 그 선생님은 아이들이 책상에서 일어나는 걸 진짜 싫어했다) 두 배의 벌점을 받았다. 에반의 얼굴에 깃든 실망과 배신의 표정을 보고 내 마음이 돌덩이처럼 가라앉았던 일은 결코 잊지 못할 것이다.

그 일을 떠올리자니 아만다와 내가 우리 집 뒤편 숲속에서 놀던 때가 생각난다. 우리는 반짝이는 검은색 바위 주위에 푸른 나비 떼가 모여 있는 것을 발견했다. 우리는 나비의 화려한 사파이어색 날개에 감탄했다. 그러나 내가 좀 더 가까이 가서 보았을 때, 그 반짝이는 검은색 바위는 결코 바위가 아니었다. 죽은 구렁이였다. 그 사체가 나비를 먹여 살리고 있었던 것이다. 소름이 끼쳤고 파도 같은 공포와 두려움이 내 몸을 훑고 지나갔다. 아만다를 놀라게 하고 싶지 않았던 나는 아만다에게 누가 집까지 더 빨리 달려가나 시합하자고 했다. 우리가 숲을 지나 언덕을 달려 내려왔을 때 나는 말할 수 없는 어마어마한 비밀을 가진 것만 같았다. 무슨 이유에선지 내가 본 것을 아무에게도, 심지어 부모님에게도 말할 수 없겠다고 생각했다. 그 장면은 너무 역겹고 충격적이었다. 오늘날까지도 나는 파란 나비를 볼 때면 불안하고 설명할 수 없는 불길한 예감이 든다.

나는 모든 사람이 자신이 타락한 존재임을 알게 된 첫 순간을 기억한다고 생각한다. 내 경우에는 에반의 연필을 집어 주지 않았을 때였다. 그때 나는 내가 죄인임을 깨달았다. 예수님을 십자가에 못 박은 군인보다 나을 게 없었다. 내가 하나님에게서 발견할까 봐 두려웠던, 입에 담을 수 없는 끔찍한 것을 내 안에서 발견한 것이다. 나는 역거운 비밀을 가진 사기꾼 같았다. 나는 죽은 뱀의 유골을 뜯어먹고 사는 화려한 사파이어색 나비였다.

* * *

내가 열세 살 때 우리 가족은 버밍햄에서 테네시주 데이턴으로 이사했다. 1925년 그 유명한 '스콥스 원숭이 재판'이 열린 곳이다. 아빠는 브라이언 대학의 행정직을 맡으셨다. 브라이언 대학은 그 도시의 작은 기독 대학으로, 창조론 옹호자인 윌리엄 제닝스 브라이언을 기념하여 이름을 지었다. 그 학교는 세속 교육의 위험성을 경고하는 복음주의 지도자들 덕분에 지원자가 늘어서 즐거워했다. 교직원 특전으로 아만다와 나는 학비를 면제받고 학교에 다닐 수 있었다. 넓게 펼쳐진 브라이언 교정은 데이턴에서 가장 높은 곳에 자리해 있었다. 그래서 교수님들과 학생들은 학교를 '산 위에 있는 동네'라고 불렀다. 학교 예배당에서 계곡 쪽을 내려다보면 마을 전체가 한눈에 들어왔다. 그 유명한 법원과 시청, 데이턴 축구장의 환한 불빛, 굴뚝에서 내뿜는 연기가 하늘을 향해 말려 올라가는 모습도 보였다.

줄리에게 쓴 초창기 편지에서 나는 더 이상 복음을 전할 사람이 없는 데 실망감을 드러내지 않으려고 "이 마을은 모든 사람이 기독교인이야"라고 썼다. 실제로 바이블 벨트의 문화는 데이턴의 삶 구석구석에 스며 있었다. 미인 대회를 시작하거나 시 의회를 열 때마다 길게 기도했고, 음료수를 파는 곳에서는 주류 판매가 법으로 금지되었고, 거의 모든 거리 모퉁이마다 벽돌로 지은 작은 교회가 있었다. 대부분의 과학 선생님이 학부모들로부터 반발을 살까 봐 생물 교과서에서 진화 부분을 건너뛰었다.

이런 점을 감안해서 부모님은 1995년 가을 나를 맘 편히 공립 고등학교에 보내셨다. 레아 카운티 고등학교에서는 아침마다 방송 예배를 드리고 기도로 축구 경기를 시작했다. 데이턴에서는 아무도 매덜린 머리 오헤어(1960년대 공립학교에서의 모든 종교적 표현을 법적으로 금지시키며 미국 무신론의 주역으로 부상한 운동가─옮긴이)로부터 경고를 받지 않은 게 분명했다. 나는 교회 아이들과 한 학교에 다녔고, 시골생활의 즐거움을 알려 준 얼간이 악단 무리 속에서 내 자리를 찾았다. 그 애들과 봄에는 모닥불을 피웠고, 여름에는 수영을 했고, 가을에는 뒷마당에서 화장지를 던지며 놀았고, 겨울에는 볼링을 쳤다.

고등학교 생활의 대부분은 동아리 활동과 레아 카운티 고등학교 골든 이글 악단의 연습 일정을 중심으로 돌아갔다. 콘서트가 있을 때는 플루트를 연주했고, 축구 경기가 열리는 동안에는 피콜로를 연주했다. 음악이 어렵거나 행진이 힘들 때는 하는 척만 했다. 친한 친구 사라는 성경 클럽, 청소년 동아리, 음악 캠프, 금요일 밤 축구 경기 등에 제시간에 도착해야 한다면서 자기의 작고 빨간 자동차로 나를 데려다주었다. 유쾌하고 세심한 사라는 나의 종교적 열심을 참아 주었을 뿐만 아니라 좋게 여겼다. 내가 성경 클럽 모임과 학생 기도 운동(See You at the Pole)을 계획하는 일을 도와주었다. 내가 앞에서 기도하거나 강연을 하는 등 좀 더 드러나는 일을 하는 동안, 사라는 꼼꼼하게 모든 세부 사항을 챙겼다. 나는 여러 가수들의 음악을 녹음한 테이프를 수십 개 만들어 감사의 뜻으로 사라에게 선물했다. 당시 내가 빠져 있던 음악의 산만한 조합—펄 잼(1990년대의 얼터너티브 록 밴드), 리치 멀린스(CCM 가수), 존 필립 수자('행진곡의 왕'으로 불린 작곡가)—인 그 테이프들은 우리가 공유한 고등학교 경험을 잘 대변해 주는 불협화음 같았다.

나는 그 어느 때보다 십대 때 하나님과 더 가깝다고 느꼈다. 나는 하나님 아버지의 발 앞에 청소년기의 모든 불안정함을 내려놓고 끊임없이 기도했다. 하나님은 어떤 남자아이보다 나를 사랑하시고, 나를 치아 교정기와 앞머리가 아닌 아름답고 흠 없는 아이로 보셨다. 성경은 내게 시 같았다. 각 단어와 구절이 영적인 양식으로 무르익어서 나를 먹여 살렸다. 나는 질문을 하거나 의심을 갖거나 삼키지 못해 목이 메거나 하지 않고 꿀꺽꿀꺽 들이켰다. 때로 나는 뒷마당에서부터 브라이언 대학 교정까지 숲이 우거진 길을 걸었다. 그곳에서 내가 어렸을 때 보았던 것과 아주 비슷한 위로 쭉 뻗은 하얀 참나무 아래에 앉아 성경을 묵상했다. 기도하다가 눈을 뜨면 가장 높은 큰 가지에 앉아 나를 내려다보며 미소 지으시는 예수님을 볼 수 있지 않을까 기대하기도 했다. 그분은 내 눈동자만큼이나 가까이 계신 것 같았다.

그리하여 어깨너머로 지켜보시는 예수님과 함께 나는 최선을 다해 레아 카운티 고등학교 친구들을 전도하는 데 매진했다. 그들 중 대다수가 이미 기독교인이었으므로 이 일은 좀 도전적이었다. 내 전략은 만나는 모든 이에게 아주 친절하게 구는 것이었다. 아이들과 이야기를 나누다가도 언제나 자연스럽게 대속적 속죄에 관한 토론으로 이어질 만한 기회를 노렸다. 점심시간이나 쉬는 시간이면 내 이름을 모르는 듯한 치어리더에서부터 시작해서 몇 겹의 화장 뒤에 자신을 숨긴 고스족(스모키 메이크업에 주로 검은색 옷을 입는 이들—옮긴이) 아이들, 마른 나뭇잎과 담배 냄새가 나는 군복 재킷을 걸친 착한 남자아이들에 이르기까지, 들으려고 하는 어느 누구와도 이야기를 나누었다.

내가 볼 때 데이턴의 문제는 사람들이 기독교에 대해 들어 본 적이 없다는 게 아니었다. 오히려 기독교가 데이턴의 문화에 너무 폭넓게 스며들어 있어서 일종의 민속 종교로 작용한다는 점이었다. 내가 만난 거의 모든 사람이 영접 기도를 하기 위해 한 번 이상 본당 강대상 앞으로 나가 본 적이 있었다. 그래서 나는 가장 훌륭하고 가장 안정된 기독교인은 자신이 무엇을 믿고 왜 믿는지 아는 사람임을 그 어느 때보다 확신하게 되었다. 구원은 단지 기독교인이 되는 것이 아니라 올바른 종류의 기독교인이 되는 것, 성경대로 행하는 그런 기독교인이 되는 것이었다.

나는 복음주의자들을 복음화하려고 노력을 기울였다. 오전 성경 공부와 산책 기도를 시작했고, 사람들을 교회에 초청했고, 『예수는 역사다』를 무료로 나눠 주었다. 학생 신문에 영적인 감흥을 불어넣는 칼럼을 실었고, 가능할 때마다 에세이나 창의적 글쓰기 과제에 기독교 세계관을 집어넣었다. 내가 어느 지점에서 있는지 의심하는 사람이 생길 경우를 대비하여 강력 접착테이프 위에 매직 마커로 "하나님은 대단하시다"라고 써서 가방에 딱 붙이고 다녔다.

누군가가 나와 데이트하고 싶어 했다는 것은 참으로 십대 호르몬의 능력이 엄청나다는 증거다. 내가 열여섯 살 때 우리 학교는 연방 자금을 지원받아 성욕 절제 교육 프로그램을 진행했는데, 이것을 보도한 「크리스채너티 투데이」지의 기사에 내가 한 말이 인용되었다. '진정한 사랑은 기다림'이라는 운동의 홍보 모델이었던 나는 기자에게 말했다. "교육이 끝날 무렵, 적극적으로 성관계를 갖던 아이들은 자신이 너무 바보 같았다고 느껴 아무에게도 얘기하지 않았죠. 하지만 저는 지금 당당하게 고개를 들 수 있어요. 그래요, 저는 처녀거든요."

아마 나는 죄책감에 근거한 순결 수업을 그것을 가르친 어른들보다 더 많이 기뻐한 지구상의 유일한 십대였을지도 모른다. 그럼에도 나는 순결 반지를 하고 구원자 콤플렉스가 있으며 지나치게 친절하고 가슴이 큰 여자아이를 흥미롭게 여긴 몇몇 남자아이들의 관심을 끌었다. 그것도 영화 〈사랑보다 아름다운 유혹〉이 상영된 해에 말이다. 그중 똑똑한 아이들은 내 전화번호를 얻으려고 영성에 관한 대화에 관심이 있는 척했다. 하지만 만나자마자 두 시간 동안 불신자와의 결혼에 대해 격정적으로 비판하는 걸 견뎌 낸 사람은 거의 없었다.

사라와 나는 우리가 일단 브라이언 대학에 들어가면 모든 것이 얼마나 더 수월해질지 몇 시간이고 수다를 떨며 보냈다. 이 학교는 모든 남학생이 결혼을 하고 신학교에 가고 싶어 하는 곳이니까. 우리는 이 학교에서 마음이 맞는 친구들을 만나고, 하나님에 대한 모든 질문의 답을 얻고, 우리를 데이턴에서 선교지나 대형 교회 같은 어떤 이국적인 장소로 휙 데려가 줄 남편을 찾게 될 거라고 상상의 나래를 펼쳤다.

때로는 내가 이토록 확신에 찼던 날들이 그립다. 번개가 치고 난 뒤 천둥이 치는 것처럼, 한밤중의 아몬드체리 향처럼 믿음이 확실하던 때 말이다. 그 후로 많은 것이 달라졌다. 그렇다고 꼭 최악인 것은 아니었다.

2장

십계명 여인 준

내가 처음 '십계명 여인'을 실제로 보았을 때, 그녀는 맥도날드 매장 안에서 찬송가 '나 같은 죄인 살리신'을 부르고 있었다. 11월 하순의 쌀쌀한 목요일 밤이었다. 늘 그렇듯 데이턴에서 매주 열리는 찬양 집회에 찾아온 수백 명의 어르신들로 매장에는 겨우 서 있을 자리만 남아 있었다. 나는 3절 "이제껏 내가 산 것도"를 듣고서야 그녀가 성악가 준이라는 걸 알았다. 팽팽하게 잡아당겨 묶은 진회색 머리카락과 마이크 앞에 정중한 자세를 취한 마른 체구가 그녀와 너무나 잘 어울렸다. 사과처럼 빨간색 정장의 옷깃에는 십계명 돌판 모양의 브로치가 달려 있었다. 그녀의 소프라노 음색은 이 찬송가와 아주 잘 맞았다. 정녕 이 가냘프고 젠체하지 않는 60대의 준 그리핀이 십계명과 권리 장전, 성경의 권위를 지켜 낸 전설적인 수호자란 말인가? 그녀의 공연이 끝나자 시원찮은 박수가 이어졌다. 진짜로 그녀를 찾은 것이다. 이 마을에서 준 그리핀이 어떤 사람인지 제대로 이해하는 사람은 아무도 없었다.

"하나님과 국가를 위하여." 준은 이런 좌우명을 가지고 20년 넘게 이 지역에서 살아 왔다. 그날 밤 전에도 나는 신문에서 그녀의 사진을 여러 번 본 적이 있었다. 성공하진 못했지만 그녀는 소득세 및 사회 보장 제도, 사회 복지의 폐지를 위해 의회 캠페인을 여러 번 진행했다. 그녀는 '핵무기를 위한 시민군' 운동의 설립자인데, 이 단체는 오크리지 국립 연구소 근처에서 열리는 반핵 시위에 반대하는 활동을 한다. 또한 적에게 맞서 자신을 방어할 미국의 권리에 반대하는 사람들을 향해 그들이 "때 이른 죽음을 맞게 해 달라"고 기도한다.

내가 준에 대해 처음 들은 건 고등학생 때였다. 1990년대 후반, 아침과 오후 학교와 집을 오가는 통학 버스는 27번 도로변에 있는 그녀의 잡화점 앞을 지나갔다. 가게 밖에는 각종 논란을 불러일으킨 문구를 새긴 전광판이 있었는데, 그녀는 매주 문구를 바꾸었다. 클린턴-르윈스키 스캔들이 있었을 때에는 "성적 부도덕은 영원한 형벌을 초래한다"라는 문구를 걸어 놓았고, 세계 에이즈의 날에는 "에이즈는 하나님의 저주다"라고 내걸었고, 마틴 루서 킹 기념일에는 "잘 쐈다"라고 해 놓았다. 1999년 졸업식이 있던 날 아침, 그녀는 나를 비롯한 졸업생들에게 이런 경고의 메시지를 남겼다. "고등 교육 = 도덕적 타락."

2003년 앨라배마주는 로이 무어 판사를 직위 해제하고 그가 법원 홀에 설치한 유명한 십계명 기념비를 철거했다. 그 일에 대한 항의 표시로 준은 테네시주의 95개 카운티를 전부 다니면서 공공건물에 이 십계명 기념비를 전시하라고 선출직 공무원들을 설득했다. 이 일로 준은 '십계명 여인'이라는 이름을 얻었다. 앨라배마에서 철거된 2톤이 넘는 화강암 기념비를 실은 트럭은 전국을 순회하기에 앞서 데이턴에 잠시 정차했다. 준 덕분이었다. 그 십계명 조형물을 구하려는 성전(聖戰)의 일환으로 준은 주 전역에 있는 지역 신문사에 수백 통의 편지를 썼다. 어찌나 많은 편지를 보냈던지 「데이턴 헤럴드」 편집장은 한 사람이 한 주에 투고할 수 있는 편지의 수에 제한을 가해야 했다. 구글에 준의 이름을 검색해 보면 그녀가 쓴 수백 편의 에세이를 볼 수 있다. 그리스도의 신성에 대한 연구에서부터 백인 우월주의자인 바이런 드 라 벡위스에 대한 헌사까지, 주제가 아주 다양하다. 한편 준은 박람회와 각종 행사 때에 주름 장식이 들어간 '권리 장전' 앞치마를 팔아서 가외로 돈을 번다. 그 돈은 두 개의 주머니로 들어가는데 하나는 당신의 성경을 위한 주머니, 다른 하나는 당신의 총을 위한 주머니다.

준이 가장 최근에 벌인 캠페인은 본인 생각에 외국인의 미국 침략에 반대하는 캠페인이었다. 얼마 전 그녀는 시내에 있는 멕시코 상점에 쳐들어가서는 합법적 이민자인 매장 주인에게 상점 창문에서 멕시코 국기를 떼어 달라고 요구하다가 체포되었다. 주인이 거부하자 그녀는 국기를 찢으면서 "영어를 배우든지 떠나든지 하라"고 요구했다. 가게 주인은 경찰에 연락했고 경찰은 준을 절도, 기물 파손, 시민권 위협 혐의로 기소했다. 어떤 기자가 준에게 "도둑질하지 말라"가 십계명 중 하나가 아닌가 하는 예리한 질문을 던졌다. 준은 자기의 행동이 일종의 의로운 전쟁이기에 하나님이 자기를 풀어 주실 거라고 주장했다. 준은 레아 카운티 구치소로 이송되는 길에 "알라모를 기억하라"라는 깃발을 흔들었다(알라모는 미국인 결사대가 멕시코로부터 텍사스를 독립시키기 위해 싸운 역사적인 저항 요새다—옮긴이).

그날 밤 준이 맥도날드의 황금 아치 아래서 "거기서 우리 영원히 주님의 은혜로 해처럼 밝게" 살자고 노래하는 것을 들으며 나는 이 모든 일을 생각했다. 찬송가를 마치자 그녀는 눈을 감고 "고맙습니다, 예수님"이라고 말했다. 그러자 청중 속 어르신들이 자동반사적으로 "아멘"으로 화답했다. 나는 로널드 맥도날드(맥도날드의 마스코트인 광대 캐릭터—옮긴이) 입간판 옆에 서서, 심판 날에 하나님은 준 같은 사람들을 대체 어떻게 다루실지 잠시 궁금해졌다. 한 입으로 예수 그리스도의 이름을 선포하고 곧바로 옆에 있는 이웃을 저주하는 사람이 확실히 그녀 한 사람만은 아니다. 이런 신앙고백이 그녀를 구원하기에 충분할까? 이런 신앙이 친절과 연민을 실천하는 불교나 힌두교, 이슬람교 신앙보다 하나님께 더 가치가 있을까?

많은 사람들이 그렇듯, 나 또한 내가 사람을 판단하는 방식으로 하나님이 사람을 판단하실 거라고 생각하는 경향이 있다. 그래서 나는 하나님이 아마도 준에게 심판의 날이 다가오니 조심하라고 타이르실 것이라고 생각을 정리했다. 하나님이 그녀를 용서하고 천국으로 받아들이기 전에 모든 사람 앞에서 그녀에게 면박을 주어 당황스럽게 하실 거라고 생각했다. 하나님이 우파 신앙인들에게는 당신은 공화당원이 아니시라고, 장 칼뱅에게는 당신은 구원을 미리 결정하지 않으셨다고, 앤드루 잭슨에게는 '명백한 운명'(미국이 북미 전체를 지배하는 것이 신의 섭리이며 운명이라는 주장—옮긴이)이라는 개념 때문에 당신이 모욕 당하셨다고 설명하신 다음에 준에게도 그와 같은 일이 일어날 거라고 상상했다. 나는 심판의 날이 그것을 잘못 이해한 사람에게는 크게 당황스러운 날이 될 것이고, 우리처럼 제대로 이해한 사람에게는 엄청나게 인정받는 날이 될 것이라고 상상했다.

몇 분이 지나지 않아서 심판의 날이 나에게 반드시 유리하게 작용하지 않을 수도 있겠다는 생각이 들었다.

나는 그날 밤 노인을 위한 기독교 잡지에 실을 기분 좋은 기사를 작성하기 위해 맥도날드에 간 것이었다. 그래서 예전에 다른 성악가들의 사진을 찍었던 것처럼 예의 바르게 준의 사진을 찍었다. 당연히 내게는 십계명 여인을 필요 이상으로 압박할 의도 같은 건 없었다. 하지만 내가 자리를 뜨기 전, 준은 나를 자기 옆으로 끌어당기더니 내게 무슨 일을 하는지 물었다. 나는 감리교 출판사에 보낼 기사를 쓴다고 했는데, 그녀는 대화를 그만둘 정도로 싫은 티를 냈다. 그녀는 자신만의 교단을 세웠기에 다른 교단, 특히 진보적인 교단을 무시했다. 하지만 내가 떠나기 전, 준은 내 팔을 붙잡더니 스피커 근처에 앉아 있는 콧수염 난 남자를 가리켰다.

그녀는 "저 사람 사진을 찍어요"라고 채근했다. "저 사람, 그

위대한 제프 데이비스 닮지 않았어요?"

이글거리는 그녀의 적갈색 눈초리에서 벗어나기를 바라면서 나는 "다음에요"라고 말했다.

이틀이 지나서야 나는 그녀가 남북전쟁 때 남부 연합군의 수장이었던 제퍼슨 데이비스를 말한 것이었음을 깨달았다(제프 데이비스는 70년대 태어난 미국의 영화배우 이름이기도 하다―옮긴이).

3장

원숭이 마을

"두 달 전만 해도 이름 모를 행복한 곳이었던 이 마을이 오늘 전 세계의 놀림거리가 되었다."

_H. L. 멘켄, 「볼티모어 이브닝선」, 1925년 7월 9일자

어떤 이들은 말한다. 하나님에게서 하늘과 땅을 만든 이야기를 들을 때 좀 더 자세히 세부사항을 물어보지 못한 모세의 잘못이라고. 다른 이들은 말한다. 『종의 기원』을 쓴 다윈의 잘못이라고. 어떤 사람은 대중 매체를 탓하고, 다른 사람은 법체계를 비난한다. 하지만 테네시주 데이턴에 사는 사람들 대부분은 우리 동네가 영원히 '원숭이 마을'이라고 알려진 것이 조지 라플리야의 잘못이라는 사실에 꽤 의견이 일치한다.

모든 일은 1925년 5월에 시작되었다. 그날 라플리야는 "데이턴을 세상에 알릴" 계획을 가지고 로빈슨 약국으로 달려갔다.

짙은 양키 억양의 뉴욕 출신으로, 뿔테 안경을 쓰고 근대적인 사고방식이 머리에 가득한 라플리야. 그는 테네시주 동쪽에 자리한 작고 보수적인 마을에서 약간 외계인 같은 존재였다. 그 운명적인 날 아침에 그는 마을의 가장 영향력 있는 구성원들, 곧 금주법이 있던 시절에 로빈슨 약국의 탄산음료 판매기 옆에 모여 사업에 관해 토론하기 좋아하는 이들의 이목을 사로잡으려 했다. "로빈슨 씨, 당신과 존 갓프리는 항상 데이턴을 좀 더 대중에게 알릴 만한 것을 찾고 있지요?" 라플리야가 보고하듯이 말했다. "오늘자 조간신문을 보셨는지 모르겠네요."[2] 그 지역에서 탄광 사업을 운영하며 고군분투하고 있던 라플리야는 미국시민자유연맹에서 「차타누가 타임스」에 실은 광고를 하나 발견한 터였다. 공립학교에서 진화론 교육을 금지한 주 정부의 새로운 반진화론법에 이의를 제기할 테네시주의 선생님이 있다면 지원하겠다는 내용이었다. 진화냐 창조냐의 논쟁은 최근 수년간 중심 논제로 자리 잡은 터였다. 라플리야가 로빈슨 씨와 그의 약국에 출근하듯 드나드는 나머지 사람들을 설득하는 데는 오랜 시간이 걸리지 않았다. 이렇게 논란의 여지가 있는 모의재판을 주최하면 데이턴에 경제적으로 이득이 될 거라고 했으니 말이다.

그들은 그 지역의 학교 선생인 존 스콥스를 부르기로 결정했다. 이 재판에 그가 피고인으로 자원하기를 바랐다. 과묵하고 겸손한 스콥스는 고등학교 생물 시간에 진화론을 가르쳤을 수도 있다고 인정했다. 그는 자본의 논리보다는 좀 더 이상적인 이유로 재판에서 피고인이 되는 데 동의했다. 작고한 어머니의 이름을 딴 수 힉스라는 지역 변호사가 동생 허버트의 도움을 받아 검사측 입장을 정리하기로 했다. (만약 이 이야기가 익숙하게 들린다면, 그건 수 힉스가 조니 캐시의 노래 '소년의 이름은 수'에 영감을 주었기 때문이다.) 검사와 피고인을 마련한 로빈슨 약국 일당은 그들이 바라던 홍보 활동을 하나하나 짜맞추어 갔다.

그들은 운이 좋았다. 재판은 '수'라는 이름의 남자보다 점점 더 유명해졌다. 유명한 형사 사건 변호사이자 공공연한 불가지론자인 클래런스 대로우가 피고를 변호하는 일에 자원했다. 그리고 근본주의자 정치인이면서 '위대한 보통사람'으로 불린 윌리엄 제닝스 브라이언이 기소를 맡았다. 사상적으로 헤비급인 두 사람이 링 위에 오르면서 스콥스 재판은 과학과 종교의 결전, "세기의 재판"으로 알려졌다.

멀게는 런던에서부터 온 2백 명이 넘는 기자들이 1925년의 무더운 여름 동안 데이턴에 머물렀다. 역사상 처음으로 라디오 방송이 법정 상황을 실시간으로 중계했다. 원숭이가 소다를 쪽쪽 빨면서 약병을 쥐고 웃는 그림이 옥외 광고판과 온 동네 가게 유리창을 장식했다. 로빈슨 약국은 "모든 것이 시작된 곳"이라고 알리는 현수막을 자랑스럽게 내걸었다. 시위대, 활동가, 설교자들이 데이턴에 순례를 왔고, 주민들은 즉석 강연이나 토론에 부응하고자 법원 잔디밭에 커다란 연단을 설치했다. (조지 라플리야가 실제로 연단 위에서 주먹다짐했다는 소문도 돌았다.) 사람들은 돈을 내고 살아 있는 침팬지와 사진을 찍을 수 있었고, 경찰은 순찰 오토바이에 '원숭이 마을 경찰'이라는 표지를 붙이기까지 했다. 「뉴욕 타임스」기자는 이렇게 적었다. "이 재판의 깊은 의미가 (행여 그런 게 있다면) 무엇이든 간에, 세계 챔피언급의 괴짜들을 매료시켰다는 점만은 의심의 여지가 없다."[3]

하지만 대로우와 브라이언 모두 이 재판이 단지 '광란의 20년대'(활기와 자신감이 넘치던 미국의 1920년대를 표현하는 용어—옮긴이)가 내놓은 단편적 사건이라기보다는 훨씬 더 깊은 의미를 지닌다고 믿었다. 두 사람은 상반된 사상을 선전하는 데 평생을 보냈다. 그리고 이 재판은 그들이 헌신한 대의에 온 나라의 관심을 불러일으킬 기회를 제공했다. 브라이언은 당시 65세였고 30년 이상 변호사 일을 하지 않은 터였다. 그러나 데이턴 사람들에게 그것은 중요하지 않았다. 그들은 브라이언을 위대한 연설가요 기독교 근본주의의 투사로 알았다. 민주당 대통령 후보로 세 번이나 나섰던 브라이언은 노동권이나 여성 참정권과 같은 진보적 소송을 대리하고 제국주의, 술, 다윈주의에 반대하는 싸움을 벌이며 정치적 경력을 쌓았다. '위대한 보통사람'으로 알려진 그는 평범한 사람들의 관심사를 대변하는 것을 자랑스러워했다. 그는 하원의원으로 봉직했고, 우드로 윌슨 대통령 재임 시절 국무장관을 지냈으며, 미국이 제1차 세계대전에 참전한 데 항의하며 내각에서 사퇴한 바 있다. 브라이언에게 진화론, 특히 사회적 다윈주의는 미국 사회의 도덕적이고 성경적인 기초를 파괴하려는 위협이요 그가 평생 보존하기 위해 노력해 온 모든 것을 위태롭게 하는 위협과 같았다.

68세의 대로우는 데이턴 주민들 사이에서 브라이언 같은 유명세를 얻지는 못했다. 미국시민자유연맹의 주요 회원인 그는 정신 이상이나 실존철학을 동원하여 탄원하거나 의뢰인을 사형에서 구해 내는 것으로 유명했다. 그는 개인의 자유와 언론의 자유, 교육자들이 진화론을 가르칠 권리를 위해 싸웠다. 그는 테네시주의 반(反)진화론법은 근대성을 저지하려는 성경 절대주의자들의 위헌적이고 후진적인 시도라고 생각했다. 지역 주민들과 배심원들의 근본주의적 태도를 고려할 때 이번 사건은 그에게 불리한 싸움이었다. 재판을 하는 동안 대로우는 법원 문을 가로질러 드리워진 "성경을 읽으라"라는 거대한 현수막에 실망감을 드러냈다. 하지만 언론은 그의 대의에 공감을 표했고, 이는 대로우에게 중요한 지지 세력이 되어 주었다.

마침내 재판이 시작되었다. 작지만 유명해진 법정에는 사람들이 들어차서 입석밖에 남지 않았다. 7월에 이 지역은 날이 꽤 덥다. 그래서 스콥스 재판을 기록한 낡고 누런 필름 영상을 보면, 참가자들이 얼굴에 열심히 부채질을 하거나 손수건으로 이마를 닦는 모습이 나온다. 변호인단은 즉각 주 헌법과 연방 헌법에 근거하여 스콥스에 대한 기소를 기각시키려고 했다. 하지만 판사는 변호인단의 신청을 기각했다. 따라서 스콥스가 기소되는 것으로 끝날 것 같았던 재판은 기회가 주어질 때마다 브라이언과 대로우가 서로에 대한 공방에 나서는 구실이 되었다. 그들은 각자 기조연설에서 이 사건의 중대한 본질과 과학과 종교 사이의 대투쟁에 대해 강연했다. 어느 시점에는 생물학자가 피고 측에 유리한 증언을 하도록 허용할지 말지를 두고 논쟁이 촉

발되어 방청석으로부터 함성과 야유가 쏟아졌다. 이런 모든 말 잔치 중간에 몇 명의 고등학생이 출석하여 레아 카운티 고등학교에서 스콥스가 진화를 가르쳤다고 증언했다.

소송이 시작된 지 7일째 되던 날, 변호인단이 원고 측인 윌리엄 제닝스 브라이언을 성경 전문가로 소환해 증인석에 세우면서 재판은 절정에 이르렀다. 이맘때쯤 재판은 밀려드는 방청객과 언론을 더 수용하기 위해 법원 잔디마당으로 이동해서 열렸다. 마침내 수천 명이 브라이언과 대로우가 세기의 재판에서 정면으로 맞서는 모습을 지켜보았다.

이 시점에서 대로우는 외투와 넥타이를 벗고 즉시 브라이언에게 질문을 던지기 시작했다. 성경을 문자적으로 해석하는 입장을 공격하도록 짜인 질문들이었다. 대로우는 창세기의 창조 이야기에서부터 요나와 고래 이야기(브라이언은 실제로 요나와 큰 물고기 이야기라고 바르게 지적했다)에 이르기까지 모든 것에 대해 질문했다. 처음에 브라이언은 자신만만해 보였고 야자수 잎 부채를 부치며 천천히 차근차근 대답했다. 그러나 질문이 계속될수록 그의 준비가 부족했음이 분명해졌다.

"성경에는 여호수아가 낮을 길게 늘일 목적으로 태양에게 멈추라고 명령했다는 이야기가 나옵니다. 그렇죠? 당신은 그것을 믿습니까?" 대로우가 압박했다.

"믿습니다."

"그 당시에 태양이 지구 주위를 돌았다고 믿습니까?"

"아니요, 나는 지구가 태양 주위를 돈다고 믿습니다."

"당신은 그 이야기를 쓴 사람들이 낮이 길어질 수 있다거나 태양이 멈출 수 있다고 생각했다고 믿나요?"

"나는 그들이 무슨 생각을 했는지 모릅니다."

"모른다고요?" 대로우는 짐짓 놀라는 척하며 물었다.

"나는 그들이 자신의 생각을 표현하지 않고 사실을 기술했다고 생각합니다." 브라이언이 대답했다.

이때 원고측 검사가 심문 내용이 본 사건과 무관하다고 생각한다며 심문을 중단해야 한다고 판사에게 말했다. 하지만 이 재판 과정을 즐기는 듯 보였던 라울스톤 판사는, 브라이언이 기꺼이 심문받을 의향이 있다면 두 사람이 멈춰야 할 이유가 없다고 말했다.

대로우는 연단을 앞뒤로 오가며 몇 가지 질문을 추가로 던졌고 여호수아와 태양 이야기로 되돌아갔다.

"자, 브라이언 씨, 만약 태양이 가만히 멈춰 있었다면 지구에 무슨 일이 일어났을지 생각해 본 적이 있습니까?"

"아니요."

"없다고요?"

"없습니다. 내가 믿는 하나님은 그것도 잘 처리하실 수 있었을 겁니다, 대로우 씨."

"알겠습니다. 만약 태양이 갑자기 멈춰 선다면 지구에 자연스레 무슨 일이 일어날지 깊이 생각해 본 적은 있나요?"

"없어요."

"지구가 녹아내리는 물질 덩어리로 변했을 거라는 걸 모르세요?"

"그건 당신이 여기 증인석에 섰을 때 증언하세요." 브라이언이 쏘아붙였다. "내가 기회를 드리죠."

"그걸 믿지 않나요?" 대로우가 질문했다.

"그것에 대해 전문가의 증언을 들어 보고 싶군요."

"당신은 그 주제를 한 번도 조사해 보지 않았군요?"

"그런 질문을 받은 적이 없었던 것 같습니다."

"아니면 생각해 본 적은요?"

"나는 그것보다 더 중요하다고 생각한 일을 하느라 너무 바빴어요." 브라이언이 말했다.

대로우는 계속해서 지구의 나이와 전 세계적인 홍수에 대한 성경의 설명을 들어 브라이언을 자극했다.

"홍수 사건이 언제였나요?" 그가 물었다.

"날짜를 특정하지 않을 겁니다." 브라이언이 말했다.

"기원전 4004년쯤일까요?"

"그것이 오늘날 받아들여지는 (성서학자의) 추청치입니다. 나는 그게 정확하다고 말하지 않겠습니다." 브라이언은 조심스럽게 대답했다.

"하지만 성경이 뭐라고 말한다고 생각하십니까?" 대로우가 압박했다. "그 추정치가 어떻게 나온 건지 알고 계십니까?"

"계산해 본 적 없습니다."

"무엇으로부터의 계산이요?"

"말할 수 없어요."

"인간의 발생으로부터인가요?"

"그렇게 말하고 싶지 않습니다."

"당신은 어떻게 생각하나요?" 대로우가 밀어붙였다.

"나는 내가 생각하지 않는 일에 대해서는 생각하지 않습니다." 브라이언이 답했다.

"당신이 생각하는 일에 대해서는 생각하시고요?" 대로우는 능청스런 질문으로 좌중의 웃음을 끌어냈다.

질문이 점점 더 과열되자 검사는 브라이언에게 증인석에서 내려오라고 반복해서 말했다. 하지만 그는 거기 남아 있겠다고 고집했다.

브라이언은 이렇게 말했다. "여기 계신 신사 분들에게는 기회가 많지 않았습니다. 이분들은 이 사건을 심리하러 온 게 아니라 계시된 종교를 재판하러 여기 온 것입니다. 나는 그것을 변호하기 위해 여기에 있고요. 그러니 이분들은 자기들이 원하는 모든 질문을 내게 할 수 있습니다."

누군가 3천 명쯤 된다고 추산한 좌중이 환호성을 질렀고, 판사는 대로우가 계속해서 브라이언에게 성경의 연대기에 대해 질문하도록 허락했다.

"당신은 평생 지구에 있는 다른 민족에 대해 알아보려고 한 적이 없습니다." 대로우는 화난 척 물었다. "그들의 문명이 얼마나 오래되었고 그들이 이 땅에 얼마나 오래 살았는지 말이죠."

"네, 없습니다." 브라이언이 말했다. "나는 기독교 신앙에 충분히 만족하며 살아왔기에 거기에 반대하는 주장을 찾아보는

데 시간을 쓰지 않았습니다."

"무언가를 찾게 될까 봐 두려웠습니까?" 대로우가 물었다.

"나는 내가 원하는 삶과 죽음에 관한 모든 정보를 가지고 있습니다." 브라이언이 말했다.

이 말에 대로우가 꽂혔다. "그게 당신이 관심을 갖는 전부인가요?"

"종교에 관해서는 더 이상 알아보지 않습니다."

"당신은 지구가 몇 살인지, 인류의 나이는 얼마인지, 동물이 얼마나 오래 여기 있었는지 궁금하지 않나요?"

"그런 것에 별 관심 없습니다." 브라이언이 답했다.

"그런 걸 알아보려고 조사해 본 적이 없군요?"

"전혀 없습니다."

결국 브라이언은 창조 기사에 대해 다양한 해석이 존재하며, 자기가 이해하기로는 창조의 7일이 문자 그대로의 7일이 아니라 어떤 기간을 나타낸다고 인정했다. 이는 열띤 공방으로 이어졌다.

"이 기간이라는 게 어느 정도로 긴지 아시는 바가 있나요?"

"없습니다."

"태양이 네 번째 날에 창조되었다고 생각하십니까?"

"네."

"태양이 없는데 저녁과 아침이 있었네요?"

"그것을 기간이라고 단순하게 말한 겁니다."

"태양이 없는 네 번의 기간 동안 저녁과 아침이 있었다, 그렇게 생각하시나요?"

브라이언은 대답했다. "나는 말씀하신 대로의 창조를 믿습니다. 만약 내가 그걸 설명할 수 없다면, 그냥 받아들일 겁니다."

한 시간 가까운 심문 끝에 판사는 마침내 소송 절차에 짜증이 나서 휴정을 선언했다. 브라이언과 대로우 양쪽 지지자들 모두 승리를 외쳤다. 다음날 검사가 브라이언을 다시 증인석에 앉힐 생각이 없다는 게 분명해지긴 했지만 말이다. 변호인은 사건의 변론을 끝내며 법원이 배심원단에게 피고인의 유죄를 확정하라고 지시할 것을 제안했다. 이렇게 함으로써 브라이언이 대로우를 심문하고 마무리 발언을 할 기회는 사라졌고 재판은 곧 종료되었다. 스콥스는 유죄 판결을 받았고 1백 달러의 벌금 처분을 받았다.

누군가는 브라이언이 이 재판에서 이겼다고 말했지만, 대로우는 논쟁에서 이겼다.

사람들은 데이턴에 모여들 때와 마찬가지로 빠르게 그곳을 떠났다. 며칠 후 브라이언은 그 지역을 순회하며 세속주의에 반대하는 연설과 설교를 한 후에 낮잠을 자다가 세상을 떠났다. 바로 이곳, '원숭이 마을'에서 말이다.

* * *

로빈슨 약국 일당의 야망에도 불구하고 재판 이후 데이턴은 다시 세상에서 멀어졌다. 오늘날 데이턴은 애팔래치아 산맥의 산기슭에 자리한 인구 6천여 명의 작은 제조업 마을이다. 광산 지대는 문 닫은 지 오래고 공장들로 대체되었다. 그중 가장 큰 공장은 데이턴의 가장 큰 기업주인 '레이지 보이 가구' 소유다. 마을은 가물에 콩 나듯 조금씩 성장하지만, 카운티 전역에서 술 판매가 금지된 탓에 체인 레스토랑들의 진출이 이뤄지지 않는다. 몇 년 전에 마을 남쪽 끝에 월마트 슈퍼마켓이 들어서자 마치 예수님이 다시 오신 것처럼 환영을 받았다. 엄마는 데이턴을 '작은 D'라고 부르기 좋아하셨는데, 아빠가 신학교 다닐 때 살았던 텍사스주 댈러스를 '큰 D'라고 부르던 것을 비꼰 표현이다.

테네시강 동쪽 경계에 있는 레아 카운티는 세 개의 원자력 발전소에 둘러싸여 있다. 맑은 날에는 데이턴산 꼭대기에서 두 개의 발전소를 볼 수 있다. 이 인상적인 건물들은 테네시강 유역 개발공사(TVA)의 소유이거니와, 루스벨트 대통령의 뉴딜 정책의 일환으로 세워진 TVA는 주 동부 9백만 명의 주민에게 전력을 공급하는 무소부재의 존재다. 홍수를 통제하기 위해 TVA는 겨울마다 치카모가 호수의 물을 빼는데 그 4개월 동안 데이턴의 한가운데에는 황량한 늪지대가 생긴다. 겨울을 제외한 나머지 기간 동안 호수는 깊고 푸른 원시의 모습을 유지하기에 퇴직자들은 호수 주변에 큰 집을 짓고 식료품점과 낚시용품점에서 지갑을 연다.

여기 사람들은 누가 진짜로 세기의 재판에서 이겼는지 논쟁하는 데 많은 시간을 허비하지 않는다. 법원 잔디밭에 서 있는 윌리엄 제닝스 브라이언의 동상이 자명하게 말한다. 지역 신문의 주소록에는 100개 넘는 교회 주소가 올라온다. 매주 목요일 밤 맥도날드에서는 노인들을 위해 복음성가 찬양 집회가 열린다. 부흥회와 교회 야유회를 알리는 표지판이 데이턴산을 감싸고 도는 고속도로변에 늘어서 있다. 이웃들은 서로를 돌보고, 장례식이 있으면 사람들이 항상 음식을 가져온다. 가장 좋은 의미의 공동체다.

데이턴은 역사적인 과거의 사건에 크게 영향을 받지 않고 천천히 질서 정연한 속도로 움직인다. 미용실의 수다 내용도 계절에 따라 변한다. 이번 딸기 축제에서 누가 딸기 여왕으로 뽑힐지, 미식축구 팀 주장은 올해를 어떻게 전망하는지, 환경보호국은 왜 봄마다 범람하는 개울을 우리가 수리하도록 허락하지 않는지, 누가 시내 가로등 기둥에 크리스마스 화환을 걸어 둘지 이야기한다.

간혹 내가 '원숭이 마을의 역사적 순간'이라고 부르는 때가 있다. 가장 최근의 경우는 레아 카운티 위원회가 데이턴에서 동성애 불법화를 위해 투표한 일이다.

2004년 3월, 선출직 지도자 중 여덟 명이 동성애 금지를 촉구할 뿐 아니라 카운티가 게이와 레즈비언을 본성 위반죄로 기소할 수 있도록 주법(州法)을 개정해 줄 것을 요청하는 결의안을 통과시켰다. 결의안이 언론에 알려지자 스콥스 재판이 데이턴에 재연되는 것 같았다.

24시간 만에 카운티 사무실로 수천 통의 전화가 (멀게는 호주에서부터) 쇄도했고, 지역 신문은 편집인 앞으로 온 편지들을 네 면에 걸쳐 내보냈다. 일단의 독립침례교단 교회들은 데이턴

시내를 통과하는 '미국의 경건한 유산을 위하여'라는 행진을 조직했고, 지역의 한 고등학생은 게이 프라이드 집회를 준비했다. 법원 잔디밭은 소도미 추방을 요구하는 거리 설교자들로 붐볐고, 십대들은 무지개 무늬 깃발을 흔들었다. 그리고 전국에서 몰려온 기자들은 기회가 있을 때마다 이번 일이 사실 1925년에 원숭이 마을에서 일어난 일의 재판임을 세상에 일깨웠다.

한 설교자는 십자가를 지고 데이턴을 관통하는 27번 국도를 일주일 동안 오르내렸다. 또 어떤 목사는 "소도미는 아이를 못 낳는다"라고 적은 거대한 표지판을 쉐보레 트럭 짐칸에 싣고 다니며 게시했다. 사업 수완이 좋은 길 건너편 음반 가게 사장님은 "기타를 사세요"라고 적은 표지판을 들고 거리를 돌아다녔다. 카운티 위원들은 자신들이 그 취지를 제대로 이해하지 못한 채 표결 처리했다고 해명하며 결의안을 철회하겠다고 다시 모였으나 이미 그 여파는 걷잡을 수 없는 지경이었다. 데이턴은 다시 한 번 전국적으로 웃음거리가 되었거니와 당연한 결과였다. 다음 지방 선거에서 결의안 투표에 참여했던 현직 카운티 위원들은 단 한 명을 빼고는 모두 낙선했다. 위원들 중 일부는 이미 사임했거나 재선에 출마하지 않기로 한 터였다.

십계명 여인 준을 제외하고 우리 대부분은 카운티 위원회에 무척 화가 났다. 브라이언 대학의 몇몇 교수들은 그 결의안을 지지하지 않는다고 의견을 표명했고, 지역 목회자들은 외지에서 온 길거리 설교자들을 찾아가 제발 떠나 달라고 간청했다. 어느 교회의 청년부는 지역 사회를 대신해 사과하는 의미로 게이

프라이드 집회에서 물을 나누어 주었다. 물론 그런 노력은 언론에서 거의 다루지 않았는데 현장에 나온 기자들에게 이번에도 "우리를 이해할" 생각이 없었기 때문이었을 것이다. 그들은 단지 이 나라에서 사라진 줄 알았던 극단적인 종교적 분리주의의 양태가 우리 고장에 남아 있는 것을 보고 거기에 끌렸을 뿐이었을 테니까.

그게 이 작은 마을의 우스꽝스러운 점이다. 기독교의 다양한 유형을 감안할 때 데이턴은 갈라파고스 섬이라 할 수 있는데, 미국 근본주의의 진화 과정을 연구하려는 사람에게 더없이 좋은 행선지가 아닐 수 없다. 우리 마을에서는 십계명 여인 준 같은 이들과 성서학자와 변증가들이 한 농산물 매장에서 식자재를 산다. 여느 일요일 아침에 어떤 목사는 자신의 회중더러 원수를 사랑하라고 강권할 것이고, 다른 목사는 로마서의 역사적 맥락을 고려해야 한다고 가르칠 것이며, 또 어떤 목사는 살아 있는 방울뱀을 손으로 잡음으로써 믿음을 표현하라고 가르칠 것이다. 어떤 교인들은 예배 때 흠정역 성경만 사용해야 한다고 하는 반면, 히브리어와 헬라어 원문으로 성경을 읽을 수 있는 이들도 상당히 많다. 소수의 사람들은 카운티 위원회가 동성애에 반대하는 입장을 취한 데 대해 환영했지만, 대부분은 그들이 데이턴을 낙후되고 현실과 유리된 곳으로 만들었다고 비판했다.

복음주의 공동체는 문화적 흐름에 저항하다가 하루아침에 수용해 버린다는 흥미로운 평가를 받는데 데이턴의 신자들도 예외가 아니다. 오늘날 대부분의 기독교인들은 심지어 보수적인 기독교인조차도 하나님 나라를 확장하는 데 있어 원숭이 마을식의 완고한 고립주의와 반지성주의적 접근이 구시대적이고 비효율적인 전략임을 인정한다.

스콥스 재판이 데이턴 및 전 세계 기독교 공동체에 어떤 영향을 끼쳤는지 확실하게 말하기란 어렵다. 하지만 윌리엄 제닝스 브라이언의 반대 심문 이후로 많은 복음주의자들이 변화가 반드시 필요하다고 생각한 것 같다. 그 무더운 여름날 증인석에서 벌어진 일이 다시 되풀이되어서는 안 된다고 마음먹은 것이다. 현대 사회에서 살아남으려면 이 세상이 던지는 질문에 대답할 준비가 되어 있어야 했다. 더 이상 진화론, 세속적 인본주의, 고등 비평 같은 현대인들의 위협에 저항만 하고 있을 수는 없었다. 대신 그런 논쟁에 효과적으로 참여하는 법을 배워야 했다. 그래서 적자생존과 같은 개념조차 수년간 반대하던 데이턴과 미국 전역의 복음주의 공동체에 재미있는 일이 일어났다. 바로 그들이 진화해 버린 것이다.

4장

변증가 그렉

그렉은 자라면서 로큰롤을 듣지 않았다.

"영화와 춤도 금지였어요." 그는 설명했다. "신학도 마찬가지였죠."

그렉은 전도자 제리 포웰의 가르침을 열심히 따르며 흠정역 성경만 인정하는 엄격한 환경에서 자랐다. 그는 기독교에 대한 자신의 최초의 경험이 "도덕주의적, 수구적, 반지성적, 반신학적"이었다고 설명한다.

"수심이 얕은 수영장에 빠져 죽는 거 같았어요."

그래서 그렉은 반항했다. 마약이나 술, 섹스가 아니라 책으로.

그는 1990년대 초반에 기독교 인문대학에 다녔다. 그 학교는 문화에 저항하기보다는 오히려 참여하라고 강조했다. 열정적이고 유독 똑똑한 그렉은 즉시 눈에 띄었다. 몇몇 교수들의 주목을 끌었거니와 그들은 그렉이 설득력 있고 카리스마 있는 변증가의 자질을 갖추었다고 보았다. 그렉은 수많은 신학 서적을 꼼꼼히 읽었고, 나이보다 조숙한 질문을 했고, 몇 편의 인상적인 논문을 썼다. 그러고는 "사유는 기독교인이 해야 할 일"임을 깨달았다고 했다. 나중에 몇 개의 학위를 받은 그는 미국뿐 아니라 세계 곳곳을 여행하면서 생명 윤리에서부터 포스트모더니즘, 다원주의에 이르는 모든 것에 대해 강연을 했다.

처음 그렉의 연설을 들으면 그 순간을 결코 잊을 수 없다. 사람들은 그 경험을 마치 소화전에서 물을 받아 마시려 하는 것과 같다고 묘사한다. 그렉은 청중이 하나님과 이 세상에 대해 그들이 감히 상상했던 것보다 더 큰 생각을 하도록 도전하는 방법을 알고 있다. 그는 이 주제에서 저 주제로 막힘없이 옮겨 다니며, 당신이 방금 들은 개념을 겨우 파악했다고 생각하려는 순간 곧바로 새로운 개념을 소개한다. 그는 십대들에게는 거만하지 않게, 노인들에게는 날카롭고 위압적이지 않게 이야기하는 법을 안다.

나는 고등학생 때 그렉을 처음 만났다. 그는 우리 교회 청소년부에 와서 모든 것을 포괄하는 하나님의 진리의 본질에 대해 강연했다. 과학에서 철학, 대중문화, 기술에 이르기까지 모든 것에 대해 성경적으로 사고하는 방식이 있다고 했다. 만약 우리가 복음을 위해 변호할 준비가 되어 있다면 복음의 빛이 미치지 못하는 주제나 분야는 없으며 우리가 두려워해야 할 새로운 사상이나 발견도 없다고 말했다. 절대 진리에 접근할 수 있는 이점이 우리에게 있으니 세상에 나아가 세상을 바꾸는 데 필요한 모든 것이 우리 손에 주어진 셈이었다.

그날 밤 청소년부 모임을 마치고 집에 돌아왔을 때 엄마가 그렉이 무슨 이야기를 했는지 물어보신 기억이 난다. 나는 그가 말한 내용을 이해해 보려고 애쓰면서 말했다. "정확하게 기억이 나지는 않지만, 그가 옳았다고 생각해요."

그 첫인상을 절대 잊을 수 없었던 나는 대학 3학년을 마친 여름 동안에 그렉과 함께 일하기로 했다. 고등학생들에게 성경적 세계관을 소개하기 위한 2주간의 변증 세미나를 조직한 것이다. 이때쯤 나는 스스로 복음을 변호하는 데 꽤 능숙해져 있었기에, 상담자 역할을 맡아 열일곱 살 여학생들로 구성된 소그룹을 지도했다.

나는 그 세미나에서 내가 맡은 여덟 명의 여학생뿐 아니라 그렉과 다른 리더들에게 좋은 인상을 주고 싶었다. 특히 아이들 중 몇 명이 주립 대학에 진학할 계획이었기에 마음에 부담이 되었는데, 내가 듣기로 주립 대학에 가면 절대 진리에 대한 신념과 처녀성을 잃을 확률이 70퍼센트나 되었다. 내가 할 일은 그들이 무엇을 믿고 왜 믿는지를 알고서 세속적이고 상대주의적인 사회에 들어가도록 준비시키는 것이었다.

세미나에서 처음 며칠 동안 다양한 강사들이 다원주의, 자연주의, 초월주의, 세속주의, 다원주의 등에 대해 강연해 주었기에 나는 소그룹에서 아주 편하게 토론할 수 있었다. 하지만 첫째 주 후반부가 될 무렵 어느 강연자가 공립학교는 가망이 없다고 비난했다. 이어서 다른 강사는 지구 온난화가 급진 좌파의 음모라고 비난했다. 또 다른 강사는 현대 미술은 다섯 살짜리 아이의 낙서보다 나을 게 없다고 비난했다. 또 다른 사람은 페미니즘이 사회 속에서 성경적 여성의 역할을 위협한다고 공격했다. 나는 점점 걱정되기 시작했다. 아기 바다표범과 잭슨 폴록, 정장 바지를 좋아하는 공립 고등학교 졸업자로서 내게 기독교 세계관이 부족한 것은 아닌가 싶었다. 나는 총기를 소유할 권리, 강력한 국방 태세, 사형제, 자유 시장에 대한 한정적 개입 같은 정치적 입장을 지지하기 위해 성경 구절을 끄집어내는 방식이 점점 더 불편해졌다. 그런 것들이 내게는 성경적 가치라기보다 공화당의 가치처럼 보였다. 나는 그렉이 반대 의견을 내놓기를 기다렸다. 하지만 그는 그러지 않았다.

나는 그제야 처음으로 단 하나의 성경적 세계관 같은 게 없는 건 아닌지, 혹시 사람 수만큼 많은 세계관이 있는 건 아닌지 궁금해졌다.

세미나를 마무리하면서 그렉은 학생들에게 행동하라고, 계속 공부하고 배우라고, 두려워 말고 나가서 세상을 변화시키라고, 자신의 믿음을 변호할 대답을 항상 준비해 두라고 감동적으로 촉구했다. 그는 열정적이었고, 명확했고, 열심히 공부했고, 잘 준비되어 있었다. 그는 미국의 근본주의가 어떻게 모더니즘에 적응하여 지적으로 왕성하면서도 변증론에 경도된 대항문화가 되었는지를 보여 주는 화신이었다. 1925년에 윌리엄 제닝스 브라이언이 증인석에서 하지 못한 일을 모두 해낸 것이다.

나는 그렉과 이메일로 미국의 가난한 사람들을 돌볼 수 있는 최선의 방법에 대해 약간의 언쟁을 했다. 그게 그와의 마지막 교류였다. 요즘의 나는 그와 정치, 신학, 성 역할, 환경 보호 문제, 경제 등 많은 분야에서 의견이 갈릴 것 같다. 가끔 나는 내가 그를 실망시켰을까 봐 두렵다. 가끔 나는 내가 틀릴까 봐 두렵다. 하지만 그렉이 자신의 믿음을 이해하기 위해 변해야만 했던 것처럼, 나 역시 내 믿음을 이해하기 위해 변해야만 했다는 것을 그가 알아주면 좋겠다.

5장

회의론자가 질문할 때

2003년 내가 그의 이름을 딴 대학을 졸업할 때쯤 나는 윌리엄 제
닝스 브라이언이 증인석에서 이 말을 했어야 한다고 결론 내렸
다. "성경은 하나님의 말씀이고 성경에서 주장하는 모든 것은 진
리이기 때문에 창세기는 하나님이 어떻게 우주와 지구상의 생
명체를 창조하셨는지를 정확하게 기록하고 있다. 성경의 과학
적 정확성에 근거해 볼 때, 창조의 한 주는 하루 24시간 7일로 구
성되었고, 창조와 홍수 사건 사이에는 1656년이라는 시간이, 홍
수와 아브라함의 출생 사이에는 342년이라는 시간이, 아브라함
의 출생과 그리스도의 탄생 사이에는 2천 년의 시간이 지났다고
결론을 내려야 한다. 지질학과 화석의 증거는 지구의 나이가 수
백만 년임을 결정적으로 증명하지 못하지만, 하나님이 만물을
완성된 모습으로 창조하기로 선택하셨다는 주장으로 설명할 수
있다. 혹은 지구의 자기장 같은 다양한 요인이 세월의 흐름에 따

라 변하면서 탄소 측정 연대의 정확성에 영향을 미쳤을 수도 있다는 주장으로 설명할 수 있다. 진화론과는 반대로, 성경은 하나님이 각기 다른 종의 유기체를 창조하셨고 이 유기체들 사이의 유사성이 공통의 기원보다는 오히려 공통의 창조주를 가리킨다고 가르친다. 진화론은 생물 유기체 안에 내재된 복잡성의 정도를 설명하지 못하고, 과도기 종의 충분한 화석 기록을 보여 주지 못하며, 생물학적 분류의 수많은 모호성을 설명하지 못한다. 따라서 공립학교에서 진화론을 사실이라고 가르쳐서는 안 된다. 무엇보다 진화론은 성경의 권위를 훼손하고 기독교의 근간을 위협하기 때문에 위험하다."[4]

나는 커트 와이즈 박사에게서 이 내용의 대부분을 배웠다. 그는 미국의 대표적 젊은 지구 창조론자 중 한 명이고, 내가 다닌 브라이언 대학의 학생들이 가장 좋아하는 교수였다. 하버드 대학교에서 고생물학 학위를 받은 와이즈 박사는, 저명한 진화론자이자 과학 저술가인 스티븐 제이 굴드 밑에서 공부했다. 와이즈 박사는 자신의 목표가 성경과 과학적 데이터 양쪽 모두에 일관된 지구 역사 모델을 공식화하는 것이라고 말했다. 그는 수업이 끝난 후에 학생들과 긴 대화를 나누거나 산에 올라가 동굴 탐험을 하며 시간을 보내기 좋아했다.

와이즈 박사는 고등학교 2학년 때 이미 과학자가 되려는 꿈을 가지고 있었지만 진화론과 성경에 나오는 창조 기사를 조화시킬 수 없었다고 한다. 그래서 어느 날 밤 식구들이 모두 잠든 후에 그는 새로 산 성경을 가위로 오리기 시작했다. 진화를 믿기 위해 제거해야 한다고 생각되는 모든 구절을 잘라 냈다. 창세기부터 요한계시록까지 책 전부를 다 자르기까지 몇 주가 걸렸다. 그 일을 끝마칠 무렵에는 성경이 거의 다 잘려나가서 들 수조차 없었다고 한다. 그때 그는 결심했다. "성경이 참이고 진화가 틀렸거나 혹은 진화가 참이고 내가 성경을 버려야 하거나, 둘 중 하나다."[5]

여러 면에서 와이즈 박사는 브라이언 대학의 정신을 구현했다. 캠퍼스의 모든 학생이 젊은 지구 창조론을 지지한 것은 아니지만, 학교가 교육적인 접근을 할 때 그 배후에 있는 최우선 원칙은 성경이 우리가 가장 신뢰할 수 있는 교과서 역할을 한다는 점과 학문 분과를 구축하는 데 있어 오류가 없는 토대를 제공한다는 점이었다. 우리는 과학에서 역사, 경제, 예술, 심리학, 정치, 문학에 이르기까지 모든 것을 '성경적 세계관'으로 연구할 수 있다고 배웠다. 브라이언 대학의 교육 목표는 우리로 하여금 기독교라는 안경을 쓰고 세상을 들여다보도록 하는 삶에 대한 포괄적인 접근법을 계발하는 것이었다.

내 삶에서 이토록 일관되게 이념에 충실한 조직을 만난 적은 없었다. 만약 내가 오늘 캠퍼스에 가서 임의로 한 학생에게 이곳에서 공부하는 목적이 무엇이냐고 물어본다면 아마 이런 대답이 돌아올 것이라는 데 한 표 걸겠다. 바로, "성경적 세계관을 계발하기 위해서죠." 우리는 신입생들에게 이렇게 말하곤 했다. 만약 수업 시간에 교수님이 그들을 불러 세워 준비가 안 되어 있는 것을 잡아낸다면, 빠져나갈 가장 좋은 방법은 그저 "세계관 말이죠?"라고 툭 던지고 잘 풀리기를 바라는 것이라고 말이다.

나는 1999년에 브라이언 대학에 들어갔다. 기독교에 대한 답을 찾고 싶었고 동시에 내가 기독교에 정통하다는 것을 증명하고 싶었다. 이미 데이턴에서 5년간 살았기에 대부분의 교수님들을 알았고, 브라이언 대학 교정과 전통에도 익숙했다. 예를 들어, 나는 브라이언 대학의 상급생들이 신입생들을 괴롭히는 대신 그들의 발을 씻어 주며 환영한다는 것을 알고 있었다. 첫눈이 내리면 학생들이 식당에서 쟁반을 가지고 나와 썰매를 탄다는 사실도 알고 있었다. 나는 세 가지 주요 세계관이 자연주의, 초월주의, 유신론이라는 것을 알았고, 성경적 기독교가 유신론 범주에 속한다는 것도 알았다. 언덕이 많은 시골풍의 교정을 점점이 물들이는 미국벚꽃이 가을에는 짙은 붉은색으로 단풍이 들지만 봄에 꽃이 필 때는 괴상한 냄새를 낸다는 것도 알았다. 나는 어느 기숙사가 가장 멋진 전망을 뽐내는지, 어느 교수님이 학생들에게 가장 영감을 주는지, 그리고 어떤 상급생이 멋있다고 여겨지는지 알고 있었다.

가장 친한 친구인 사라와 나는 같은 기숙사에 살기로 예전에 미리 정해 두었지만, 그렇게 하면 너무 배타적으로 보일까 봐 알지 못하는 애들과 방을 함께 쓰기로 했다. 운 좋게도 우리는 좋은 룸메이트를 만나서 곧 새롭고 오래가는 우정 관계를 형성했다. 나는 즉시 학생회 선거에 출마했고 대학 평의원회의 신입생 대표로 뽑혔다. 화젯거리가 된 선거 표어 덕이 컸다. "당신의 목소리가 들리길(Heard) 바랍니까? 헬드(Held)에게 가세요." 내 전공은 영문학이었지만 신학과 성경 수업으로 시간표를 꽉 채웠다. 성경 개론 수업에서 세대주의를 아는 사람은 손을 들라고 했을 때 손을 든 사람이 나 혼자만이 아니라는 사실에 실망감을 애써 감춰야 했지만 말이다.

대학의 비전에 따라 나는 곧바로 '성경적 세계관'이라는 이름의 필수 입문 과목을 수강했다. 이 수업에서 나는 성경적 세계관을 정의하고 변호하는 방법뿐만 아니라 반대되는 세계관들을 해체하는 방법도 배웠다. 스웨터 조끼를 즐겨 입는 따뜻하고 다정한 신학자인 우리 교수님은, 무신론자와 불가지론자들에 맞서 자신의 믿음을 변호할 때 가장 좋은 전략은 질문을 던지는 것이라고 가르쳐 주셨다. 물론 내가 이미 그 답을 알고 있는 질문 말이다.

예를 들면 이렇다. 만약 누군가가 내게 "당신은 다른 종교와 신념 체계에 관용을 베풀어야 합니다"라고 말한다면, 나는 질문으로 응답해야 한다. "아돌프 히틀러와 이오시프 스탈린의 신념 체계는 어떤가요? 그런 것에도 내가 관용을 베풀어야 하나요?" 혹은 누군가가 "나는 이 세상에 만연한 불의 때문에 하나님을 믿을 수가 없어요"라고 말한다면, 이런 말로 응수해야 한다. "그렇다면 옳고 그름의 절대적인 기준이 있다는 말씀이시죠? 당신은 이 기준을 어디서 얻나요? 그 기준은 무엇에 기초한 거죠?" 누군가가 우주는 빅뱅으로 시작되었다고 선언한다면, 나는 "그것에 대한 증거가 있나요? 세상이 우연히 생겨났다면, 그 정교한 설계는 어떻게 설명하시렵니까?"라고 물어야 한다. 누군가가 "절대적인 것은 없습니다"라고 말하면, "정말 절대적으로 확신하십니까?"라고 질문해야 한다.

성경적 세계관 수업에서 우리는 세속적 인본주의에서 불교에 이르기까지 수십 가지 신념 체계를 선별했다. 우리는 각각의 강점과 약점을 조사했고 때때로 그것들의 불합리함에 콧방귀를 뀌었다. 때로는 수업 과제나 채플 프로그램을 위해 촌극을 했다. 우리는 무턱대고 환경 보호를 주장하는 전형적인 뉴 에이지 추종자들이 내는 고음과 그들이 짓는 멍한 표정을 따라했는데, 초월주의자들이 "우리는 모오오두 신이다……. 모오오두 하나다……. 모오오두 괜찮다"라고 믿는다는 걸 설명하기 위해서였고 종종 엉터리 요가 자세에 과장된 "옴" 소리를 내면서 끝을 맺었다. (공평하게 말하자면, 촌극을 할 때 우리는 우리 자신을 조롱의 대상으로 삼기도 했다. 싸구려 기독교 티셔츠를 입고서 어떻게 세속 음악 CD를 불태웠는지, 데이트를 마치고 어떻게 작별 키스를 했는지 이야기하는 식이었다.)

우리 교수님은 인생의 궁극적인 질문들에 적절한 답을 제공하는 세계관 체계는 오직 성경적 기독교뿐이라고 말했다. 성경적 세계관이라는 안경을 통해 바라보면 모든 것이 명확해졌다. 모든 것이 이해가 되었다. 교수님은 말했다. "모든 진리는 하나님의 진리입니다. 따라서 기독교인으로서 우리는 현실이 우리의 전제를 지속적으로 뒷받침할 것이라고 기대할 수 있습니다."

이런 확신을 가지고 우리는 악의 문제 혹은 믿지 않는 사람들의 운명 같은 기독교의 공통 과제를 연구했다. 그런 것들은 무신론자들과 불가지론자들이 기독교를 훼손하기 위해 제기하는 문제이지 신자들이 일반적으로 씨름하는 문제는 아닌 것으로 여겨졌다. 그래서 나는 수업 시간에 어떻게 질문을 표현해야 할지 조심해야만 했다.

어느 날 나는 이런 질문을 했다. "그렇다면 조던 박사님, 만약…… 만약 상대가 제게 '기독교만이 유일한 구원의 길이라면, 인류의 대다수가 지옥에 떨어질 거라는 의미인가?' 하고 이의를 제기하면 어쩌죠?"

조던 박사님은 어쨌든 우리가 모두 지옥에 들어가 마땅하다는 것과 하나님의 영광에 이르지 못한다는 사실에 대해 말해 주었다.

"그렇죠. 하지만 그건 좀…… 상대방은 대부분의 사람들이 단지 잘못된 장소와 잘못된 시간에 태어나서 애초에 구원받을 기회조차 얻지 못했다고 공격하지 않을까요?"

그러자 조던 박사님은 온 세상에 복음을 전하러 가야 하는 중요성에 대해 말했다.

"맞아요. 하지만…… 하지만 상대가 여전히 그건 공정하지 않다고 생각한다면, 저는 상대방에게 뭐라고 말해야 하나요?"

조던 박사님은 잠시 하나님이 갖고 계신 더 고차원적인 방식에 대해 이야기했다. 그러고 나서 내게 이렇게 제안했다. 그 상대방이 옳고 그름에 대한 자신의 기준을 어디에서 얻었는지

도전하고, 그렇게 삐딱한 양심을 가진 그도 결국 정의에 대한 보편적인 기준을 믿어야만 한다고 제시하면서 상대방의 빈틈을 이용하라고 말이다.

"예, 하지만 그 사람이 제가 주제를 바꾸고 있다는 것을 알지 못할까요?"라고 얘기하려고 했는데, 내 뒤에 앉아 있던 남학생이 이렇게 속삭였다. "레이첼, 그만해. 네 상대는 내 다음 수업 시간까지 논쟁을 벌이려고 할 거야."

* * *

1970년대와 80년대, 90년대의 변증 운동 당시에 브라이언 대학에서 일어난 일들은 전국의 복음주의 학교와 교회에서도 일어나고 있었다. 보다 효과적으로 모더니즘에 관여하고 스콥스 재판 같은 당혹스러운 일을 피하기 위해 태어난 미국의 변증 운동은 복음주의 하위문화 안에서 상당한 진보를 보였다. 맹목적인 신앙, 반지성주의, 분리주의에서 벗어나 강력한 합리주의, 조직 신학, 정치적 행동 쪽으로 진화했다. 그것은 특히 종교적 대화에 적용된 현대 계몽주의 가치의 정점이라고 말할 수 있다.

프란시스 쉐퍼, 노만 가이슬러 같은 신학자들과 리 스트로벨 같은 작가들이 등장했고, 평범한 기독교인의 어휘에 '전제'와 '세계관' 같은 단어가 소개되었다. 이 학자들은 기독교인들이 정말로 올바른 과학적, 역사적, 철학적 사실로 무장하고 회의론자들을 설득할 준비를 하기만 하면, 아무리 완고한 무신론자에게라도 성경적 세계관의 고유한 진리를 확신시킬 수 있다고 주장했다. 그들은 기독교가 확실한 증거에 의해 뒷받침된다고 주장했다. 조쉬 맥도웰은 자신의 대표작『평결을 요하는 증거』에서 다음과 같이 밝혔다. "나는 내가 수집할 수 있는 증거들을 모아 저울에 올려놓았다. 저울은 그리스도가 하나님의 아들이며 죽은 자들 가운데서 부활하신 쪽으로 기울었다." 그는 기독교 신앙의 타당성이 "조사를 통해 확인"되었다고 말했다.[6]

이런 점을 염두에 두고 "설명하여 주기를 바라는 사람에게는, 언제나 답변할 수 있게 준비를 해"(베드로전서 3:15) 두라는 사도 베드로의 명령은 변증 운동이 진행되는 동안 진정한 신자들의 표어가 되었다. 증인석에 섰던 윌리엄 제닝스 브라이언처럼 준비되지 않은 모습으로 드러나는 것은 하나님에 대한 노골적인 불순종과 같으며, 프란시스 쉐퍼가 말한 바 생각하지 않는 믿음은 "복음주의의 큰 재앙"이라는 특징을 나타내는 표어였다. 잘 싸우기 위한 가장 중요한 무기는 절대 진리라는 검이었고, 기독교인의 삶의 목표는 그 사용법을 배우는 것이었다. 데이비드 노에벨 박사는『충돌하는 세계관』이라는 두꺼운 책에 이렇게 썼다. "전선이 그어졌습니다. 진리로 무장한 기독교인으로서 참으로 진리의 현현이신 그분으로 무장하고…… 우리는 반대되는 모든 세계관의 신화를 깨뜨릴 준비가 되어 있습니다.…… 진리는 우리의 가장 위대한 무기입니다."[7]

전쟁 이미지는 공격적인 지적 변증 운동 전반에 퍼졌다. 노에벨 박사는『동성애 혁명』에서부터『지성의 포위』,『진리를 위한 싸움』에 이르는 다양한 책을 저술했다. '폭풍의 노면'이라는 별명을 얻은 가이슬러는『기독교 변증』(1976)이라는 책으로 아주 점잖게 시작했지만, 점점 군사적인 제목을 사용했다.『공격 받는 기독교』(1985),『부활을 위한 싸움』(1989),『하나님을 위한 싸움』(2001) 같은 것들이다. 새 천년이 다가오면서 실제로 위협을 느끼고 있던 미국의 복음주의자들 덕분에 전선을 긋는 방식은 먹혔다. 스콥스 원숭이 재판 이후 대법원은 공립학교에서의 종교 교육을 금지했고 학교가 주관하는 기도 시간을 법으로 막았다. 냉전 시기에 미국이 과학과 기술 분야에서 소련에 뒤처지고 있다는 두려움으로 인해 의회는 과학 교과서에 진화론을 포함시켜 개정하도록 지원했다. 페미니즘은 교회의 가부장적 리더십 체계를 위협했다. 고등 비평은 성경의 정확성에 도전했다. 1973년의 '로 대 웨이드 판결'(낙태를 합법화한 판결—옮긴이)로 인해 많은 기독교인들은 정부가 자신들을 버렸다고 느꼈다. 공공장소에 성탄 장식을 놓아두는 것에서부터 국기에 대한 맹세에 "하나님 아래서 하나의 나라"라는 구절을 유지하는 것에 이르기까지, 세속적 인본주의가 미국을 접수하지 못하도록 사수하는 일은 현대 교회의 목적이 되었다.

'기독교적', '성경적'이라는 형용사가 이렇게 자주 사용된 적이 없었다. 복음주의자들은 기독교 서적을 읽었고 기독교 음악을 들었다. 아이들을 기독교 대학에 보내어 기독교 교육을 받게 했다. 변증론자들과 신학자들은 동성애에 대한 성경적 접근법, 지구 온난화에 대한 성경적 대응, 육아에 대한 성경적 관점에 대해 이야기했다. 나중에 '기독교 연합'이 된 '도덕적 다수'

(1979년에 제리 포웰이 설립한 기독교 보수주의 정치 조직—옮긴이)는 수백만 명을 정치적 행동에 동원했고, '포커스 온 더 패밀리'의 창시자인 제임스 답슨은 라디오 청취자들에게 기독교적 가치에 근거해 투표하라고 지시했다. 조지 W. 부시가 2000년에 대통령으로 선출되고 2004년에 재선된 것은, 부시가 거듭난 '생명 옹호론자'(낙태 반대론자)로서 중요한 도덕적 이슈가 있을 때 자신들 편을 들 것으로 확신한 보수적 복음주의자들이 미국 전역에 걸쳐 행동했기에 가능한 일이었다. 마치 기독교 공동체가 끊임없이 증인석에 앉는 것 같았다. 항상 싸울 준비가 되어 있었고, 늘 세상에 맞서 자기를 변호할 준비가 되어 있었고, 언제나 답을 줄 준비가 되어 있었다.

나를 비롯한 젊은 복음주의자 세대가 기독교 세계관을 형성한 것은 바로 이런 사회적 맥락에서였다. 우리는 답을 가지고 태어난 세대라고 말할 수 있다. 우리는 성경의 무오성을 열렬히 믿으며 성장했고, 어떤 질문이든 성경 안에서 답을 찾을 수 있다고 배웠다. 실제로 무신론자나 인본주의자 혹은 불교도를 만나보기도 전에 무신론자와 인본주의자와 불교도가 무엇을 믿는지 알고 있었다. 그리고 직접 그들을 만나기도 전에 그들의 세계관을 효과적으로 불신하는 법을 배웠다. 예수 그리스도를 경험하고 알기 위해 우리는 거듭날 필요가 없었다. 그저 태어나기만 하면 되었다. 우리의 부모님과 선생님, 그리고 우리가 좋아하는 신학자들은 우리가 실제로 질문과 씨름할 시간을 갖기도 전에 모든 답을 우리에게 제공했다.

* * *

나는 대학에서 경험해야 할 모든 것을 브라이언 대학에서 경험
했다. 평생의 친구를 사귀었고, 비판적 사고를 배웠고, 기독교
변증론에 능숙해졌다. 나는 평균 학점을 아주 잘 유지했기에 일
련의 과외 활동에도 참여할 수 있었는데, 그런 활동들을 통해 나
자신에 대해 그리고 다른 사람과 함께 일하는 법에 대해 많은 것
을 알게 되었다. 문학에 대한 나의 사랑은 알프레드 테니슨(19세
기 영국의 계관시인—옮긴이)의 두운을 맞춘 문장과 플래너리 오코
너(20세기 미국의 소설가—옮긴이)의 소름 끼치도록 정밀한 등장인
물들을 만나면서 점점 더 목소리를 찾아갔다. 몇몇 영문과 교수
님은 내 글에 가능성이 보인다고 생각했다. 하지만 무엇보다 최
고는 키 크고 잘생긴 뉴저지 출신의 사내를 만나 사랑에 빠진 일
이다. 나는 학사 학위를 받고 6개월 후에 그 남자와 결혼했다. 이
로써 나는 기독교 대학에 가서 기독교인 남자와 결혼하라는 엄
마의 명령을 완수했다. 동기들은 나를 졸업생 대표로 뽑았고 졸
업식 날 졸업 연설을 해 달라고 했다.

겉으로 보면 내가 대학에 진학하며 가졌던 모든 기대를 이
루어 냈다. 나는 자신감이 있었고, 내 생각을 명확하게 표현했
고, 세상을 바꿀 준비가 되어 있었다. 하지만 내 속에선 이상한
일이 벌어지고 있었다. 의심이 들기 시작한 것이다.

변증 운동이 괴물을 만들어 냈다고도 말할 수 있다. 나는 상
대편 세계관의 모든 오류를 비판하고 객관적인 분석을 통해 진

리를 찾는 데 아주 능숙해져 있었다. 그러니 똑같은 회의주의적 관점으로 나 자신의 믿음을 바라보는 것은 시간 문제였다. 우리는 세계관 수업 시간에 어떻게 초월주의자들이 그렇게 침착하게 역설과 모순을 수용할 수 있는지 비웃었지만, 신학 수업에 가서는 예수님이 완전한 하나님이자 완전한 인간으로 존재하신다는 사실을 의심 없이 받아들였다. 우리는 과격한 이슬람은 쿠란의 폭력적인 어조가 낳은 자연스러운 결과라고 비판했지만, 이스라엘의 하나님이 당신의 백성에게 가나안의 노인에서부터 갓난아기에 이르기까지 살아 있는 모든 생명을 죽이라고 명령하셨다는 사실은 인정하지 않았다. 우리는 기후 변화라는 개념을 비웃으면서도 하나님이 지구를 멈추게 하신 적이 있다고는 믿었다. 우리는 진화 패러다임에 어긋나는 과학은 무시해 버리는 과학자들에게 문제가 있다고 비난했지만, 우리끼리는 어떻게 멀리 있는 별들의 빛을 볼 수 있는 것인지 설명하려 애쓰며 우리만의 정신 승리를 했다. 우리는 뉴 에이지 운동의 모호성을 조롱했지만 정작 삼위일체의 본질을 설명할 수는 없었다. 우리는 우주를 지으신 하나님이 베들레헴의 구유에서 육신을 입고 태어나셨다는 신앙을 중심에 두고서 우리의 신앙이 합리적이고 논리적이라고 주장했다.

하지만 가장 우려되는 점은 따로 있었다. 우리 자신이 성경에 접근할 때는 어느 정도 선택적일 필요를 인정하면서도 상대주의자들이 진리를 취사선택하는 것에 대해서는 우리가 얼마나 비판적이었는지 모른다. 예를 들어, 나는 성경이 기독교인의 데이트와 결혼에 대해 안내서 역할을 한다고 배웠지만, 어느 누구도 우리 아빠가 나를 최고 가격 입찰자에게 팔아넘길 권리를 가졌다거나 아브라함처럼 여러 명의 아내를 취할 권리를 가졌다고는 말하지 않았다. 동성애에 반대하는 설교는 끊임없었지만, 식탐이나 탐욕에 대해서는 거의 언급되지 않았다. 낙태로 아기들을 죽이는 것은 인간 생명의 신성함을 모독하는 일이라고 비난했지만, 이라크 아이들의 죽음은 악과의 전쟁에서 예상되는 부수적인 피해라며 어깨를 으쓱하고 말았다. 성경의 역사적인 주장을 뒷받침하는 고고학적 발견들은 축하했지만, 오래된 지구를 뒷받침하는 엄청난 양의 과학적 증거들은 무시했다.

의심이 스멀스멀 피어나고 있었음에도 나는 계속해서 내 믿음의 조각들을 다시 이어붙일 방법을 찾았다. 모든 것이 괜찮다고 나 자신과 내 친구들을 애써 설득했다. 졸업식 연설에서 나는 졸업생들에게 우리는 인생의 질문들에 대답할 준비가 특히 잘 되어 있다고 확신 있게 말했다. 우리의 성경적 세계관이라는 안경이 모든 것을 명확하게 하고, 흑과 백, 옳고 그름, 선과 악 사이의 현저한 차이를 선명하게 밝혀 줄 것이라고 장담했다. 나는 그게 사실이라고 필사적으로 믿고 싶어서 그렇게 말했다. 그게 그렇게 간단하지 않다는 것을 아주 잘 알면서도 그렇게 말했다. 세상이 더 이상 그런 식으로 통하지 않는다는 것을 알면서도 그렇게 말했다.

2부

도
전

6장

군인 네이선

"커피, 고마워."

네이선과 나는 시내에 있는 한 커피숍에서 만났다. 그는 거의 텅 빈 실내를 둘러보면서 멍한 표정으로 컵 홀더를 돌렸다. 그의 눈은 피곤해 보였다.

"뭐, 이 정도쯤이야." 나는 말했다. "나라를 위해 봉사해 줘서 고마워."

그는 나를 보고 미소를 지었다. 내 기억으로 그의 미소에는 언제나 능글맞은 장난기와 약간의 비꼬는 느낌이 담겨 있었다. 그는 명랑한 목소리로, "천만에. 얼마든지"라고 말했다.

네이선과 나는 6년 동안 같은 교회에 출석했지만 우리는 최근까지도 공통의 관심사가 그리 많지 않았다. 담배를 피우는 습관에 갈색 눈과 터무니없이 높은 IQ를 가진 음악가. 네이선은 항상 약간 회의론자였다. 청소년부에서 그가 하는 질문들은 나를 불편하게 만들곤 했다. 같은 고등학교를 졸업하고 거의 10년이 지난 지금, 나는 그때 그가 던진 질문들이 완벽하게 이해되었다.

그날 오후 커피숍에서 네이션은 나에게 포트 후드(텍사스주 킬린에 있는 미국 육군의 군사 기지─옮긴이)와 이라크에 대해, 중동의 문화와 아랍어를 배운 사연에 대해, 그의 차를 폭발시킨 길가의 폭탄에 대해, 그 후로 편히 쉬거나 경계를 풀거나 평화롭게 잠잘 수 없게 된 일에 대해 들려주었다. 또 자신이 제도 종교에 얼마나 절망했는지, 노숙자나 굶주린 사람들을 자기가 지금도 얼마나 돕고 싶어 하는지, 그리고 피아노를 얼마나 절실하게 그리워하는지 이야기했다.

네이션은 말했다. "나는 네가 다른 나라에서 아주 오래 살아보면 모든 사람이 진짜 얼마나 비슷한지, 우리와 그들 사이에 그다지 큰 차이점이 없다는 걸 깨닫게 될 거라고 생각해. 레이첼, 이 사람들이 내 마음을 무너뜨렸어. 내가 적이라고 간주해야만 하는 사람들까지도 말이야. 심지어 어딘가에서 버튼을 눌러 내 차를 날려 버린 사람도, 다리 밑에 폭탄을 숨겨 놓거나 검문소에서 자살 폭탄을 터뜨리는 사람도 마찬가지야. 그들이 옳다거나 그들이 저지른 일에 책임이 없다는 말이 아니야. 하지만 그들 대부분은 자기들이 진심으로 신의 뜻이라고 믿는 일을 하고 있을 뿐이야. 그들 대부분은 우리와 마찬가지로 길을 잃었고 바보짓을 한 거라고."

브라이언 대학의 학생들이 구석에 있는 테이블에서 소그룹 성경공부 모임을 하고 있었다.

네이선은 내 쪽으로 몸을 기울이더니 낮은 목소리로 말했다. "나는 너나 그 누구의 감정도 상하게 하려는 게 아니야. 하지만 우리에게는 이런 태도가 있어. '우리는 미국인이다, 우리는 옳다, 하나님은 우리 편이다, 그들은 무슬림이니까 틀렸다, 그리고 하나님은 우리가 그들을 무찌르기를 바라신다…….' 사람들은 우리가 거기서 일차원적인 적과 싸우고 있다고 생각해. 우리가 악과 싸우고 있다고 생각하지."

그는 마치 반대 의견을 기다리는 것처럼 나를 쳐다보았다.

"사람들이 기자 회견에서 하는 얘기가 그거잖아." 내가 말했다.

그는 다시 능글맞은 미소를 지었고, 우리 둘 다 조금 웃었다.

"나이가 지긋한 우리 군목의 예를 들어 볼게." 네이선이 말했다. "그분은 우리에게 차량에 탑승해서 출발하기 전에 임무 전달 회의에 꼭 참석하라고 고집했어. 그리고 언제나 과격하게 기도했지. 하나님께 우리를 보호해 달라고, 적과 싸워 이기게 해 달라고 등등. 나는 지금 우리의 안전과 건강 혹은 다른 어떤 것과 관련해서 하나님의 개입이 있는지 없는지 얘기하는 게 아니야. 하지만 바로 그 순간에 이라크의 어머니들이 계속 생각나더라. 그 어머니들도 하나님께 우리와 직접 전투를 벌이는 자기 아들을 보호해 달라고 기도할 거야. 우리 군목은 하나님이 우리 편이라고 절대적으로 확신하지만, 이라크 사람들은 하나님이 자기들 편이라고 절대적으로 확신하거든. 나는 정말로 의심이 들기 시작했어. 그들과 우리 사이의 차이점이 뭘까?"

"네가 무슨 말을 하는지 알아." 나는 말했다. "아, 어쩌면 네가 말하는 게 어떤 의미인지 정확히는 모를 수도 있어. 나는 이라크든 어디든 가 본 적이 없으니까. 하지만 네가 말하려는 게 뭔지는 알겠어. 그것은 아마도 네가 다른 사람의 입장이 되거나 다른 관점에서 세상을 바라볼 수 있게 되자, 네가 믿는 모든 게 전처럼 확실하지 않거나 혹은 적어도 더 이상 흑과 백으로 보이지 않는 것과 같을 거야."

"내가 어떤 무슬림들과 꽤 가까운 사이가 되었거든." 네이선이 말했다. "그게 내 관점을 정말로 바꾸었어. 그들 모두가 폭력적인 근본주의자들이 아니더라. 그들 모두가 미국 사람을 미워하는 것도 아니고. 사실 내가 아랍어를 배울 수 있게 도와주었던 무슬림 남성은 내가 아는 대부분의 기독교인들보다 훨씬 더 자기 믿음에 헌신적이었어. 라마단 기간 내내 금식하고, 가족을 사랑하고, 정직하고, 올곧은 사람이야. 그에게서 많이 배웠어. 나는 그를 판단하기가 어려워, 알지? '이봐, 당신은 나처럼 기독교 가정에서 자라지 않았기 때문에 지옥에 갈 거야.' 그렇게 말하기 어렵다는 거야."

내가 말했다. "그건 나도 씨름하고 있는 문제야. 만약 복음주의 기독교인들만 천국에 간다면, 그러면 엄청나게 많은 사람이 지옥에 가게 되겠지. 실제로 대부분의 사람들이 지옥에 갈 거야. 나는 그게 진리라고 믿을 수 있는지 잘 모르겠어."

네이선은 잠시 커피 잔을 들여다보았고 우리 사이에는 무거운 침묵이 흘렀다. 나는 몇 년 전이라면 이 침묵이 나를 얼마나 난처하게 했을지 생각했다. 그때는 언제나 질문에 대답할 준비가 되어 있어야 한다고 생각했으니까.

네이선이 말했다. "대부분의 사람들이 내가 이런 얘기를 할 때마다 기겁을 하니까 가끔은 힘들어. 그들은 내가 타락할까 봐, 내가 이라크에서 죽어서 지옥에 가거나 뭐 그럴까 봐 두려운가 봐."

그는 불편한 자세로 의자를 옮기더니 이야기를 이어나갔다. "내가 죽을 수밖에 없는 운명이라는 사실을 부여잡고 씨름해 본 적이 없다는 말은 아니야. 나는 현실주의자거든. 사람들은 그냥 '여기는 네 집이 아니야', '우리는 천국에 가도록 창조되었어' 이런 말을 반복하잖아. 나도 알아. 그 사람들은 단지 엉망진창인 상황에 대해 내 기분을 좋게 해 주려고 애쓰는 것이라는 거. 하지만 그러면 나는 이런 말을 하고 싶어. '글쎄, 그러면 내가 그냥 내 머리통을 날려 버리고 끝내는 건 어때?'라고 말이지. 물론 진짜 그러겠다는 뜻은 아니고. 사람들은 마치 우리가 이생에서 하는 일은 전혀 중요하지 않고 천국에 가는 것만 중요하다고 말할 뿐이야. 모든 것이 무의미해. 우리는 그냥 죽기만을 기다리고 있어. 그렇다면 왜 그냥 끝내 버리지 않는지, 나는 그게 의아해."

"어쩌면 구원은 단지 영원에 관한 것이 아닌지도 몰라." 나는 말했다. "어쩌면 하나님은 현재의 어떤 것에서, 지금 여기의 어떤 것에서 우리를 구원하기 원하시는지도 몰라."

"예를 들면 어떤 거?"

"음, 잘 모르겠어. 어쩌면 우리의 죄, 어쩌면 우리의 상황, 어쩌면 심지어 우리의 종교일 수도 있지."

"구원을 바라보는 흥미로운 방식이네." 네이선이 말했다.

"그래, 난 여전히 구원이 뭔지 이해하려 노력하고 있어."

"내가 예수님에 관해 가장 좋아하는 게 뭔지 알아?" 네이선이 물었다. "그분이 가난한 사람들을 돌보았다는 점이야. 그게 내가 이 모든 일을 겪은 후에도 기독교 신앙이 여전히 내게 의미가 있는 몇 안 되는 이유 중 하나야. 좀 괴상하게 들리겠지만, 나는 텍사스에 돌아갈 때마다 매달 뜨개질 모임에 가. 거기서 노숙자들을 위해 담요 만드는 일을 돕고 있어. 거기서 나는 유일한 남자고, 나이도 제일 어려."

나는 웃지 않을 수가 없었다. 네이선은 뜨개질 같은 걸 하는 그런 사람으로 보이지 않았으니까.

"이 일은 어쩌면 이 세상의 커다란 구조 속에서 그다지 큰 영향을 미치지 않는 작은 일이겠지. 솔직히 말해서, 주말에 맥주사 먹는 데 쓰는 돈을 생각하면, 그냥 동네의 모든 노숙자를 위해 새 담요를 잔뜩 사 줄 수도 있을 거야. 하지만 그 여인들과 함께 동그랗게 둘러앉아서 다른 누군가를 위해 무언가를 할 때면 내가 하나님과 더 가깝게 느껴져. 그곳이 내 교회인 거 같아."

우리는 그날 커피숍에서 몇 시간 더 이야기를 나눴고 그 후 정기적으로 이메일을 주고받았다. 네이선은 텍사스로 돌아갔다가 두 번째 복무를 위해 다시 이라크로 갔다. 가끔 나는 그에게 피아노를 부칠 수 있으면 좋겠다고 생각했다.

7장

신자가 질문할 때

그것은 곧바로 신앙의 위기처럼 느껴지지는 않았다. 그보다는 신앙의 오작동, 몇 가지 중요한 기능이 제 역할을 하지 않게 된 체계 속의 작은 결함 같았다. 그것은 11월의 어느 날 오후에 시작되었다. 대학신문 부원들과 회의하러 가려고 서둘러 브라이언 대학 기숙사의 로비를 지날 때였다. 텔레비전 주변에 십여 명의 여학생들이 서 있는 게 보였다.

"무슨 일 있어?" 내가 물었다. 9/11 사태가 있던 날 아침에도 이와 비슷한 장면이었던 게 기억이 나서 속이 울렁거렸다.

한 애가 말했다. "와서 이것 좀 봐 봐."

2001년, 미국이 아프가니스탄을 침공하기 직전이었다. 그간 언론은 탈레반의 인권 유린을 폭로하는 조악한 비디오를 연속해서 방영한 터였다. 가장 최근에 공개된 영상은 그 나라에서 벌어지는 여성 억압을 조명한 〈비하인드 베일〉이라는, 비밀리에 제작된 다큐멘터리에서 가져온 것이었다.

친구들과 나는 검푸른 색의 부르카를 두른 한 여성이 픽업 트럭 뒷칸에 실려 카불에 있는 축구 경기장에 도착하는 모습을 지켜보았다. 남편을 죽였다고 기소된 그녀 옆에는 자동 소총을 소지한 탈레반 장교들이 서 있었는데, 해설자에 따르면 그 장교들은 거의 3만 명이나 되는 관중 앞에서 본보기로 그녀를 벌줄 작정이었다. 다큐멘터리는 갑자기 다음 장면으로 넘어가더니, 그 여인을 억지로 먼지투성이 축구 경기장에 무릎 꿇게 하는 장면으로 이어졌다. 방향감각을 잃은 듯 그녀는 좌우로 몸을 돌렸다. 촬영 카메라의 줌 렌즈가 너무 뻑뻑해서 모든 것이 흔들렸다.

그때 스크린의 왼쪽 구석에서 나온 집행관이 여인에게 다가가 무심하게 총을 들더니 그녀의 머리 뒤쪽에 대고 격발했다. 로비에 있던 몇몇 여학생이 "헉" 하고 놀랐다. 다큐멘터리는 갑자기 다음 장면으로 넘어갔다. 베일을 쓴 다른 여인이 죽은 여인에게 돌진해 가더니 그녀의 몸이 부르카로 제대로 가려졌는지 확인했다. 생명을 잃은 여인의 몸은 얼굴이 위로 향하게 놓여 있었고, 나는 그녀가 테니스화를 신고 있는 것을 알아차렸다.

나중에 그녀의 이름이 자르미나라는 것을 알았다. 그녀는 서른다섯 살로 다섯 아이의 엄마였고, 그녀의 남편은 폭력적이기로 유명했다. 그녀는 겨우 열여섯 살에 남편과 결혼했다. 탈레반은 살인에 사용된 무기를 끝내 찾아내지 못했지만, 지역 주민들의 증언에 따르면 탈레반이 자르미나를 이틀 동안 쇠줄로 때린 후 자백을 받아냈다고 한다. 비밀 재판에서 유죄 판결을 받은 자르미나는 아프간의 감옥에서 3년을 보냈고, 그 사이에 그녀의 큰 딸들은 친척들에 의해 성노예로 팔려갔다. 친구들은 자르미나가 태형을 당하겠거니 생각하고 그 축구 경기장에 왔지 죽음을 예상한 건 아니었다고 말한다.

CNN은 연속해서 그 영상을 내보냈는데, 아마도 탈레반에 맞서 전쟁을 벌여야 하는 우리의 기분을 풀어주려고 그랬던 것이 아닐까 싶었다. 그러나 내가 화가 난 대상은 탈레반이 아니었다. 자르미나의 처형 장면을 볼 때마다 나는 하나님께 점점 더 많이 화가 났다. 자르미나를 그녀의 어머니의 태에서 지었다고 주장하신 분은 하나님이었다. 그녀가 억압적인 정권하에 있는 제3세계 나라에서 태어나게 하신 분도 하나님이었다. 하나님은 이런 일이 일어나지 않게 할 수 있는 모든 능력과 자원을 갖고 계셨지만 아무 일도 하시지 않았다. 그중에 최악은, 내가 20년 동안 받은 기독교 교육에 따르면 자르미나는 무슬림이기 때문에 영원토록 지옥에서 끝없는 고통을 겪을 것이 분명하다는 것이었다. 이번 생에서 탈레반이 자르미나를 어떻게 처벌했는지는 다음 생에서 하나님이 그녀를 어떻게 벌주실지에 비하면 아무것도 아니었다.

천국과 지옥, 택함 받음과 자유 의지, 종교적 다원주의와 배타주의 같은 추상적 개념에 갑자기 이름이 붙여졌다. 자르미나였다. 만약 자르미나의 고통이 이번 생에 국한된다면, 하나님이 사후에 그녀에게 일종의 정의를 구현해 주시리라는 것을 안다면 나는 그녀의 고통을 받아들일 수 있을 것 같았다. 하지만 이 여인이 이 고통에서 저 고통으로, 이 고문에서 저 고문으로, 평생의 고통과 슬픔에서 끝없는 고통과 슬픔으로 옮겨 간다는 것과, 이 모든 게 그녀가 복음에 대해 나보다 알지 못한 것 때문이라 생각하니 잔인하고 잔혹해 보였다. 하나님은 자르미나가 태어나기 훨씬 전에, 그녀가 처음으로 까르르 웃기 훨씬 전에, 그녀가 첫걸음을 떼기 훨씬 전에, 그녀가 첫 단어를 말하기 훨씬 전에 이렇게 되는 것이 그녀의 운명임을 알고 계셨다. 하나님은 처음부터 이렇게 될 것을 아시면서도 어쨌든 그녀를 창조하신 것이다. 얼마나 많은 수백만 명의 사람들이 매일 비슷한 상황에서 자르미나처럼 죽었을지 궁금해졌다. 캄보디아의 킬링필드, 이라크 쿠르드족의 가스 학살, 홀로코스트 희생자들이 남긴 안경과 신발과 기도숄이 무더기로 쌓여 있는 끔찍하고도 잊히지 않는 장면이 생각났다. 이 사람들 모두가 기독교인이 아니라는 이유로 지옥에 갔다고 믿어야 하는가?

지옥이라는 개념이 나를 전혀 괴롭히지 않았던 것은 아니다. 어릴 때인데도 나는 사람의 영원한 운명에 대해 생각하는 이상한 습관이 있었다. 뉴스에 영화배우나 정치인의 죽음이 등장할 때마다 나는 부모님께 그가 기독교인이었는지 물었다. 역사 수업 시간에 피사로가 잉카족을 학살한 일에 대해 배웠을 때 나는 선생님에게 좀 더 자비로운 선교사들이 원주민에게 먼저 다가갔을 가능성은 없었는지 질문했다. 나는 〈인생은 아름다워〉 영화가 끝날 때까지 내내 울었다. 귀도(〈인생은 아름다워〉의 남자주인공—옮긴이)가 실존 인물이었다면 지옥에 갔을 거라고 믿었기 때문이다.

중학교 때 우리 반 아이들이 『안네의 일기』를 다 읽자, 켈리 선생님은 히틀러 때문에 안네와 그녀의 언니가 포로수용소에서 발진티푸스로 죽었다고 알려 주셨다. 그때 내가 무서웠던 것은 포로수용소 때문이 아니라 어렸을 때 배운 모든 것, 즉 안네가 유대교인이라서, 예수님을 구주로 영접하지 않아서 그녀와 그녀의 가족이 지옥에서 불타고 있을 거라고 배웠기 때문이었다. 나는 책 표지에 있는 안네의 흑백 사진을 바라보면서, 하나님이 그녀를 지옥의 불못에서 건져내 주시기를 몰래 기도한 기억이 난다. 나는 이미 고인이 된 그녀의 영혼을 위해 (가톨릭과 모르몬교인만 이런 기도를 한다는 얘기를 들은 적이 있지만) 몇 주 동안이나 간절히 기도했다. 사실 나는 아주 끈질긴 아이였다.

주일학교에서 우리는 지옥이 언제나 히틀러 같은 이들을 위한 곳이지 그 희생자들을 위한 곳은 아니라고 배운다. 그러나 내가 만난 주일학교 선생님들과 대학 교수님들이 맞다면, 지옥은 히틀러와 스탈린, 후세인, 밀로셰비치 같은 이들뿐만 아니라 그들에게 박해당한 사람들로도 채워질 것이다. 만약 거듭난 기독교인들만 천국에 간다면, 홀로코스트 박물관에 전시된 사람 머리카락으로 만든 가방 무더기는 수천수만의 남자와 여자와 아이들이 진노하시는 하나님의 손에서 영원히 고통 받고 있음을 의미한다. 만약 구원이 기독교인에게만 유효하다면, 복음은 절대 좋은 소식이 아니다. 인류 대부분에게 그것은 끔찍한 소식이다.

자르미나가 처형되는 모습을 본 그날 밤에 나는 이 모든 생각을 했다. 폭우가 미쳐 날뛰는 고양이처럼 기숙사 창문을 할퀴었고, 전선이 바람에 덜덜 떨려 가로등 불빛이 깜빡거렸다. 사라는 맞은편 방구석에 앉아 초등 교육 수업을 위한 과제를 열심히 만들고 있었다. 그녀 주변에는 색지 조각과 조그만 플라스틱 눈알이 흩어져 있었다. 나는 『리어 왕』 발제를 해야 했는데 도무지 집중할 수가 없었다.

"지옥에 강간이 있다고 생각하니?" 나는 사라에게 물었다.

"뭐라고?" 그녀는 예의 깜짝 놀란 표정을 지었다.

"강간 말이야. 지옥에 강간이 있다고 생각하냐고?"

"잘 모르겠어, 레이첼. 성경에 그에 대한 말씀은 없는 것 같은데. 근데 도대체 뭣 때문에 그런 질문을 하는데?"

"사람들은 지옥이 영원한 고통이 있는 곳이라잖아? 글쎄, 내가 사람에게 일어날 수 있다고 상상할 수 있는 가장 끔찍한 일은 계속해서 영원히 강간당하는 거야. 그러니 사람들이 지옥에서 강간당한다고 생각할 수 있다고 생각해, 그렇지?"

"그래, 그거야 그럴 법하지만……."

"오늘 아프가니스탄 축구장에서 총살당한 여인에 대한 뉴스 봤어?"

"응, 봤어."

"너는 그 후에 그녀가 어떻게 되었을 거라 생각하니?"

"총 맞은 후에? 우리가 정확히 알 수는 없지, 레이첼. 우리가 그녀의 마음을 진짜로 알 수는 없잖아."

"바로 그게 누군가 지옥에 갔다고 말하고 싶지 않을 때 사람들이 하는 말이야." 나는 단호하게 말했다. "CNN에 나온 어떤 여인이 그러더라. 자르미나가 경기장에 불려 나오기 직전에 무슬림들이 하는 전통적인 기도를 드렸다고. 그녀가 확실히 무슬림이었다는 거지."

사라가 머뭇거리면서 말했다. "음, 예수님이 '나는 길이요 진리요 생명이니……'라고 말씀하신 거 너도 알잖아."

"하지만 그건 공평하지 않아. 그녀가 다른 것을 어떻게 알겠어? 우리가 평생 기독교가 유일하고 참된 종교라고 배운 것처럼, 그녀 역시 평생 이슬람교가 유일하고 참된 종교라고 가르침을 받았어. 하나님이 그녀에게 기회를 주시지 않은 게 사실이잖아."

"그래서 선교사들이 그토록 중요한 거 아니겠니?" 사라가 대꾸했다.

"맞아. 하지만 선교사들이 제때에 모든 사람에게 갈 수는 없지. 과거와 현재를 막론하고 기독교에 전혀 노출된 적이 없는 수백만 명의 사람들이 있어. 예수님이 죽음에서 부활하신 지 5초 만에 지상의 모든 사람이 그 정보에 대해 책임이 있었다고 믿어야 하는 건가? 예를 들어, 주후 15년에 외몽고에 사는 어떤 사람이 예수님이 자신의 죄를 위해 십자가에서 죽으시고 장사된 지 사흘 만에 살아나셨다는 것을 어떻게 알 수 있겠어? 그건 불가능하잖아."

외몽고가 어디에 있는지, 주후 15년에 그곳에 어떤 사람들이 살았는지 나는 전혀 알지 못했다. 하지만 그들이 주일학교에 다니지 않았다는 것만은 확실했다.

"우리는 아기들이나 지적 장애가 있는 사람들은 당연히 천국에 간다고 여기잖아." 내가 말했다. "성경이 직접적으로 그렇다고 말하지 않는데도 말이야. 그렇다면 복음을 듣지 못한 사람들이 천국에 간다고는 왜 믿을 수 없지? 무슨 차이일까? 이것에 대해서 왜 아무도 내게 확실한 답을 주지 않을까?"

딱하게도 사라는 괴로운 표정이었다. 내가 좀 강하게 밀어붙인 건 아닐까 싶었다.

"아버지께 여쭤보지 그러니?" 그녀는 머뭇거리며 덧붙였다.

그날 밤 나는 길게 샤워를 하고 잠자리에 들었다. 침대에 누워 빗소리를 들으며 기도하려고 애쓰면서 몇 시간이고 깨어 있었다. 마침내 잠이 들었을 때 나는 자르미나 꿈을 꾸었다.

다음 날 아침, 찬양으로 채플이 시작되었다. 청바지와 회색 티셔츠를 입고 버켄스탁 샌들을 신은 무대 위의 남자가 기타를 연주했다. 그의 뒤쪽으로 화면에 찬양 가사가 보였다. 우리는 "오 사랑스런 주님, 존귀한 예수님, 아름답고 놀라우신 주"를 찬양했다.

친구들과 동기생들이 모두 함께 찬양했고, 어떤 애들은 눈을 감고 손을 들어 찬양했다. 나는 부르카 아래로 삐쭉 나온 자르미나의 테니스화에 골몰해 있었다. 그 신발은 예쁘지도 멋지지도 않았다. 목울대가 뻐근해졌고 나는 찬양을 멈췄다. 짙고도 강렬한 슬픔이 내 몸을 덮쳤다. 더 이상 예배하고 싶지 않았다.

평생 동안 나는 하나님을 따뜻하고 얼굴 없는 빛으로, 일종의 자비롭고 영원한 햇살쯤으로 상상해 왔다. 그날 아침 예배당에서 그림자가 마치 일식처럼 그분을 덮었다. 그 후로 몇 년 동안 나는 가장자리로 희미하게 비추는 빛만 볼 수 있었다.

* * *

성경적 세계관이라는 담에서 거대한 균열을 발견한 것 같았다. 그 균열을 연구할수록 갈라지고 쪼개진 더 많은 틈이 생겨나고 있음을 알아차렸다. 나는 자르미나와 관계된 이 일이 근본적인 문제일 수도 있지 않을까 걱정하기 시작했다. 기독교에 뭔가 심각하게 잘못된, 고칠 수 없는 문제가 있는 건 아닐까 걱정이 되었다.

믿음의 위기를 아주 무시무시하게 만드는 것이 있으니, 일단 스스로에게 한두 가지 질문을 허용하면 필연적으로 더 많은 질문이 따라온다. 순식간에 모든 것이 의심스러워 보인다. 여러 해 동안 마음 한구석으로 제쳐 두었던 의심이 쏟아지면서 눈사태처럼 질문이 밀려들었다. 하나님이 진정 선하고 자비로우시다면 왜 여호수아에게 여리고의 모든 남자와 여자, 심지어 아이까지 죽이라고 명령하셨을까? 그것은 오늘날 대량 학살이라고 부르는 것 아닌가? 하나님이 우리의 영원한 운명을 미리 정해 놓으셨다면, 그래서 대부분의 사람들이 선택의 여지 없이 영원한 저주를 맞게 된다면 어떻게 하나님이 공평하고 정의로우실 수 있는가? 우리가 하나님이 다스리신다고 말할 때, 선한 일이든 악한 일이든 하나님의 뜻 안에 있다고 말할 때 그 말은 아이가 강간당할 때에도 하나님이 주관하신다는 의미인가? 우리가 타락한 채 태어나서 우리의 죄악된 본성을 통제할 수 없다면, 어째서 하나님은 그 죄로 인해 우리를 벌하시나? 모든 진리가 하나님의 진리라면서, 왜 우리는 진화를 지지하는 태산같이 많은 과학적 증거와 대면하기를 그토록 두려워하나? 우리가 자라면서 어쩌다 갖게 된 종교가 유일하고 참된 종교라니 조금 의심스럽지 않은가?

하나님의 선하심을 의심하는 것과 그분의 실존을 의심하는 것 사이의 간격은 생각만큼 크지 않았다. 크게 도약하지 않아도 되었기에 나는 그 사이를 자주 건너다녔다. 그것은 사랑하는 사람에게 배신당했을 때 겪는 일과 비슷해 보인다. 배신을 당하면 처음에는 화가 난다. 둘 사이의 신성한 언약 곧 사랑과 우정과 성실을 다짐한 공식적, 비공식적 약속이 깨졌기 때문이다. 하지만 시간이 흐르면서 의심이 들기 시작한다. 애당초 그런 언약이 존재하기는 했는지, 그게 실재였는지 아니면 그저 자기만의 상상에 불과했는지 의심한다. 나 역시 하나님에 대해 그렇게 느꼈다. 처음에는 그분이 선하신지 의심했다. 그러다가 그분이 실재하시는지 의심했다. 그분의 존재를 뒷받침하는 목적론적 논증은 내가 그분의 자비를 확신하지 못하자 효과가 없었다. 희망이 신앙에 있어 얼마나 중요한지 몰랐던 것이다.

나는 내 머릿속에서 진행되고 있는 작은 재판에 필요한 증거를 모으기 시작했다. 진화의 배후에 있는 과학을 들여다보았다. 학교 도서관에서 세계 종교에 관한 책을 살펴보았다. 날것 그대로의 교회 역사와 직면했다. 노예제, 여성 혐오, 폭력, 인종 청소를 지지하는 것처럼 보이는 골치 아픈 성경 본문을 연구했다. 나는 하나님이 어떤 특정한 정치적 입장이나 신학 체계나 생활 방식을 지지하신다고 주장하는 사람들을 점점 더 의심하게 되었다.

거대한 질문에는 일종의 도미노 효과가 있다. 특정 성경 본문에 대한 의구심은 성경이 정확한가 하는 질문으로 이어졌다. 성경의 정확성에 대한 질문은 정경(正經)이 어떻게 조합되었는가 하는 질문으로 이어졌다. 성경의 정경화에 대한 질문은 교회의 권위에 대한 질문으로 이어졌다. 교회의 권위에 대한 질문은 성령에 대한 질문으로 이어졌다. 성령에 대한 질문은 삼위일체에 대한 질문을 불러왔다. 삼위일체에 대해 질문하다가, 도대체 어쩌다 내가 에덴동산을 물고 늘어져 가지고 한 걸음 더 나아가 세잎클로버 유비까지 고민하게 되었는지 모를 지경이 되었다.

이번만큼은 수사학적인 질문을 하는 게 아니었다. 혹은 회의론자와 가상 논쟁을 준비하려고 이런 질문을 던진 것도 아니었다. 진짜 몰라서 질문했다. 이번에는 내가 회의론자였다.

* * *

누군가 내게 너는 왜 기독교인이냐고 물으면, 꼬마일 때는 예수님이 내 마음에 계시기 때문이라고 대답했다. 고등학생일 때는 예수 그리스도가 십자가에서 내 죄를 대속하셨음을 받아들이기 때문이라고 답했다. 대학교 2학년 짧았던 개혁파 시기 동안에는 거부할 수 없는 하나님의 은혜 때문이라고 말했다. 하지만 텔레비전에서 자르미나의 처형을 본 뒤로 그 질문에 대한 가장 정직한 대답은 이것이라고 결정했다. "내가 기독교인이 된 것은 1981년 미국에서 피터와 로빈 헬드 부부의 가정에 태어났기 때문이다." 아르미니우스주의자들은 이것을 '자유 의지'라고 부르고, 칼뱅주의자들은 '예정'이라고 한다. 나는 이것을 '우주의 추첨'이라고 부른다.

개인의 종교를 포함해서 인간 존재의 본질을 결정짓는 가장 중요한 요소는 그가 태어난 장소와 시간이다. 이 요소는 완전히 사람의 통제 밖이다. 여기에 인류학 전문가의 설명이 필요하지 않다. 어쩌다 보니 나는 20세기에 미국의 기독교 가정에 태어나 부모님의 종교를 받아들였다. 내가 만일 2천 년 전 애팔래치아 산맥의 바로 이 마을에 살았더라면, 예수 그리스도를 내 주님이요 구주로 영접하지 않았을 것이 분명하다. 주된 이유는 그이에 대해 들어 본 적이 없기 때문일 것이다. 시기는 같지만 장소가 다르다고 해 보자. 내가 만약 아프가니스탄이나 터키 같은 무슬림 가정에서 자랐다면, 나는 부모님의 가르침을 충실히 존중했을 테고 다른 사람들처럼 이슬람을 따랐을 거라는 데 의심의 여지가 없다. 우리는 자신의 세계관을 선택하지 않는다. 자신을 위해 선택된 세계관이 있을 뿐이다.

자르미나의 처형을 본 날과 1년 후 브라이언 대학을 졸업한

날 사이의 어느 금요일 오후에 나는 아빠에게 이 모든 것을 말씀
드렸다.

　나는 아빠의 사무실이 좋았다. 책과 무겁고 짙은 색 가구가
빽빽이 들어찬 그곳은 소형 괴물 석상과 흥미로운 암석, 그리고
아빠가 여행에서 찍어 액자에 넣어 둔 사진—옐로스톤 국립 공
원의 야생화 사이에 있는 흑곰, 바하마 해변의 유목(流木), 햇살
이 비치는 완벽한 로마의 콜로세움—들로 장식되어 있었다. 모
퉁이 탁자 위에는 어느 때든 학생들과 게임을 할 수 있도록 나무
로 만든 화려한 체스 세트가 준비되어 있었다. 아빠의 어수선한
책상 위에는 당황스럽게도 교정기를 착용한 나와 아만다의 사
진도 놓여 있었다. 그곳에서 나는 안전하다고 느꼈다.

　"하나님이 인류와 일종의 우주적 뽑기 행사를 벌이시는 거
같아요. 태초에 우리 모두의 이름을 큰 모자 속에 던져 놓으신
거죠." 나는 아빠의 책상 맞은편 의자에 다리를 꼬고 앉아 말했
다. "우리 중의 일부는 무작위로 굶주림과 전쟁, 질병, 이교도로
뽑히죠. 반면에 어떤 사람들은 어마어마하게 큰 집을 가지고, 값
비싼 기독교 교육을 받고, 크림이 듬뿍 든 오레오 쿠키를 갖게
되고요. 이건 그냥 거대한 우주의 추첨이고 행운권 뽑기에 불과
해요."

　아빠는 중간중간 질문을 던지며 주의 깊게 내 말에 귀 기울
여 주셨다. 어떤 말씀을 하시기에 앞서 적어도 한 시간 동안은
내가 이야기하도록 기다려 주셨다. "레이첼, 우리는 느낌에 따라
성경의 어느 부분을 믿을지 취사선택할 수 없어. 네가 하나님의

방식을 이해하지 못한다고 해서 하나님이 선하지 않으신 건 아니야. 네 말이 맞아. 많은 사람이 복음 없이 죽지. 그리고 그게 왜 너를 화나게 하는지도 알아. 하지만 너 자신이 구원받은 것에 대해서는 감사를 잊어서는 안 된다."

"아빠, 내가 어떻게 감사할 수 있겠어요?" 나는 믿을 수 없다는 표정으로 물었고 눈에 눈물이 고였다. "하나님은 유대인 포로수용소의 나치 간수 같아요. 잡초를 뽑듯 무작위로 포로들을 뽑는 거죠. 누군가가 엄마와 아만다를 쏴 죽이고 내 목숨은 살려두었다면, 아마 나는 잠깐 고마운 마음이 들지 모르지만 절대 하나님을 찬양하고 경배할 수는 없을 거예요. 하나님은 어디가 어떻게 다른가요? 나한테는 자비를 베풀지만 내 이웃에게는 그렇지 않은 하나님을 내가 왜 예배해야 하죠? 만일 하나님이 우리 인간이 서로에게 그렇듯 피조물에게 잔인하다면, 우리가 홀로코스트나 인신매매 같은 일에 분노해야 할 이유는 뭐죠?"

나의 불경함에 아빠는 좀 놀라셨던 것 같다. 두려움처럼 보이는 어떤 것이 아빠의 얼굴에 그림자를 드리웠다. "레이첼, 말조심해라." 아빠의 목소리는 긴장된 듯했지만 부드러웠다.

자신이 부모님께 상처를 줄 수 있음을 깨닫는 순간 아이는 공식적으로 성장한다. 청소년기의 반항, 방문을 쾅 닫고 화를 내고 짜증을 내는 행동, 생각 없이 내뱉는 말 등 이 모든 것은 여전히 부모님을 천하무적으로 생각한다는 표시이며 여전히 부모님 앞에서 자신이 무력하다고 생각한다는 표시다. 그날 오후에 사무실에서 아빠와 이야기를 나누면서 나는 내가 혹시라도 신앙을 버린다면 아빠가 얼마나 충격을 받으실지 상상해 보았다. 그리고 처음으로 깨달았다. 내가 아빠의 마음에 상처를 줄 수 있다는 것을, 아빠와 내가 같은 재료로 만들어졌다는 것을. 내가 두려움과 불안감을 느꼈듯이 아빠도 똑같이 느꼈다. 아빠에게는 실망감이나 죄책감에 대한 특별한 면역이 없었고, 내가 초래할 고통으로부터 자신을 보호할 내장형 갑옷도 없었다. 난생처음으로 내가 아빠와 동등한 관계를 맺는 것이 어떤 것인지 알게 되었다.

그건 무시무시했다.

8장

예수, 샌들을 신은 하나님

자, 이제 내가 예수님에게로 돌아서게 된 이야기를 하겠다.

걱정 마시길. 은은한 조명에 배경 음악으로 "주께로 거저 갑니다" 찬송을 반복적으로 틀어 놓은 곳에서 예수 믿을 사람은 앞으로 나오라는 '콜링'을 받은 게 아니다. 내 모든 질문이 한 구절의 말씀으로 응답되었다거나 내 모든 의심이 한순간의 빛과 함께 사라졌음을 갑자기 깨달은 것도 아니다. 그저 추리닝을 입은 채 포도주 한 잔을 들고 있는 나, 그리고 부엌 식탁에 앉은 내 앞에 마치 죽음이나 이혼 혹은 한참 늦어 버린 화해 후에 갑자기 새로운 의미를 띠게 된 오래된 가족 사진첩처럼 펼쳐져 있는 익숙한 예수님의 이야기들뿐.

텔레비전에서 자르미나의 처형을 처음 본 뒤로 3년의 세월이 흘렀다. 그때까지도 나는 하나님에게 화가 나 있었다. 내 삶에 어떤 슬픈 일이 있었던 것은 아니었다(나는 결혼했고, 지역 신문사에서 일하고 있었고, 게다가 새로 산 집을 꾸미느라 바빴다). 다만 이 세상에 깊이 뿌리박힌 슬픔 때문이었다. 세상에서는 매일 3만 명의 어린이가 굶어 죽고, 쓰나미가 온 마을을 휩쓸고, 부자와 가난한 사람의 격차가 계속해서 벌어지고 있었다.

나는 일종의 최후 수단으로 2004년 여름을 복음서 통독에 전념하기로 마음먹었다. 청소년부 목사님이 설교에서 종종 하시던 말씀이 기억났다. 목사님은 성경의 장과 절을 인용하기 전에 이렇게 선언하곤 했다. "우리는 예수님이 이 점에 대해 뭐라고 말씀하셨는지 신약 성경을 통해 살펴보고자 합니다. 예수님은 하나님의 모든 소원과 열정과 희망과 꿈을 구현한 분이시기 때문입니다. 예수님은 샌들을 신은 하나님이시기 때문이죠."

샌들을 신은 하나님. 나는 언제나 이 이미지가 좋았다. 발가락 사이에 때가 낀 채로 돌아다니시는 '위대하신 하나님'만큼이나 터무니없고 심오한 것이 또 있을까. 하나님의 성품에 의문을 갖고 그분의 선하심을 의심하고 씨름하면서 종종 그런 생각을 했다. 나는 요한이 요한복음 서두에서 예수님에 대해 말한 바를 떠올렸다. "일찍이 하나님을 본 사람은 아무도 없다. 아버지의 품속에 계신 외아들이신 **하나님께서 하나님을 알려 주셨다**"(요한복음 1:18, 강조 추가). 나는 하나님에게서 오는 설명을 바랐고, 요한에 따르면 가장 좋은 출발점은 예수님이다. 만약 예수님이 진짜로 신성을 가장 완벽하고 포괄적으로 보여 주셨다면, 만약 예수님이 정말로 샌들을 신은 하나님이었다면 그 말은 하나님의 마음이 있는 곳에 예수님의 마음도 있었고, 하나님이 싫어하신 것을 예수님도 싫어하셨고, 하나님이 사랑하신 것을 예수님도 사랑하셨다는 뜻이다. 성육신으로 하나님에게 얼굴이 생긴 것이다. 성육신으로 하나님이 문자 그대로 눈물과 웃음, 손과 발, 마음과 정신을 갖게 되셨다. 하나님의 영이 예수님의 인격으로 우리 가운데 거하시고 말씀하시고 행하신 일은 하나님에게 가장 중요한 것이 무엇인지를 잘 나타낸다. 그래서 의심에도 불구하고, 아니 어쩌면 그 의심 때문에 나는 예수님이 답을 갖고 계신지 알아보기로 했다.

그런데 갖고 계시지 않았다. 복음서에 아주 깊이 들어가지 않아도 예수님이 꽤 형편없는 변증가였다는 걸 눈치챌 수 있다. 예수님이 제대로 된 기독교 인문 교육 기관에서 공부했다면 중도에 낙제했을 게 확실하다. 예수님은 대답보다는 질문으로 대응하셨다. 설명보다 이야기를 선호하셨다. 무한한 지혜와 엄청난 지식을 갖고 계심에도 불구하고 종교 다원주의, 악의 문제, 해석학, 과학, 동성애를 드러내놓고 다루지 않으셨다. 그분을 비방하는 사람들에게 핵심을 찌르는 답변을 하지 않으셨다. 의심하는 사람들에게 장황하게 설명하지도 않으셨다. 그분을 따르는 것을 논리적으로 체계화하거나 쉽게 만들지도 않으셨다. 하지만 나는 실망하지 않았다. 아마도 포도주 때문이었을 것이다. 어쩌면 이야기에 휩쓸린 게 놀라울 정도로 안도감이 들었기 때문이었는지도 모른다. 하지만 예수님과 관련된 무언가가 나로 하여금 더 나은 질문을 하게 했다. 예수님에 관한 어떤 것이 나로 포기하지 않기로 결심할 만큼 충분한 희망을 주었다……. 적어도 아직은 포기할 때가 아니었다.

마태, 마가, 누가, 요한을 통독해 가면서 가장 먼저 느낀 점은, 성경을 문자 그대로 받아들인다고 주장하거나 성경을 '취사선택'하지 않고 그분의 모든 가르침에 순종한다고 말하는 기독교인들은 거짓말쟁이거나 노숙자라는 것이었다. 예수님은 많은 제자들에게 말씀하셨다. "너희 가운데서 누구라도, 자기 소유를 다 버리지 않으면, 내 제자가 될 수 없다"(누가복음 14:33). "나보다 아버지나 어머니를 더 사랑하는 사람은 내게 적합하지 않고, 나보다 아들이나 딸을 더 사랑하는 사람도 내게 적합하지 않다"(마태복음 10:37). "나를 따라오려는 사람은, 자기를 부인하고, 날마다 자기 십자가를 지고, 나를 따라오너라"(누가복음 9:23).

이제 어떤 이들은 이런 가르침이 예수님이 사역하시는 동안 특별히 예수님 곁에서 섬긴 제자들을 위한 것이었다고 주장할 것이다. 맞는 말일 수 있다. 하지만 훨씬 더 광범위한 청중을 대상으로 설교하신 산상수훈에서도 예수님은 초대 교인들에게 이렇게 말씀하셨다. "나는 너희에게 말한다. 악한 사람에게 맞서지 말아라. 누가 네 오른쪽 뺨을 치거든, 왼쪽 뺨마저 돌려 대어라. 너를 걸어 고소하여 네 속옷을 가지려는 사람에게는, 겉옷까지도 내주어라. 누가 너더러 억지로 오 리를 가자고 하거든, 십리를 같이 가 주어라. 네게 달라는 사람에게는 주고, 네게 꾸려고 하는 사람을 물리치지 말아라.…… 너희 원수를 사랑하고, 너희를 박해하는 사람을 위하여 기도하여라.…… 너희는 자기를 위하여 보물을 땅에다가 쌓아 두지 말아라. 땅에서는 좀이 먹고

녹이 슬어서 망가지며, 도둑들이 뚫고 들어와서 훔쳐간다.······
너희가 심판을 받지 않으려거든, 남을 심판하지 말아라"(마태복
음 5:39 - 42, 44, 6:19, 7:1). 예수님의 가르침은 우리 문화가, 심지
어 교회가 말하는 바와 정면으로 충돌한다. 우리는 선을 그어라,
되갚아 주어라, 부자가 되어라, "용서보다는 처벌을"이라는 말을
듣는다.

처음으로 나는 기독교에 대한 나의 의구심이 전적으로 관
념적인 것은 아닌지 자문해 보았다. 어쩌면 치러야 할 대가를 헤
아려 본 것이 미묘하게 작용한 것인지도 모른다. 미치지 않고서
야 예수님을 따르는 것에 대해 재고해 보지 않을 수 없다.

복음서를 읽는 동안 다가온 두 번째 주제는, 만약 예수님이
하나님이라면 하나님은 이 세상에서 짓밟히고 압제당하는 사
람들을 잊지 않으셨다는 것이다. 사실 예수님은 1세기 사회에
서 가장 소외된 사람들—여성, 세리, 병자, 소수자, 사마리아인,
죄인들—과 특별한 관계를 맺으셨다. 예수님은 두 팔로 아이들
을 안으셨고 제자들의 더러운 발을 씻기셨다. 예수님은 나병으
로 고통 받는 환자의 손을 잡아 주셨고 가난한 사람들과 배우지
못한 사람들 사이에 둘러싸여 계셨다. 예수님은 첫 설교를 시작
하면서 가난한 사람들이 우주의 추첨에서 낙첨된 불운한 희생
자가 아니라 하늘나라가 그들의 것이라고 말씀하셨다(누가복음
6:20). 사람들이 너무 많이 몰려들어 서로 얽히고설킬 때도, 구걸
하는 사람들이 소리를 지르고 불쾌하게 할 때도, 궁핍함과 절박
함으로 제자들이 당황할 때도 마태는 거듭거듭 예수님이 "불쌍

히 여기셨다"고 묘사한다(마태복음 9:36, 14:14, 15:32, 20:34). 하나님이 자르미나를 사랑하셨다고 내가 그토록 간절히 믿고 싶었던 것은 하나님이 자르미나를 사랑하시기 때문이 아닐까. 나는 조심스럽게 생각하기 시작했다.

복음서에 대해 더 알아 가면서 마지막으로 가장 놀라웠던 점은, 예수님이 내게 익숙한 신앙관과 상당히 다른 관점을 갖고 계셨다는 것이다. 언제였는지는 잘 모르지만—아마 십대 후반이거나 이십대 초반이었을 텐데—예수님이 짐을 꾸려 내 마음에서 내 머리로 거취를 옮기신 것 같은 느낌이 들었다. 그분은 어떤 사상, 곧 구원을 달성하게 해 주는 일종의 신학 체계가 되었다. 나는 그분을 '속죄', '로고스', '믿음의 대상', '절대적 진리' 같은 용어로 묘사했다. 그분은 내가 따르는 어떤 분이 아니라 내가 동의한 어떤 것이었다. 내가 너무 오랜 시간을 학생으로 보낸 때문일까. 나는 신앙을 예수님에 대해 옳은 것을 믿는 것이라고 생각했다. 처녀의 몸에서 태어나셨다고? 맞아. 온전한 하나님이자 온전한 인간이시라고? 맞아. 죄가 없으시다고? 맞아. 우리를 위해 십자가에 달리셨다고? 맞아. 목록에서 옳은 것을 확인하는 것은 구원과 저주의 차이를 의미했다. 그것은 기독교인과 비기독교인, 혹은 내가 선호하는 표현으로 신자와 비신자를 구분해 주는 표지였다.

하지만 예수님은 제자도를 일련의 명제적 진술에 대한 지적인 동의라는 관점으로 규정하지 않으셨다. 그분은 새로 회심한 사람들에게 '로마서의 길'(로마서에서 구원의 길을 드러내는 구절을 모아 놓은 전도법—옮긴이)을 공부하라 하시거나 베드로에게 천국의 열쇠를 주시기 전에 교리 진술서의 초안을 작성해 내라고 요구하지 않으셨다. 그분이 복음을 전하신 방식은 사람에 따라 달랐고, 대체로 단순한 생각의 변화가 아니라 생활 방식의 극적인 변화를 수반했다. 예수님에게 '오직 믿음'은 '오직 지적인 동의'를 의미하지 않았다. 예수님에게 믿음은 언제나 순종과 연결되어 있었다.

산상수훈을 마치며 말씀하신 짧은 비유는 이러한 사실을 아주 잘 보여 준다. "그러므로 내 말을 듣고 그대로 행하는 사람은, 반석 위에다 자기 집을 지은, 슬기로운 사람과 같다고 할 것이다. 비가 내리고, 홍수가 나고, 바람이 불어서, 그 집에 들이쳤지만, 무너지지 않았다. 그 집을 반석 위에 세웠기 때문이다. 그러나 나의 이 말을 듣고서도 그대로 행하지 않는 사람은, 모래 위에 자기 집을 지은, 어리석은 사람과 같다고 할 것이다. 비가 내리고, 홍수가 나고, 바람이 불어서, 그 집에 들이치니, 무너졌다. 그리고 그 무너짐이 엄청났다"(마태복음 7:24-27).

우리는 주일학교에서 이 내용으로 만든 노래를 부르곤 했다. 어떻게 비가 내리고 홍수가 났는지, 지혜로운 사람의 집이 어떻게 굳건히 섰고 어리석은 사람의 집이 어떻게 **무너졌는지**, 멋진 율동까지 곁들였다! 수년간 나는 성경적 세계관이라는 견고한 반석 위에 집을 짓는 것의 중요성을 이 말씀이 잘 보여 준다고 배웠다. 의심의 비바람에 맞서 믿음을 지키는 가장 좋은 방법은 절대 진리라는 콘크리트와 무오한 성경이라는 대들보와

건전한 기독교 교리라는 튼튼한 벽으로 집을 짓는 것이라고 배웠다. 그러나 예수님의 말씀에 따르면, 모든 변증학 강좌와 신학 서적, 토론 기술을 연마하더라도 내 이웃을 내 몸과 같이 사랑하겠다는 헌신이 없으면 모래 위에 지은 성일 뿐이다. 나는 순종이야말로—답이 있든 없든—이 폭풍우에서 나를 구할 수 있는 유일한 방법이 아닐까 하는 생각이 들었다.

　　말할 필요도 없이 이상한 여름이었다. 의심에 종지부를 찍은 여름이 아니라 다른 예수를 만난 여름이었다. 나에게서 지적인 동의와 정서적인 충성심 이상을 요구하시는 예수. 죄인과 어울리시고 종교인들을 화나게 하신 예수. 규칙을 깨뜨리시고 먼저 돌을 던지길 거부하신 예수. 병자와 광인과 노숙자와 희망 잃은 사람들에게 다가가신 예수. 설명보다는 이야기를, 삼단 논법보다는 은유를 선호하신 예수. 질문에 더 많은 질문으로 답하시고 증거를 요구하는데 믿음을 요구하시는 예수. 당신을 따르는 사람들에게 어떤 대가도 바라지 말고 베풀라고, 죽기까지 원수를 사랑하라고, 많은 것을 소유하지 말고 단순하게 살라고, 진심을 말하고 말한 대로 살라고 가르치신 예수. 각 사람을 다르게 고치시고 다르게 구원하신 예수. 확인해야 할 믿음의 목록도 없고, 서명해야 할 교리 진술서도 없고, 누가 '안에' 있고 누가 '밖에' 있는지 알 수 있는 확실한 방법이 없는 예수. 배신당한 후에도 사랑하시고, 상처받은 후에도 치유하시고, 나무에 못 박히는 동안에도 용서하신 예수. 제자들에게도 이와 같이 행하라고 요청하신 예수.

우리는 모두 무언가를 찾으려고 성경에 다가간다. 때로는 슬픔 가운데서 위안을 찾으려고, 때로는 우리가 이미 믿는 바를 확인하려고, 때로는 우리 두뇌에 지식을 더해 줄 정보를 찾으려고. 나는 자르미나를 위한 희망과 하나님에 대한 나의 의문점에 대한 답을 찾으려고 복음서에 다가갔다. 내가 찾은 것은 자르미나를 위한 희망과 하나님에 대한 백만 가지가 넘는 질문이었다. 문득 이런 생각이 들었다. 만약 내 믿음이 이 모든 의심을 극복하고 살아남는다면, 이 급진적인 랍비요 샌들을 신은 하나님은 그 어느 때보다 내게 더 많은 것을 요구하실 것이라고. 이 급진적인 예수님은 내 마음속과 머릿속뿐만 아니라 내 손안에서도 살기 원하셨다. 내가 배고픈 자를 먹이고, 원수에게 다가가고, 병자를 고치고, 외로운 사람을 위로할 때 말이다. 기독교인이 된다는 것은 특정한 방식에 동의하는 것이 아니라 특정한 방식을 구현해 내는 것이다. 예수님이 육신을 입은 하나님으로 사신 것처럼 육신을 입은 예수님으로 사는 것이다. 테니스 신발을 신은…… 예수님이 되는 것이다.

9장

생존자의 죄책감

세상은 늘 변하는데 일관된 세계관을 유지하기란 어렵거니와 내가 대학교 3학년이 된 뒤로 몇 달, 몇 년 사이에 세상은 극적으로 바뀌었다.

2000년에 복음주의자들은 조지 부시가 몇몇 문화 전쟁에서 승리하리라는 희망으로 그가 대통령에 선출되도록 도왔다. 그러나 그의 두 번째 임기에 임박하여 미국은 전에 상상도 못했던 방식으로 미국과 세계의 문화적 지형을 바꿔 놓은 두 번의 전쟁에 휘말렸다.

2001년 9월 11일 이후 몇 달을 특징짓던 종교적 민족주의는 해외에서 미국의 영향력이 쇠퇴하는 것을 근심 어린 눈으로 주시하던―전쟁에 지치고 경제적으로 고달픈―대중에 의해 우려와 의심으로 바뀌었다. 한때 통합의 나팔 소리처럼 울려 퍼진 "세상에서 악인을 제거하라"는 구호는 지금 돌이켜 보면 오만하고 순진했다. 몇 개월이 몇 년이 되었고, 사망자 수가 점점 더 늘어났으며, 고문과 도청, 부차적인 피해에 대한 이야기가 불안한 속삭임에서 고함 소리로 커졌다. 상황은 옳고 그름, 선과 악이라는 단정하고 깔끔한 범주에 더 이상 들어맞지 않았다. 흑과 백이 차츰 회색으로 변해 갔다.

　나와 내 친구들은 이 모든 상황이 펼쳐지는 것을 노트북과 휴대 전화로 보았다. 전투와 재난의 이미지가 재깍재깍 도착했고 뉴스를 통해 온종일 쉼없이 방송되었다. 우리보다 앞선 세대는 정보에 쉽게 접근할 수 없었거니와 바깥 세계와 긴밀히 연결되어 있다는 유대감을 경험하지 못했다. 이런 점 때문에 우리 세대는 부모님 세대보다 미국을 우주의 중심으로 생각한다거나 다른 나라와 다른 문화의 사람들을 단순히 통계 숫자로 생각하는 경향이 덜했던 것 같다. 이민의 양상이 변하면서 우리는 더 많은 무슬림과 힌두교인의 이름을 알게 되었다. 해외여행이 쉬워지면서 서방 세계 밖의 언어와 문화와 더 많이 접촉할 수 있었다. 기술에 익숙한 우리는 아일랜드에서 올라온 블로그와 이란에서 날아온 트윗을 읽을 수 있었다. 호주인들과 포커 게임을 했고 1인칭 슈팅 게임을 하면서는 열 살짜리 한국 아이들에게 패하기도 했다. 자르미나 같은 이들이 '그들'이라기보다는 '우리'처럼 보였다.

　바그다드가 사실상 뉴욕보다 멀지 않다고 느껴질 때, 그곳에서 벌어지는 일이 고향에서 일어나는 일과 마찬가지로 현실임을 깨닫기 시작한다. 텔레비전에서 자르미나의 처형 장면을 본 뒤로 나는 중동에서 전쟁으로 죽은 아이들과 이곳 미국에서 테러리스트의 공격으로 죽은 아이들이 다를 바 없다는 사실을 붙들고 고심하기 시작했다. 다르푸르(수단 서부의 한 지역—옮긴이)에서 강간당한 여성들과 우리의 어머니나 여동생 혹은 룸메이트가 다르지 않다. 오염된 물이나 영양 부족으로 죽은 아기들이 낙태로 죽은 아기들 못지않게 소중하다. 미국의 어머니들이 자기 아이를 사랑하는 것과 마찬가지로 아프간과 팔레스타인의 어머니들도 자기 아이를 사랑한다.

나쁜 소식이 더 많았던 건지 아니면 내가 그냥 신경을 더 써서 그런 건지 잘 모르겠지만, 2003년 내가 브라이언 대학을 졸업한 후 몇 년은 세계 곳곳의 많은 이들에게 격동의 시기였던 것 같다. 쓰나미의 파도, 지진의 잔해, 난민 수용소 장면들이 신문과 잡지를 가득 메웠다. 새로운 보고서가 나올 때마다 나는 머릿속으로 숫자를 계산했다. 예를 들어, 2004년에 아시아를 강타한 쓰나미는 인도네시아, 스리랑카, 인도, 태국 등지의 해안 지역에 사는 20만 명의 목숨을 앗아갔다. 9/11 테러로 사망한 사람 수의 거의 70배다. 대부분의 희생자들이 불교도이거나 힌두교도였다. 2003년에 시작된 수단 내전은 30만 명 이상의 남성, 여성, 어린이의 목숨을 앗아갔으며 대부분이 이슬람교도였다. 한편 2005년에는 카시미르 지진으로 7만 명의 파키스탄인이 죽었는데 허리케인 카트리나가 미국을 강타한 지 불과 두 달 만이었다. 언론은 미국인들이 "재난 피로감"에 시달리고 있다고 주장했다. 나는 좀 얄궂다고 생각했다. 국제 기준에서 볼 때 대부분의 미국인은 잘 먹고 완벽하게 안전하고 부유한데 말이다.

이라크인들이 차량 폭탄을 피하고 파키스탄 사람들이 잔해 속에서 아이들을 끌어내는 동안 나는 친구들과 영화를 보러 가고 프리랜서 작가로 남부럽지 않게 살면서 유명 브랜드 시리얼에 아낌 없이 돈을 쓰고 있었다. 수백만 명의 사람들이 성경에 접근조차 못하는데, 우리 집 책꽂이에는 서로 다른 세 가지 번역의 성경이 꽂혀 있었다. 수단의 어머니들이 어떻게 아이들을 먹일지 걱정하는 동안, 우리는 어떻게 하면 일요일에 다른 사람들을 제치고 올리브 가든(미국의 유명한 파스타 음식점 체인—옮긴이)에 들어갈 수 있을지 고민했다. 어떤 이들은 평생 한 번도 복음을 듣지 못했는데, 우리는 복음을 당연하게 여겼다.

"나는 재난 피로감에 시달리는 게 아니야." 하루는 내가 텔레비전을 향해 말했다. "생존자의 죄책감이 나를 괴롭게 하는 거라고."

* * *

우리 세대는 절대주의를 의심하는 경향이 있다. 변증 캠프에 온 강사들은 우리가 너무 열린 사고를 해서 뇌가 빠져 나간 거라고 말하기 좋아한다. 심지어 그들 중 몇몇은 모든 것을 마돈나와 레이디 가가 탓으로 돌리기까지 한다. 그 연예인들이 타종교에 관용을 베풀거나 자선 단체에 기부하거나 전쟁에 반대하는 멋진 모습을 보이면, 우리 세대는 순진하게도 그들의 말을 듣고 카발라 팔찌를 사고 요가를 배우고 티베트 독립 운동에 동참한다는 것이다.

하지만 나는 이런 평가가 우리 세대의 특징을 잘못 이해한 것이며 우리 세대에게 세상이 얼마나 근본적으로 달라졌는지를 과소평가한 것임을 대부분의 사람들이 깨닫기 시작했다고 생각한다. 네이선이 종교 배타주의에 의문을 제기한 것은 어떤 연예인의 말 때문이 아니라 그가 이라크에서 시간을 보내며 아랍어를 배우고 무슬림과 친구가 되었기 때문이다. 내가 천국과 지옥에 대한 입장을 재검토한 것은 브리트니 스피어스처럼 되고 싶어서가 아니라 자르미나의 처형 장면을 본 뒤로 내가 완전히 바뀌었기 때문이다. 생물학을 공부하는 내 친구 웬디가 진화론 배후에 있는 과학에 마음을 연 것은 그녀가 지적으로 게을러서가 아니라 호기심이 있고 똑똑하고 자기 분야에 성실했기 때문이다. 내 여동생 아만다가 에이즈 인식 개선 캠페인에 참여한 것은 그녀가 보노(록 밴드 U2의 리드싱어—옮긴이)의 팬이라서가 아니라 에이즈로 죽어가는 인도 소녀를 두 팔로 안아 보았기 때문이다.

나의 아빠는 그것을 이런 식으로 설명하기 좋아하신다. "내가 자랄 때 우리 부모님은 아프리카에선 아이들이 굶어 죽고 있으니 밥을 싹싹 긁어먹으라고 말씀하셨단다. 그런데 이제 우리 집 아이들은 그 아이들의 이름을 알고 있구나."

이제 성인이 된 젊은 세대의 열린 사고는 유행이라 하기엔 그보다 깊고 중요한 어떤 것을 반영한다. 그게 무엇이며 그걸 무엇이라고 지칭해야 할지 아직은 잘 모르겠다. 하지만 그것은 새로운 환경에 적응하고 살아남기 위해 진화하는 것과 관련이 있다고 생각한다. 어쨌든 우리는 미국이 천하무적이고 자유 시장 자본주의는 결함이 없으며 명왕성이 행성이라고 믿으면서 자랐다. 우리는 생각을 바꾸는 데 익숙해진 세대다.

* * *

어떤 기독교인들은 모든 사람이 지옥에 간다는 생각보다 모든 사람이 천국에 간다는 생각에 더 기분이 상한다. 나는 이 사실을 비싼 값을 치르며 배웠다. 내가 신앙의 위기를 겪고 있다는 이야기가 온 마을에 퍼지면서 내가 보편 구원론자가 되었다는 소문이 나를 걱정하는 이메일과 전화의 물결을 타고 내게로 되돌아왔다. 일단 신앙이 퇴보한다는 소식이 사람들의 기도 제목에 오르면 그냥 자신의 운명에 몸을 맡기는 게 가장 좋다. 은사인 교수님이 나더러 언제 불교를 공부하기 시작했느냐고 물어보았을 때 나는 최우수 기독교인 상을 받을 기회가 물 건너갔음을 알았다.

개인적으로는 두려웠고 길을 잃은 느낌이었다. 나는 밤마다 하나님께 "나의 믿음 없음을 도와주소서"라고 간청하며 부르짖었다. 베개에 얼굴을 파묻고 의심에서 빠져나와 믿음으로 되돌아가려고 발버둥쳤다. 하지만 다음 날 아침이면 퉁퉁 붓고 벌게진 눈으로 잠에서 깨어났고 세상과 나를 단절시켜 놓은 영적인 무감각 상태와 마주해야 했다. 성찬식 잔이나 어린이 성가대, 모금 광고 같은 별거 아닌 것들이 나를 세뇌하고 다단계로 끌어들이는 것 같다는 피해망상을 일으켰기에 교회에 가기가 너무 너무 싫었다. 성경을 읽을 때마다 마음에 들지 않는 구절, 이해가 안 되는 구절에 계속해서 부딪혔다. 기도가 점점 더 어려워졌다. 내가 포기하기 시작했음을 느낄 수 있었다.

나는 사람들이 보기에 점점 완고해졌고 구제 불능 상태가 되었으며 갈수록 가족과 친구들과 논쟁하려는 태세가 되었다. 그들의 안락한 자신감에 당황스러웠고 좌절했으며 하나님 외의 누군가에게 화를 낼 핑곗거리를 찾았다. 다른 사람들은 괴롭지 않다는 게 나를 괴롭게 했다. 도대체 왜 아무도 지옥의 존재에 대해 골치가 아프지 않은지, 세상에 만연한 온갖 고통에 화가 나지 않는지 나는 이해할 수가 없었다. 결혼 축하 파티와 카드 게임에서 이런 이야기를 꺼냈을 때 친구들이 짜증을 내자 나는 짐짓 놀란 표정을 지었다. 잔잔한 바다를 느낄 때마다 나는 배를 흔들려고 했다. 다른 사람들이 내 폭풍에 동참하기를 원했다.

그래서 내가 사람들로부터 멀어졌을 수 있다.

사라가 특히 힘들어하는 것 같았다. "하나님께 자꾸 캐묻는게 좀 위험하다고 생각하지 않니?" 어느 추운 토요일 오후, 내가 네이선을 만났던 하모니 하우스 카페에서 그녀가 물었다.

"그럴지도 모르지." 나는 따뜻한 컵에 손을 녹이며 말했다. "그렇지만 사라야, 손가락 한 번 튕겨서 모든 질문이 사라지게 할 수는 없어. 우리의 영원한 운명이 행운권 뽑기에 의해 결정된다, 대부분의 사람들이 단지 잘못된 장소와 잘못된 시간에 태어났기 때문에 지옥에 간다, 나는 이런 내용을 붙들고 진짜로 씨름하고 있어. 아무리 봐도 이건 불공평해."

사라는 말했다. "사람들이 예수님을 알지 못하기 때문에 지옥에 떨어지는 게 아니야. 그들이 죄인이기 때문에 지옥에 가는 거지. 우리는 모두 하나님의 원수야, 레이첼. 우리는 모두 지옥에 가야 마땅한 자들이야."

"그래, 하지만 하나님이 주권자시라면 타락 또한 하나님의 계획의 일부일 뿐이잖아. 우리는 우리가 통제할 수 없는 그 죄성에 갇혀 있고 하나님은 그것 때문에 우리를 벌하시지. 마치 우리는 줄에 매달린 꼭두각시 인형 같아. 하나님은 당신께서 우리에게 하게 하신 일을 우리가 해서 화가 나신 것 같아."

사라는 포기할 태세가 된 것처럼 보였다. "레이첼, 하나님의 길은 우리의 길보다 높아. 어느 지점에서는 네가 하나님이 하신 모든 일을 이해할 수 없다는 것을 받아들여야만 해. 그분은 토기장이고 너는 진흙이야. 진흙이 토기장이더러 이렇게 저렇게 하라고 말할 수는 없어."

"사라야, 그거 알아? 나는 우리가 이 토기장이를 만든 건 아닐까 하는 생각이 들기 시작했어."

이게 사라와 내가 하나님에 관해서 나눈 마지막 대화의 일부다. 요즘도 밀린 얘기를 나누기 위해 만날 때면 우리는 둘만의 비밀이나 죽은 친구 이야기를 하듯 하나님에 대해서 에둘러 말한다. 우리 둘 다 뭔가 잘못된 말을 할까 봐 두려운 것 같다.

어떤 친구들은 만나자마자 내 믿음이 죽었다고 대놓고 말했고 다른 친구들은 조직신학을 공부해 심장을 다시 뛰게 해 보라고 했다. 가장 끈질긴 사람은 친구 앤디였다.[8] 그는 "그냥 열어 봐"라는 제목의 이메일을 내게 보냈다. 내가 보편 구원론자나 불교도 혹은 진짜 끔찍한 무언가, 예를 들어 성공회 신자가 되었을 거라는 얘기를 누군가에게서(그 누군가는 또 다른 누군가에게서 들었을 테지만) 들은 뒤였다. 그는 메일의 말미에 이렇게 적었다.

레이첼, 너처럼 똑똑한 여자가 솜사탕처럼 내용물 없이 부풀려진 또 한 명의 기독교인이 되었다는 얘기를 들어서 유감이다. 나는 네가 왜 저주받은 자들에게 연민을 느끼는지 이해해, 레이첼. 하지만 감정과 감상이 너의 신학을 좌우하게 해서는 안 돼. 감정은 우리의 죄된 본성에 의해 왜곡되기 때문에 신뢰할 수 없어. 이런 사안에 대해서는 오직 하나님의 말씀만 신뢰할 수 있지.

진리는 이거야. 하나님은 우리의 죄를 완전 혐오하시고, 그분이 처음부터 우리 중의 누구라도 구원하기로 선택하신 것은 기적이라는 거지. 그분이 아니면, 우리는 비열하고 역겹고 지옥에 가야 마땅한 존재야. 모든 사람이 구원받을 자격이 있다는 그런 개념은 성경적 진리보다 개인의 권리를 강조하는 문화를 더 잘 반영하는 위험한 생각이야. 우리 중 누구도 하나님의 은혜를 받을 자격이 없어, 레이첼. 나도 내게 그런 자격이 없다는 걸 알아. 하나님의 주권에 도전하기를 멈추고, 겸손하고 감사하는 자세를 취하기를 바란다.

나는 전에도 여러 번 이런 이야기를 들었고 이런 말을 애정을 담아 '녹조라떼 신학'(일견 그럴듯해 보이나 쓸모없는 신학을 뜻하기 위해 저자가 만든 표현—옮긴이)이라고 불렀다. 녹조라떼 신학의 핵심에는 이런 전제가 있다. 인간에게는 본질적인 가치나 구원받을 권리가 없는데, 인간의 죄성이 인간을 너무나 역겨운 존재로 만들었고 하나님을 불쾌하게 했기에 하나님이 인간에게 신경 쓸 의무가 없다는 것이다. 이런 관점은 조나단 에드워즈의 유명한 설교, '진노한 하나님 손에 붙들린 죄인들'에 영감을 주었으니 에드워즈는 두려워 떠는 회중에게 이렇게 말했다. "불 속에서 거미나 어떤 징그러운 벌레를 잡고 있는 것처럼, 지옥 구덩이 속에서 당신을 붙잡은 하나님은 당신을 소름 끼칠 정도로 싫어하시고 굉장히 진노하십니다. 당신을 향한 그분의 진노는 불처럼 타오르고, 그분은 당신을 결국에는 불 속에 던져질 아무 가치가 없는 것으로 여기십니다. 그분의 눈은 순결하여 도저히 당신을 참고 보기 어렵습니다. 그분이 보시기에 당신은 가장 역겨운 독사가 우리 눈앞에 있는 것보다 만 배는 더 가증스럽습니다."⁹

이런 견해는 하나님이 우리의 죄성을 너무 싫어하셔서 우리를 쳐다볼 수조차 없다고 주장한 솔직한 개혁파 목사들에 의해 최근에 다시 살아났다. 심지어 어떤 목사는 하나님이 당신이 보시기에 녹조라떼로 보이는 것들을 쓸어버리기 위해 쓰나미를 보내셨다고 주장했다. 녹조라떼 신학은 효과적으로 질문을 전환한다. '사랑 많으신 하나님이 어떻게 누군가를 지옥으로 보내실 수 있는가?'에서 '진노한 하나님이 어떻게 누군가를 천국으로 받아들이실 수 있는가?'로 말이다.

　녹조라떼 신학은 복음을 듣지 못한 사람들의 문제에 지적으로 만족스러운 응답을 제공하지만, 실제 삶과 실제 이름을 가진 사람들의 실제 삶보다는 서류상으로만 좋아 보인다. 녹조라떼 신학은 내 머리로는 이해가 되었지만 내 마음으로는 절대 이해가 되지 않았다. 나는 내가 망가졌고 큰 악을 저지를 수 있고 비참하게도 죄짓기 쉽다는 것을 알았다. 하지만 마음 깊은 곳, 내 존재의 중심에서는 여전히 내가 하나님께 소중한 존재라고 느꼈다. 그리고 나는 자르미나와 안네 프랑크도 그분께 소중하다는 것을 알아야 했다. 강제수용소에서 되찾아온 수많은 신발 뒤에 숨겨진 모든 사람이 소중하다는 것을 알아야 했다. 하나님이 그들을 잊지 않으셨다는 것, 그들을 사랑하신다는 것, 그들 개개인의 이름을 아신다는 사실을 알아야 했다. 나는 하나님이 사용 후 폐기 처분할 존재로 사람을 만들지 않으신다는 것을 알아야 했다.

　복음서의 맥락에서 볼 때 녹조라떼 신학은 거의 말이 되지 않는다. 사람들이 본질적으로 하나님께 무가치하다고 믿는다면 성육신과 십자가 죽음과 부활에서 모든 의미와 능력이 박탈된다. 그런 믿음은 우리를 위해 죽으신 예수님을 바보처럼 보이게 하고, 예수님을 따르는 이들이 서로에게서 좋은 점을 찾아 축하할 이유를 제거해 버린다.

　결론적으로 말하면, 버림받은 자들은 아무런 구원의 희망 없이 지옥에 가도록 창조되었다는 믿음은 옳고 그름, 선과 악,

정의와 사랑에 대한 나의 가장 본능적이고 직관적인 개념을 무시할 것을 요구했다. 나는 단지 어떤 이들은 희망의 저편에 있기에 하나님은 그들을 사랑할 의향이 없으시고 내가 그들에게 연민을 느끼는 것은 믿음이 부족함을 드러낼 뿐이라는 생각을 참을 수가 없었다. 앤디가 단순한 감상이요 감정이라고 간주한 그것, 나는 그것이 내 존재의 본질이라고 생각했다. 나는 이 본능을 그냥 차단할 수가 없다. 그러고 싶지도 않다.

나는 앤디에게 이메일을 보냈다. 나는 진노가 자비를 압도하는 하나님, 내가 사람들을 향해 품은 정도의 연민도 갖고 계시지 않은 하나님으로 그분을 설명하는 게 마음에 들지 않는다고 말했다.

앤디가 답장을 보내 왔다. "내가 하나님을 그렇게 설명한 게 아니야. 하나님이 하나님을 그렇게 설명하신 거지. 받아들여."

* * *

댄은 늘 이렇게 말한다. 당신이 하나님을 파악했다고 생각한 순간 당신이 틀렸다고 확신해도 틀리지 않다고. 이어지는 주일 아침에 내가 침대에서 몸을 웅크리고 누워서, 그렇게 화내고 복수심에 불타는 잔인한 하나님이라면 차라리 그냥 존재하지 않는 게 낫겠다고 소리쳤을 때도 댄은 그렇게 말했다.

그는 내 옆에 앉아 손가락으로 내 머리카락을 쓰다듬으며 물었다. "흠, 혹시 당신이 틀렸을 가능성도 생각해 보았어?"

"하나님의 길은 우리의 길보다 높다는 얘길 하는 거야?"

"뭐, 그런 셈이지. 내 말은 당신의 고민이 하나님 자체에 대한 것이라기보다는 하나님에 대한 특정 신념들에 대한 것일 수도 있다는 뜻이야. 그러니까 당신이 그분을 설명하는 방식에 결함이 없는지 보라는 거야. 당신이 어쩌면 하나님을 잘못 판단했을 수도 있어. 어쩌면 그분은 전혀 그런 분이 아닐 거야."

"하지만 성경은 하나님이 우리를 싫어하시고 우리 대부분을 지옥으로 보내실 거라고 말하잖아." 나는 눈물을 참으며 말했다.

"그렇다고?"

작가 앤 라모트는 『마음 가는 대로 산다는 것』의 처음 몇 문장을 이렇게 썼다. "내가 믿음에 이르게 된 것은 한 번의 큰 도약이 아니었다. 그것은 안전한 곳처럼 보이는 장소에서 다른 장소로 왔다 갔다 하면서 시작되었다. 연못 위에 떠 있는 둥그런 초록색 연꽃잎처럼, 내가 성장하는 동안 이 장소들은 나를 불러들이고 지탱해 주었다. 각각의 장소는 내가 착지할 다음 잎을 준비해 주었고, 나는 이런 식으로 의심과 두려움의 늪을 건널 수 있었다."[10]

내가 믿음으로 되돌아간 방식도 이와 아주 흡사했다. 댄과 나눈 이 대화는 의심과 두려움의 늪을 건너는 여정에서 첫 번째 작은 연꽃잎이 되어 주었다. 결국에는 어렸을 때 나를 가장 두렵게 하고 주눅 들게 했던 바로 그 질문이 가장 확실한 탈출구를 제공해 주었다. '만약 내가 틀렸다면?'이라는 질문. 이 질문은 불확실성과 가능성과 희망이 깃든 질문이었고 내가 종종 되돌아간 질문이었다. 좋든 싫든, 하나님에 대해 틀리는 것은 인간의 조건이다. 때로 그 질문은 하나님을 의심하도록 우리를 유혹하기도 하고, 때로 그 질문은 하나님에게 한 번 더 기회를 드리라고 우리를 불러내기도 한다. 꽤 오랜 세월 좋은 기독교인은 언제나 질문에 대답할 준비가 되어 있어야 한다고 생각했지만, 결과적으로 나를 다시 신앙으로 돌아가게 이끈 것은 질문이었다.

결국 나의 믿음을 살린 것은 의심이었다.

10장

예언자 요한

가끔은 계시록을 쓴 요한이 어쩌면 미친 노인이었을 수도 있겠다는 생각이 든다. '밧모섬 교육 회사'를 만들려고 자기가 쓴 창의적 글쓰기 과제를 우연히 성경에 넣은 장본인이 아닌가 싶다. 요한계시록에는 괴상한 내용이 많이 나온다. 용, "눈이 가득 박힌 생물", 바빌론의 음녀들, 스타일 배틀을 벌이는 '가운데땅'스러운 것들. 사람들은 세상의 종말에 관한 책을 팔려 할 때나 버락 오바마가 왜 적그리스도인지 고발하는 웹사이트를 런칭하려 할 때 이런 소재를 즐겨 사용한다.

　요한의 편지 중 상당수는 도미티아누스가 통치하는 동안 로마 제국과 교회의 격앙된 관계를 암시하는 암호로 작용했다고 보지만 요한의 말이 맞았으면 좋겠다고 내가 정말 바랐던, 전거가 불확실한 환상이 하나 있다.

　어느 날 밤 우연히 그 환상을 만났다. 그날 나는 댄이 잠들고 난 후에도 몇 시간 동안이나 깨어 있었다. 크리스마스 다음 날에 쓰나미로 죽은 수십만 명의 남녀와 어린이들에게 대체 무슨 일이 일어난 것인지 괴로워서 잠을 이룰 수가 없었다. 남편과 아이 사진이 담긴 액자를 붙들고 괴롭게 울부짖는 아름다운 갈색 피부의 여인들 이미지, 불가항력적인 홍수로 폐허가 된 이 마을 저 마을의 영상이 뇌리에서 떠나지 않았다. 사람들이 기독교에 접근할 수 있는 통로가 매우 제한적인 곳에서 왜 하나님은 이런 일이 일어나도록 허용하시는가? 다시는 홍수로 심판하지 않겠다고 약속하지 않으셨었나? 배가 파선된 가난한 어부들, 높은 지대로 빨리 달려갈 수 없었던 임산부들, 수영을 못하는 노인들. 이들이 들어가서 지옥의 인구가 늘어났을까?

그리하여 책은 읽어야겠고 댄은 깨우기 싫을 때 자주 그러하듯, 침대 옆 작은 탁자에 있는 성경책을 집어 들고 어둠 속에 비틀거리며 화장실로 가서 불을 켰다. 그러고는 변기에 앉아 하나님이 말씀을 통해 뭔가를 보여 주시기를 기다렸다.

보통은 새벽 두 시에 읽을거리로 요한계시록을 선택하지는 않을 테지만 그날은 깨진 예언의 조각들을 머릿속으로 밤새도록 추적해 나갔다. 종족과 방언과 나라들에 대한 것들, 알고는 있지만 잘 기억나지 않는 구절들이 마치 군데군데 음절이 누락된 시나 몇몇 단어가 빠진 노래 같았다. 요한이 에베소, 서머나, 버가모, 두아디라, 사데, 빌라델비아, 라오디게아에 있는 교회들에 주는 메시지를 쭉 읽고 나서 나는 마침내 요한계시록 7장에서 내가 찾던 것을 발견했다. 거기서 저자는 우주의 추첨이 없는

세상, 고통이 잊히지 않는 나라를 서술한다. 요한은 이렇게 쓴
다.

> 그 뒤에 내가 보니, 아무도 그 수를 셀 수 없을 만큼 큰 무리가
> 있었습니다. 그들은 모든 민족과 종족과 백성과 언어에서 나온
> 사람들인데, 흰 두루마기를 입고, 종려나무 가지를 손에 들고,
> 보좌 앞과 어린양 앞에 서 있었습니다. 그들은 큰 소리로, "구
> 원은 보좌에 앉아 계신 우리 하나님과 어린양의 것입니다" 하
> 고 외쳤습니다.…… 그러므로 그들은 하나님의 보좌 앞에 있
> 고, 하나님의 성전에서 밤낮 그분을 섬기고 있습니다. 그리고
> 그 보좌에 앉으신 분이 그들을 덮는 장막이 되어 주실 것입니
> 다. 그들은 다시는 주리지 않고, 목마르지도 않고, 해나 그 밖
> 에 어떤 열도 그들 위에 괴롭게 내려 쬐지 않을 것입니다. 보좌
> 한가운데 계신 어린양이 그들의 목자가 되셔서, 생명의 샘물로
> 그들을 인도하실 것이고, 하나님께서 그들의 눈에서 눈물을 말
> 끔히 씻어 주실 것입니다. (요한계시록 7:9-10, 15-17)

이 본문을 읽다 보니 예수님을 따르던 어떤 사람이 던진 질문에
예수님이 하신 말씀이 떠올랐다. "주님, 구원받을 사람은 적습
니까?" 예수님은 그분을 실제로 만난 대부분의 사람들이 단순히
군중 심리로 따라왔다가 그분을 급진주의자라며 배척할 것을
아시고 이렇게 말씀하셨다. "사람들이 동과 서에서, 또 남과 북
에서 와서, 하나님 나라 잔치 자리에 앉을 것이다. 보아라, 꼴찌

가 첫째가 될 사람이 있고, 첫째가 꼴찌가 될 사람이 있다"(누가복음 13:23, 29-30).

　욕실 벽의 머스타드색 타일을 유심히 쳐다보고 앉아서 나는 요한이 보고 들은 게 정확히 무엇이기에 하나님 나라는 **모든** 나라와 종족과 백성과 언어와 남북과 동서에서 온 모든 사람을 포함한다고 확신했는지 궁금했다. 상상하건대 그는 틀림없이 흰 예복 안에 화려한 빨강과 초록과 금빛의 사리(인도 여성의 민속 의상─옮긴이)를 입은 여인들을 보았을 것이다. 다채로운 색상과 모양으로 크게 부풀린 아프리카 머리 장식을 보았을 것이다. 나바호족의 청록색 보석, 페루인의 풍성한 양모, 유대인의 기도 숄을 보았을 것이다. 각양각색의 얼굴과 눈을 보았을 것이다. 주황색 주근깨와 석탄처럼 까만 머리카락, 달처럼 환한 살결, 검은 피부와 대조적으로 반짝이며 빛나는 하얀 치아를 보았을 것이다. 백파이프와 비파, 양금, 밴조, 징 등 온갖 종류의 악기가 연주되는 소리를 들었을 것이다. 온갖 소리와 억양의 언어들, 온갖 음계의 멜로디, 온갖 박자의 리듬을 들었을 것이다. 엘로힘, 알라, 아빠 하나님이라 찬양하는 소리를 들었을 것이고, 페르시아어와 힌디어, 타갈로그어와 광둥어, 게일어와 스와힐리어, 그리고 역사에서 사라진 방언으로 외치는 소리를 들었을 것이다. 그리고 굶주림과 외로움, 질병과 상실, 불의와 두려움, 쓰나미와 가뭄, 강간과 전쟁 같은 모든 슬픔의 눈물이 인정받고 소중히 여겨지고 닦이는 모습을 보았을 것이다. 소란스럽고 화려한 순간에 요한은 우리를 다르게 하는 모든 것과 우리를 똑같게 하는 모든 것을 목격했을 것이다.

때때로 우리는 운이 좋게도 하나님이 보시는 세상을 엿볼수 있거니와, 이 작은 계시는 우리가 유배지에 있든 화장실에 있든 현재 처한 환경의 한계 너머를 내다보는 희망을 안겨 준다. 사실 성경은 하나님이 악한 자들을 벌하신다고 분명하게 말하지만, 심판을 말하는 어떤 구절도 요한이 묘사하는 구원받은 자들의 범위와 규모에 비할 바가 못된다. 이 점을 마음에 품고 나는 자주, 어떤 때는 매일 요한의 환상으로 되돌아갔다. 하나님이 존재하는지 확신할 수 없는 날에도, 내가 그분을 사랑하는지 혹은 좋아하긴 하는지 확신이 서지 않는 날에도 나는 이 하나님 이미지를 소중히 여기고 있었다. 나는 신자든 회의론자든 하나님이 모든 눈에서 눈물을 닦아 주시는 그날, "다시는 죽음이 없고, 슬픔도 울부짖음도 고통도 없을"(요한계시록 21:4) 그날을 사모하지 않는 사람을 보지 못했다. 이것이 사실일 수 있다고 아주 희미하게 알아차리기만 해도 하루를 더 버틸 수 있다.

20년 동안 세련된 기독교 교육과 변증 훈련을 받아 놓고도 종말론 설교자가 횡설수설한 예언에 마지막 희망을 걸다니, 이얼마나 우스운 일인가.

11장

더 높은 길

어렸을 때 나는 모든 개가 천국에 간다는 말을 믿지 않았지만 황소개구리와 나비는 천국에 간다고 확실히 믿었다. 주일학교에서 황소개구리와 나비가 어떻게 "거듭났는지" 노래했기에 나는 그저 하나님이 동물의 왕국에서 그 둘에게 구원의 특권을 주셨을 거라고 생각했다. 이 노래가 그리스도 안에서 새 생명이 되는 과정을 곤충과 양서류의 변형 과정에 비유해서 보여 주는 은유임을 파악하기까지는 시간이 좀 걸렸다. 평범한 일곱 살 아이에게는 꽤 복잡한 내용이었다.

하지만 이 모든 것을 통합적으로 이해하기 전에 나는 황소개구리와 나비가 천국에 갈 수 있다면 거북이도 갈 수 있지 않을까 생각했다. 아만다와 나에게는 우리가 '허비'라고 부른 작은 거북이에 대한 추억이 있다. 어느 날 우리는 우리 집 뒷마당 바위 위에서 일광욕을 하고 있는 거북이를 발견하고는 애완동물로 삼기로 했다. 허비는 아만다의 방에 있는 수조에서 살았다. 우리는 허비에게 풀과 개 사료를 먹였는데 온 집 안에 악취가 풍기기 시작했고 급기야 엄마는 허비를 다시 야생으로 돌려보내라고 하셨다. 허비의 등껍질에 분홍색 매니큐어로 X 표시를 해놓으면 녀석이 돌아다닐 때 우리가 알아볼 수 있을 거라고 알려주셨다. 아빠는 우리가 그 딱한 녀석을 다시 볼 수는 없을 거라고 말씀하셨다. 그날 신발 상자에서 허비를 풀어주기 전까지 거북이가 달릴 수 있는지조차 몰랐다고도 하셨다. 어쨌든 만약 어떤 이유에서든 허비가 숲에서 살아남지 못한다면, 허비도 황소개구리만큼이나 죽어서 천국에 갈 권리가 있을 것 같았다.

공정함은 언제나 내게 중요한 문제였다. 아이들은 대단치 않은 상황에서도 "그건 공평하지 않아!"라고 주장하는 경향이 있는 듯하다. 하지만 그 누구보다 그 말을 많이 한 사람은 아마도 나였을 것이다. 아만다와 내가 간식 시간에 같은 양의 아이스크림을 받았는지, 아빠와 함께 같은 분량의 책을 읽었는지, 방 책꽂이에 똑같은 개수의 상장이 놓였는지 나는 늘 확인했다. 공평에 대해 이렇게 예민했던 것은 의심의 여지 없이 엄마의 영향이었다. 엄마는 아만다와 내가 동등하게 사랑받고 있다고 느끼도록 엄청나게 노력을 기울이셨다. 지금까지도 매년 우리가 똑같은 개수의 크리스마스 선물을 받을 수 있게 해야 한다고 강조하신다.

더 나아가 엄마는 말과 행동으로 우리에게 아이들 대하는 법을 가르치셨다. 엄마는 우리에게 반 친구 모두를 선하게 대하라고 말씀하셨다. 결손 가정에서 왔을지도 모르는 심술궂은 아이들일지라도 말이다. 새로 전학 온 친구들을 생일 파티에 초대하도록 격려하셨고 수두에 걸린 친구들에게는 커다란 도화지로 얼른 나으라는 카드를 만들어 보내게 하셨다. 나쁜 아이들에 대해서는 불쌍히 여기는 마음으로, 도전적인 아이들에 대해서는 부드럽게, 불쌍한 아이들에 대해서는 따뜻하게 말씀하셨다. 교사가 학생을 괴롭힌다고 생각되면 동료 교사에게 맞서기까지 하셨는데, 한번은 봄방학 기간에 숙제를 내주는 일로 학부모 교사 간담회에서 역사 선생님을 책망하신 적도 있었다.

그래서 엄마와 같이 시내에 쇼핑을 가면 아이들이 엄마에게 달려와 껴안고 야단법석이 된다. 엄마가 맡은 4학년 교실은 데이턴 시립학교에서 부러움을 한몸에 받는다. 엄마가 이렇게 아이마다 자기가 세상에서 가장 중요한 사람처럼 느끼게 해 준다는 사실을 모두가 알기 때문이다. 엄마에게는 일종의 육감 같은 것이 있는데, 사람이 자기 자신에 대해 비밀스럽게 간직하는 좋은 점을 알아채서는 사람들 앞에서 그 장점을 거론하고 대단하게 띄워 주신다. 아주 멋지다. 내가 자르미나 같은 사람들이 죽은 뒤에 어떻게 될지 그토록 걱정하고 아만다가 쥐꼬리만 한 월급을 받으면서도 세상을 고쳐 보려고 비영리 단체에서 일하는 것은 아마도 이런 엄마의 영향 때문일 것이다. 아만다나 나나 사람은 누구나 사랑받을 자격이 있다고 생각하는 것 같다.

최근에 많은 선한 기독교인들이 내가 엄마에게서 물려받은 공감 능력은 일종의 영적인 책임이며 동료 인간의 영원한 운명과 관련해서는 대부분이 저주받을 운명임을 주저 없이 그냥 받아들이는 게 최선이라고 나를 설득하려고 했다. "하나님의 길은 우리의 길보다 높아." 그들은 어깨를 으쓱이며 말한다. 하나님에게 공정에 대한 인간의 기준을 충족시키라고 요구하는 것은 내가 여동생이 아이스크림을 얼마만큼 받았는지 의심의 눈길로 쳐다보거나 거북이가 황소개구리나 나비와 마찬가지로 구원받을 권리가 있다고 주장하는 것과 비슷한 유치한 집착이라고 말이다.

내가 기억하는 한 그 배후에 있는 가정은 다음과 같았다. 성경은 구원에 대해 단정적으로 말하고 있다. 이는 자르미나 같은 사람들에게는 안 좋은 소식이다. 거듭난 기독교인은 천국에 간다. 그 외의 모든 사람은 지옥에 간다. 끝. 우리 중에 그 주제에 대해 하나님의 말씀을 받아들일 용기가 부족한 사람은 "자기 식으로" 하고 싶어 하는 '버거킹 기독교인'일 뿐이다.

그런 설계, 즉 지리적인 불이익에 따라 대부분의 사람들이 처음부터 저주를 받게 되는 설계가 내 양심에 맞지 않는다는 게 문제였다. 내 양심은 내 믿음의 큰 부분을 차지하니 말이다. 사실 C. S. 루이스는 인간의 심장에 기록된 옳고 그름에 대한 기본적이고 직관적인 감각이야말로 하나님의 존재에 대한 증거가 된다고 주장했다. 그는 이런 현상을 '도덕법'이라 불렀고, 그것을 믿음의 합리성에 대한 근거로 삼았다. 나로서는 양심을 무시하는 것은 예수님의 말씀을 읽을 때 기쁨에 벅차 터져 나오는 목소리를 무시하는 것과 같고, 내가 잘못을 저지르려 할 때 주저하게 하는 목소리를 무시하는 것과 같으며, 잔인함과 억압에 반대하는 목소리를 무시하는 것과 같고, 해가 뜨고 눈이 내리고 사랑이 실천되는 것을 볼 때마다 "여러분, 하나님이 살아 계십니다!"라고 외치는 목소리를 무시하는 것과 같다. 변증가들은 그리스도를 따른다고 해서 우리의 뇌를 문밖에 두고 올 필요는 없다고 버릇처럼 말하는데, 우리의 심장도 두고 올 필요는 없지 않을까.

나는 쓸데없는 배수의 진을 쳤다. 성경을 믿든지 양심을 믿든지 하기로 한 것이다. 다행스럽게도 내가 어떤 선택을 내리기 전에 모든 것을 바꾸어 버린 C. S. 루이스의 또 다른 인용구를 발견했다.

"우리는 그리스도로 말미암지 않고는 아무도 구원받을 수 없음을 안다." 그는 『순전한 기독교』에서 이렇게 말했다. 그러나 "우리는 그리스도를 아는 사람만이 그분으로 말미암아 구원받는지는 알지 못한다."[11]

나는 C. S. 루이스를 '버거킹 기독교인'이라고 부르는 사람을 본 적이 없다.

* * *

확신에서 믿음으로 가는 여정에서 가장 해방감을 얻은 순간은 아마도 내가 처음으로 나 자신의 종교적 전통의 다양성을 발견한 때였을 것이다. 도서관 미납 연체료가 10달러쯤 모일 만큼 책을 읽으면서, 나는 보수적 복음주의라는 작은 영역 바깥에 정통 신학의 엄청난 세계가 있음을 알게 되었다. 이 세계에는 종교 다원주의나 복음을 듣지 못한 사람들의 운명에 대해 하나 이상의 견해가 존재한다. C. S. 루이스에서 오리게네스까지, 칼 바르트에서 칼 라너까지, 클락 피녹에서 알렉산드리아의 클레멘스까지, 수 세기 동안 신학자들은 하나님의 자비가 얼마나 넓은지를 두고 씨름하며 서로 다른 견해를 펼쳐 왔다. 성경은 그 주제에 대해 내가 배웠던 것만큼 단호하지 않다. 사실 알면 알수록 나는 예언자 요한이 보이는 것만큼 정신이 나간 게 아니라는 희망을 품게 되었다. 그의 예언이 모든 족속과 방언과 나라에서 온 사람들을 포함한 것은, 하나님이 모든 족속과 방언과 나라에서 온 사람들을 진짜로 사랑하시기 때문이고 성경의 나머지 부분도 그러한 주장을 뒷받침하기 때문이리라.

하나님은 사람이 언제 어디서 태어날지 결정하실 수 있으나 누가에 따르면 하나님은 항상 당신 자신을 사람에게 드러내신다(사도행전 14:17). 하나님이 이런 방식으로 사람을 창조하신 것은 "사람으로 하여금 하나님을 찾게 하시려는 것"이다. "사람이 하나님을 더듬어 찾기만 하면, 만날 수 있을 것입니다. 사실, 하나님은 우리 각 사람에게서 멀리 떨어져 계시지 않습니다"(사도행전 17:27). 성경은 사람이 믿음으로 의롭다 함을 얻는다고 가르치지만, 구원받기 위해 하나님에 대해 어느 정도로 많이 알아야 하는지 규정하지는 않는다. 구원하는 믿음의 열매가 선한 행실이라고 기술할 따름이다. 사도 바울은 말한다. "하나님 앞에서는 율법을 듣는 사람이 의로운 사람이 아닙니다. 오직 율법을 실천하는 사람이라야 의롭게 될 것이기 때문입니다." 율법에 대한 지식은 없지만 "사람의 본성을 따라 율법이 명하는 바를 행하는" 사람은, 그가 얼마나 많이 알고 있느냐가 아니라 양심에 어떻게 반응했느냐에 근거해서 심판을 받을 것이다(로마서 2:9-16). 우리는 지식으로 구원받지 않는다. 우리는 하나님과의 회복된 관계로 구원받는다. 그리고 그 관계는 사람에 따라, 문화에 따라, 시대에 따라 조금씩 다르게 보일 수도 있다.

이로써 유대인도 기독교인도 아닌 사람들의 삶 속에서 하나님이 일하셨다는 증거를 우리가 성경 전체에서 보게 되는 이유가 설명이 된다. 예컨대 욥, 아벨, 에녹, 노아, 멜기세덱, 아비멜렉, 이드로, 스바의 여왕, 동방 박사들을 보자. 히브리서 11장의 "구름같이 둘러싼 허다한 증인"(히브리서 12:1) 목록에는 소위 이교도 성도 몇 명이 정예 요원으로 포함되어 있다. 본문은 그들이 "자기를 찾는 자들에게 상 주시는 이"(히브리서 11:6)이신 하나님을 믿음으로써 구원을 받았다고 강조한다. 하나님을 경험하기 위해서 모든 사람이 같은 말을 하거나 같은 신조에 동의해야 한다고 요구할 때 우리는 세상에서 하나님이 일하시는 범위와 능력을 과소평가하게 된다.

아브라함과의 첫 언약에서 밧모섬 요한의 환상에 이르기까지, 구원은 언제나 온 세상을 향한 축복이라는 관점에서 서술되었지 선택된 사람들을 위한 배타적인 특권 정도가 아니었다. 하나님이 먼저 이스라엘을, 그다음에 교회를 '선택'하신 것은 소명의 부르심, 곧 다른 이들을 하나님 나라에 들어오도록 초청함으로써 세상을 섬기라는 부르심이지 영적 조건이 아니다. 사도 베드로가 이방인 고넬료의 믿음에 격정적인 반응을 보인 본문을 접하고서 나는 너무 기뻐 눈물을 흘렸다. 베드로는 이렇게 외쳤다. "나는 참으로, 하나님께서는 사람을 외모로 가리지 아니하시는 분이시고, 하나님을 두려워하며, 의를 행하는 사람은 그가 어느 민족에 속하여 있든지, 다 받아 주신다는 것을 깨달았습니다"(사도행전 10:34-35).

이 말씀이 자르미나에게 어떤 의미를 갖는지는 잘 모르겠다. 또한 나에게 무슨 의미를 갖는지도 잘 모르겠다. 나는 세상의 수많은 종교 제도에 하나님이 얼마나 임재하시는지 알지 못한다. 하나님이 산 자와 죽은 자를 어떻게 심판하실지 알지 못한다. 지옥이 영원한지, 하나님이 악을 영원히 물리치실지 알지 못한다. 새 하늘과 새 땅이 어떤 모습일지 알지 못한다. 내가 포용론자인지 보편 구원론자인지 아니면 특정 구원론자인지 알지 못한다. (이것을 묻는 페이스북 퀴즈는 아직 나오지 않았다.) 내가 도서관에서 아무리 많은 시간을 보낸다 한들 내 모든 질문에 답을 찾을 수 있을는지 모르겠다. 내가 아는 것은, 성경이 말하는 하나님이 참되시다면 그분은 당신께서 지으신 피조물을 사랑하시고 피조 세계를 회복하기 위해서라면 무슨 일이든 하실 것이라는 사실뿐이다.

그래서 나는 답변을 준비해야 할 때마다 어색한 입장에 서게 된다. '구원받은'과 '구원받지 못한', '천국에 갈 운명'과 '지옥에 갈 운명' 같은 흑백의 구분이 사라져 버렸다. 누가 안에 있고 누가 밖으로 쫓겨나는지 결정짓는 옛 방식이 사라져 버렸다. 절대주의의 안정감과 확신에서 오는 편안함이 사라져 버렸다. 예수님이 "나더러 주여, 주여 하는 자마다 다 천국에 들어갈 것이 아니요"라고 말씀하셨을 때 당연히 나를 의미했을 리 없다고 아는 데서 오는 자신감도 사라져 버렸다.

그러나 하나님이 세상을 미워하셔서 대부분을 지옥에 떨어뜨리신다고 믿지 않고도 여전히 기독교인일 수 있음을 확신하고 나니 의심의 늪을 가로질러 가는 여정에서 다음 연잎으로 건너뛰기에 충분한 희망을 갖게 되었다.

도서관 연체료가 얼마나 나오든 그럴 만한 가치가 있다는 생각이 들어 어느 늦은 저녁 연체료를 내러 도서관에 들렀다. 잔돈을 모아 둔 통에서 꺼낸 동전들로 지갑이 묵직했다.

도서관 사서가 컴퓨터를 들여다보며 말했다. "음, 미납된 연체료가 없는 거 같은데요."

나는 "그럴 리가 없어요"라고 말했다. "분명 『지옥에 대한 네 가지 관점』을 연체했을 거예요. 크리스마스 때 받은 땅콩캔디 봉지와 함께 자동차 좌석 아래에 있었거든요."

"여기 보시면 알겠지만, 아무것도 연체된 게 없어요." 사서는 밝은 목소리로 말했다. "우리가 시스템을 업그레이드할 때 연체료 내역이 지워졌나 보군요."

마치 희년을 맞이한 것 같았다.

* * *

기독교인이 이런 말을 해서는 안 된다는 것을 알지만 내가 그다지 좋아하지 않는 성경 구절이 좀 있다. 나는 시편 137편 8-9절을 좋아하지 않는데, 시편 기자는 이스라엘의 원수에 대해 이렇게 말한다. "네가 우리에게 입힌 해를 그대로 너에게 되갚는 사람에게, 복이 있을 것이다. 네 어린아이들을 바위에다가 메어치는 사람에게 복이 있을 것이다." 디모데전서 2장 12절도 좋아하지 않는데 바울은 디모데에게 이렇게 말한다. "여자가 가르치거나 남자를 지배하는 것을 나는 허락하지 않습니다. 여자는 조용해야 합니다." 여호수아 6장 21절도 좋아하지 않는다. 본문에서 이스라엘이 하나님의 이름으로 어떻게 여리고를 공격했는지 볼 수 있는데, "성 안에 있는 사람을, 남자나 여자나 어른이나 아이를 가리지 않고 모두 전멸시켜서 희생 제물로 바치고, 소나 양이나 나귀까지도 모조리 칼로 전멸시켜서 희생 제물로 바쳤다"고 한다.

나는 이사야 55장에 대해서도 똑같이 느끼곤 했다. 그 이유는 하나님이 왜 아이티에 지진을 일으키시는지, 왜 영원한 형벌에서 영광을 받으시는지, 왜 화석을 실제보다 더 오래되어 보이게 하시는지(젊은 지구론을 염두에 둔 말인 듯하다—옮긴이), 왜 내가 너무 많이 질문하지 않기를 바라시는지 설명하기 위해서 사람들은 언제나 "하나님의 길은 우리의 길보다 높다"라는 문구를 사용하기 때문이다. 나는 이사야 55장이 그저 인류에 대한 하나님의 무서운 진노를 말한다고 보았다. 그분의 불가사의한 방식에 감히 의문을 제기하는 사람들에게 입 다물고 자기 일이나 신경 쓰라고 하는 경고라고 여겼다.

그래서 하나님의 더 높은 길을 찾으러 갔다가 우연히 다음 구절을 만났을 때 깜짝 놀랐다.

너희는, 만날 수 있을 때에 주님을 찾아라.

　너희는, 가까이 계실 때에 주님을 불러라.

악한 자는 그 길을 버리고,

　불의한 자는 그 생각을 버리고,

　주님께 돌아오너라.

　주님께서 그에게 긍휼을 베푸실 것이다.

　우리의 하나님께로 돌아오너라.

　주님께서 너그럽게 용서하여 주실 것이다.

"나의 생각은 너희의 생각과 다르며,

　너희의 길은 나의 길과 다르다." 주님께서 하신 말씀이다.

"하늘이 땅보다 높듯이,

　나의 길은 너희의 길보다 높으며,

　나의 생각은 너희의 생각보다 높다.

비와 눈이 하늘에서 내려서,

　땅을 적셔서 싹이 돋아 열매를 맺게 하고,

　씨 뿌리는 사람에게 씨앗을 주고,

　사람에게 먹거리를 주고 나서야, 그 근원으로 돌아가는 것처럼,

나의 입에서 나가는 말도, 내가 뜻하는 바를 이루고 나서야,

　내가 하라고 보낸 일을 성취하고 나서야,

　나에게로 돌아올 것이다."

참으로 너희는 기뻐하면서 바빌론을 떠날 것이며,

평안히 인도받아 나아올 것이다.

산과 언덕이 너희 앞에서 소리 높여 노래하며,

들의 모든 나무가 손뼉을 칠 것이다. (이사야 55:6-12, 강조 추가)

분노를 발견할 줄 알았던 곳에서 다정함과 애정을 발견했다. 설교가 있으리라 예상했는데 시를 발견했다. 하나님이 손가락을 좌우로 흔드실 줄 알았는데 나무들이 손뼉 치는 모습을 발견했다.

이사야 55장은 하나님의 공의(공평함)에 대해 전혀 다른 사고의 틀을 제시하는데, 우리가 하나님의 공의를 거꾸로 생각하고 있음을 암시하기 때문이다. 신비는 하나님의 측량할 수 없는 진노가 아니라 그분의 측량할 수 없는 자비에 있다. 하나님의 길이 우리의 길보다 높은 것은 그분의 사랑의 능력이 우리의 능력보다 무한히 크기 때문이다. 우리는 하나님에게서 멀어지려 하고 그분을 모욕하려 하고 그분께 불순종하려 하지만 그 모든 일에도 불구하고 하나님은 거듭거듭 넉넉히 용서해 주신다.

예수님이 용서에 대해 말씀하실 때마다 하나님 아버지의 성품을 본으로 삼으라고 하신 이유가 여기에 있을 것이다. 산상수훈에서 예수님은 이렇게 말씀하셨다. "너희는 너희 원수를 사랑하고, 좋게 대하여 주고, 또 아무것도 바라지 말고 꾸어 주어라. 그리하면 너희는 큰 상을 받을 것이요, 더없이 높으신 분의 아들이 될 것이다. 그분은 은혜를 모르는 사람들과 악한 사람들에게도 인자하시다. 너희의 아버지께서 자비로우신 것 같이, 너희도 자비로운 사람이 되어라"(누가복음 6:35-36).

우리에게는 원수를 처리하는 우리만의 방식이 있고, 하나님에게는 하나님의 방식이 있다. 우리의 방식은 보복과 처벌을 필요로 하지만, 그분의 방식에는 용서가 담겨 있다. 우리의 방식은 획일적인 정의이지만, 그분의 방식은 균형을 잃은 은혜다. 우리의 방식은 누군가의 피를 보는 것이지만, 그분의 방식은 자신이 피를 흘리는 것이다. 십자가에 달리셔서 하나님이신 그분이 상상할 수 없는 극한의 모욕을 당하고 벌거벗겨지고 수치를 당하고 매 맞고 멍드셨을 때에도 예수님은 "아버지, 저들을 사하여 주옵소서. 자기들이 하는 것을 알지 못함이니이다"라고 말씀하셨다.

자, **이런 것**이 더 높은 길이다. **이런 것**이 공평에 대한 나의 유치한 견해로는 도무지 이해할 수 없는 선하심과 은혜다. 하나님의 길이 우리의 길보다 높은 것은 그분이 우리보다 덜 자비로우시기 때문이 아니라 우리가 상상할 수 있는 것보다 더 자비로우시기 때문이다. 우리가 우리의 길을 버리고 그분의 길을 따를 때 우리는 산이 소리 높여 노래하고 나무가 손뼉 치는 기쁨과 평화를 경험한다.

사랑이 많으시고 자비로우신 하나님은 낙담하지 않으신다니, 그분의 말씀은 비처럼 땅에 내리고 눈처럼 땅을 덮어 풍성한 열매를 맺도록 땅을 기름지게 하신다니 얼마나 위안이 되는지 모르겠다. 하나님이 시인이심을 알게 되어 얼마나 위안이 되는

지 모르겠다.

12장

과부 락스미

최근 몇 년간 불안한 미국인들이 영적 각성을 찾아 인도로 여행하는 일이 점점 더 유행하고 있다. 대부분 동양 종교에 대한 기본적인 이해와 새로 익힌 요가 동작, 그리고 막연한 기대감—여행이 끝나기 전에 뭔가 근사하고 깊이 있고 기억에 남을 만한 것과 연결되리라는—을 품고 집을 떠난다. 그러고는 목에 자작나무 구슬로 만든 목걸이를 두르고, 양손은 헤나로 물들이고, 뱃속에는 헤엄치는 작은 아메바를 품고서 카레와 재스민 향을 풍기며 돌아온다.

2006년 가을, 인도 하이데라바드 공항에 내렸을 때 나는 신앙을 찾기보다 잃어버릴까 봐 더 걱정이 되었다. 애초에 종교 다원주의로 인해 내 신앙의 위기가 촉발됐다는 사실을 감안할 때 세상에서 종교적으로 가장 다양한 나라로의 여행은 휴가보다는 일종의 충격 요법처럼 보였다. 하지만 여동생 아만다는 인도 중

부에서 3개월을 지내며 여러 사역자 및 비영리 단체와 일했고, 이번에 방갈로르에 있는 새로운 자리로 옮기면서 몇 주 동안 자기와 함께 지내자고 나를 초대한 터였다. 아만다는 동료가 필요했고, 나는 여권에 이국적인 도장을 추가할 기회를 거부할 수 없었다. 우리는 하이데라바드에서 델리, 아그라, 리시케시, 그리고 다시 델리로 돌아가는 전국 여행을 계획했다.

인도에서 사람들이 어떻게 명상을 할 수 있는지 나는 도무지 이해할 수가 없다. 아침이면 기도하라고 깨우는 서글픈 외침을 시작으로, 아침식사 전에는 수천 개의 부엌 바닥을 가르며 쓱싹쓱싹 쓸어 내는 수천 개의 빗자루 소리, 한낮에는 소들이 음매 울고 수탉이 꼬끼오 부르고 노점상과 고객이 흥정하는 소리, 오토바이가 부릉부릉 하고 자전거가 띠링띠링 벨을 울리는 불협화음과, 저녁이면 멀리서 들리는 축제의 북소리에 이르기까지 절대 잠잠해지는 법이 없는 곳이다. 나는 인도의 색채와 향과 소리의 콜라주에 압도되어 감각에 과부하가 걸려 처음 며칠을 어지럽게 보냈다. 토하기도 많이 했다.

그러나 날이 갈수록 시야는 선명해졌고 나는 한 번에 하나씩 세부적인 것을 들이키기 시작했다. 여동생의 피부에서 나는 향신료 냄새, 몰래 지켜본 갠지스강에서 양치질하는 여인, 애팔래치아에서와 마찬가지로 히말라야 산기슭에 달라붙은 안개, 손가락 사이로 파고드는 부드럽고 찰진 밥의 안락함, 스치는 바람에 실려 온 쓰레기와 배설물의 톡 쏘는 냄새, 붐비는 거리에서 구걸하는 노인의 울퉁불퉁한 손, 내가 던진 동전이 그의 양철컵에 떨어지면서 내는 쨍그랑 소리. 인도에서는 모든 것이 그림 같다. 나는 사진을 6백 장도 넘게 찍었다.

아만다와 나는 첫 주를 하이데라바드에서 보냈다. 거기서 아만다는 HIV와 에이즈에 걸린 아이들을 위한 작은 기숙학교에서 영어를 가르쳤다. 매일 아침 나는 위층에서 타박타박 하는 수십 개의 작은 발소리와 부엌에서 락스미라는 여성이 차파티 빵을 만드는 소리에 잠에서 깼다. 락스미는 학교에서는 아이들 돌봄이로, 학교를 운영하는 기독교 가정에서는 가사 도우미로 일했다. 그녀는 매일 동트기 전에 일어나 식사를 준비하고 아이들의 옷을 세탁했다. 어두워질 때까지 일해도 업무를 다 마치기가 쉽지 않았다. 락스미는 작고 가냘프지만 연약하지 않았고 수줍게 보조개가 피는 미소와 장난기 가득한 눈을 지녔다. 그녀는 영어를 거의 하지 못했지만, 내가 어린 시절 어느 땐가 알았을 법한 사람처럼 왠지 친숙하게 느껴졌다. 아만다와 나는 손동작과 얼굴 표정, 그리고 텔루구어 몇 단어만을 사용해서 그녀와 대화하는 법을 익혔다. 내가 찍은 모든 사진 속에서 그녀는 가장자리에 색색의 꽃이 달린 밝은 노란색 사리를 입고 차분하게 미소 지으며 수줍은 표정으로 카메라를 쳐다보고 있다.

시골 마을에서 태어난 락스미는 열일곱 살에 결혼해서 도시로 이사했다. 이웃에 있는 몇몇 집에서 가사 도우미로 일했다. 셋째를 낳은 직후 남편이 갑자기 병에 걸렸는데, 검사 결과 HIV가 진행된 것으로 밝혀졌다. 락스미의 가족은 마을에서 추방되었고 한 사람의 수입으로 생계를 유지할 수밖에 없었다. 오래지 않아 다섯 명의 가족 모두 심각한 영양실조 증상을 보였다. 락스미는 사람들이 그녀와 막내딸 라사가 어떻게 죽을지 수군거리는 소리를 엿들었다고 회상했다.

이런 상황을 알게 된 인도 원주민 기독교인들이 락스미와 그녀의 아이들이 검사를 받을 수 있도록 돕겠다고 제안했다. 락스미는 자신과 라사가 HIV 양성인 것을 알고는 흐느껴 울었다. 그녀의 남편은 몇 달 후 세상을 떠났다.

통역의 도움을 받아 락스미가 설명했다. "과부, 게다가 HIV 양성인 과부로서 이 사회에서 살아가기란 만만치 않았어요. 나는 돈도 없었고, 어린 딸이 다섯 살까지 살 수 없을까 봐 무서웠어요. 한번은 확 죽어 버릴까도 생각했어요. 라사에게 독을 먹이고 나도 독을 먹으면 어렵지 않을 것 같았어요. 하지만 다른 아이들이 눈에 밟혀서 그런 생각일랑 치워 버렸죠."

기독교인 가정은 락스미와 아이들이 그 집에서 지낼 수 있도록 해 주었고 아이들을 학교에 등록시켜 주었다. 그러자 근처 도시와 마을의 HIV 환자들이 도움과 조언을 구하러 그 집으로 몰려들었다. 이웃 주민들의 불만이 제기되자 그 가정은 공개 모임을 열어 에이즈의 전파 경로와 예방 방법을 지역 사회에 교육했다.

인도에서 HIV와 에이즈에 감염된 아이들은 종종 교육 기관으로부터 입학을 거절당하고 과부들은 궁핍한 처지에 내몰린다. 락스미의 이야기에 영감을 받은 기독교 가정은 기숙학교를 열어 과부들에게 직업 훈련을 시키고 사역에서 자부심을 가질 만한 자리를 맡겼다. 내가 있었을 때 스물다섯 명의 아이들이 학교에 등록해 있었는데 지금은 서른 명이 넘는다. 락스미의 세 아이 모두 그 학교에 다니고 있고 후원자들 덕에 어린 라사는 돌봄을 받으며 건강을 유지하고 있다. 힌두교도로 자란 락스미는 기독교인으로 개종했다. 집안일을 하는 짬짬이 그녀는 문맹을 극복해 스스로 성경을 읽을 수 있도록 열심히 텔루구어 알파벳을 공부한다.

누가 보아도 락스미와 그 학교의 아이들은 '우주의 추첨' 때문에 완전히 망했다. 누군가 마땅히 불평할 권리가 있다면, 그들이 해당할 것이다. 여전히 카스트 제도의 영향이 지대한 나라에 태어난 것은 그들의 잘못이 아니다. 남편들과 아버지들이 매춘부에게 간 것도 그들의 잘못이 아니다. 낙인찍히고 오해받아 거리로 내몰리게 된 질병에 걸린 것도 그들의 잘못이 아니다. 그러나 인도에서 만난 과부와 고아들은 실제로 나처럼 하나님께 화가 나 있지 않았다. 오히려 그들은 내가 진짜 이해할 수 없는 방식으로 하나님을 사랑했다.

락스미는 내게 말했다. "HIV에 걸리기 전의 내 인생을 기억하고 오늘의 내가 어떤지 비교해 보면 감사할 따름이에요. HIV가 아니었다면 결코 예수님을 만나지 못했을 거예요. 구원과 희망을 절대 발견하지 못했겠죠."

락스미에게 예수님을 만나는 것은 정보의 전달이나 신앙의 진술과는 거의 관련이 없었다. 다만 손을 내밀어 먹을 것과 쉴 곳을 제공하는 것이 전부였다. 인도에서 복음은 '불가촉 천민들'

사이에서 가장 잘 통한다. 그래서 많은 기독교인들이 빈민가에 거주하면서 나병 환자들과 더불어 살고, HIV 감염자들과 장애인들을 받아들이고, 가난한 사람들에게 베푸는 편을 택한다. 그들은 스스로 가난에 처하고 가장 낮은 계급의 사람들과 어울리는 사람들로 소문이 나 있다. 그들을 볼 때 나는 예수님이 떠오른다.

예수님의 형제 야고보도 참된 신앙은 고아와 과부를 돌보는 것이라고 했으니, 내가 인도에서 처음으로 참여한 신앙적 활동이 과부와 고아와 함께하는 것이었음은 놀랄 일이 아니다. 서른 명쯤 되는 우리 일행은 15인승 승합차에 몸을 싣고 창문을 활짝 연 채 시내에 있는 교회로 이어진 하이데라바드 거리를 따라 달렸다. 말쑥하게 차려입고 서로 포개 앉은 다섯 살에서 열다섯 살 사이의 아이들은 어떤 거리낌도 없이 영어와 텔루구어로 가능한 한 가장 큰 목소리로 예수님을 찬양하는 노래를 불렀다. 나는 고막이 터질 것 같았다. 차가 방향을 휙 틀 때마다 속이 울렁거렸다. 탁한 공기 때문에 가슴은 답답했고 더위에 머리는 지끈거렸다. 하지만 지난 몇 년 동안 예수님을 그토록 가까이 느껴본 적이 없었다. 나는 예수님이 그 좁은 차 안에서 우리 사이에 끼어 함께 노래하셨을 거라고 확신했다.

인도에서 나는 천국을 소개받았다. 천국은 미래의 어떤 시공간에 존재하는 게 아니라 지금 이곳에 존재한다. 거기서 가난한 사람들은 육의 양식과 영의 양식으로 배부르고, 병자들은 병과 죄로부터 구원을 받는다. 거기서 문맹인 과부는 그 어떤 신학

자보다 믿음에 대해 내게 더 많은 것을 가르쳐 주었고, 빈민가의
아이들은 하나님과 함께 노래한다. 인도에서 나는 복음이 여전
히 특별하다는 것을 배웠다. 예수님은 여전히 중요하고 사람들
의 삶에 변화를 일으키실 수 있다.

그것은 내게 영적인 눈뜸이었다.

13장

하나님이 하신 일

여덟 살 먹은 카나카라주가 까맣고 애절한 눈빛으로 올려다보며 내 치마를 잡아당겼다. 아이는 절박하게 "아카, 아카"라고 말했다. '아카'는 텔루구어로 '누나'라는 뜻으로, 인도 아이들은 이 단어를 친근함의 표시로 사용한다.

나는 카나카라주가 무슨 말을 하려는 건지 이해할 수가 없었다. 그래서 아만다에게 통역을 해 달라고 했다.

"자기 엄마를 위해 기도해 달라는 거야." 아만다는 교실 구석을 가리키며 말했다. 그곳에는 깡마른 여인이 바닥에 웅크리고 누워 있었는데 빛바랜 붉은색과 금색의 스카프로 얼굴을 가리고 있었다. 나는 그녀가 거기에 있는 것조차 눈치채지 못했다.

"아이는 엄마가 낫도록 언니가 기도해 주었으면 해." 아만다가 말했다. "카나카라주야, 레이첼 아카에게 그걸 영어로 말할 수 있겠니?"

카나카라주는 집중하느라 미간을 찌푸렸다. 아이는 마침내 "아카, 우리 '암마'…… 우리 엄마를 위해 기도해 주세요……. 꼭요"라고 말했다. 아만다에게서 수업을 잘 듣고 있다는 칭찬을 들은 아이의 얼굴에 천천히 수줍은 미소가 번졌다.

아만다는 카나카라주의 아버지가 HIV 합병증으로 이미 돌아가셨고 아이의 어머니도 상황이 좋지 않다고 설명했다. 엄마가 돌아가시면 카나카라주와 그의 누나들은 고아가 될 터였다.

나는 무릎을 꿇고 두 팔로 카나카라주의 작은 몸을 감쌌다. 아이는 한 마리의 새처럼 부서질 것만 같았다. "카나카라주야, 내가 암마를 위해서 기도할게."

"고마워요, 레이첼 아카."

나는 예전만큼 꾸준히 기도하지 못하고 있었다. 하지만 인도는 내가 일하는 방식을 많이 바꾸어 놓았다. 나는 카나카라주와 그의 엄마를 위해서 매일 기도했다. 그러다 보니 그에 비해 나의 전형적인 기도 제목들이 얼마나 하찮고 보잘것없는 것인지 깨달았다. 아이들이 쓰레기로 뒤덮인 강을 건너고 갈비뼈가 피부를 뚫고 나오는 것을 보면서 어떻게 가벼운 설사를 낫게 해 달라고 하나님께 기도할 수 있겠는가? 카나카라주의 엄마가 버려진 인형처럼 시멘트 바닥에 웅크리고 누워 있는데, 어떻게 에어컨이 있는 호텔 방을 마련해 달라고 하나님께 기도할 수 있겠는가?

미국으로 돌아온 후 목사님이 교인들에게 교회 주차장 보수 기금을 위해 기도해 달라고 요청했을 때 나는 개인적으로 카나카라주의 가족을 먼저 돌보아 달라고 하나님께 간구했다. 하나님이 둘 다를 하실 수 없다고 생각한 것은 아니었다. 기도해서 달라질 게 있다면, 우리 교회 주차장을 다시 포장하는 것보다 카나카라주에게 엄마가 있는 게 더 중요하다고 판단한 것이다.

그러나 내가 인도를 떠나고 몇 주 후에 선교사님 가족으로부터 이메일을 받았는데 카나카라주의 어머니가 병으로 돌아가셨다고 했다. 선교사님 가족은 카나카라주를 자기네 가정으로 데려오고 누나들에게는 생활비를 벌 수 있도록 봉제 일을 가르칠 계획이었다. 이메일에는 카나카라주가 엄마의 죽음을 받아들이기 위해 애쓰고 있으며 매일 밤 엄마를 부르며 울고 있다는 내용이 담겨 있었다.

인도에서 온 소식을 듣고 나서 얼마 지나지 않아 목사님은 하나님이 주차장 보수 기금을 마련해 주셨다고 발표했다.

"하나님이 당신의 자녀들을 축복해 주시는 게 참으로 놀랍지 않습니까?" 목사님은 감탄하듯 말했다.

* * *

2005년 허리케인 카트리나가 강타한 토요일, 나는 처음으로 누군가가 무언가를 "하나님이 하신 일"이라고 부르는 것을 들었다. 내 친구가 데이턴에서 결혼을 하는데 결혼식에 참석하기 위해 전국 각지에서 가족들이 올 예정이었다. 피로연에서 나는 그 가족 중 한 사람과 대화를 나누었다. 그는 남부 전역의 주요 공항에서 출항이 지연되고 있음에도 불구하고 온 가족이 결혼식에 참석할 수 있어서 감사하다고 말했다.

"참으로 하나님이 하신 일이죠." 결혼 축하 케이크를 받으려고 줄을 서서 기다리던 중 그 청년은 이렇게 말했다. "마치 하나님이 날씨에 손을 대신 것 같아요. 분명히 이 결혼을 축복하려고 하신 거죠."

그날 오전 내내 나는 옥상에 갇혀 구조를 기다리는 절망적인 가족들의 뉴스를 본 터라 그가 한 말에 신경이 곤두서지 않을 수 없었다. 하나님이 날씨에 손을 대셨다고? 하나님이 날씨에 손을 대셨다면 왜 허리케인이 오는 것을 처음부터 막지 않으셨나? 왜 제방이 무너지지 않게 하지 않으셨나? 하나님은 이 가족이 제시간에 결혼식에 도착하도록 도우셨으면서 왜 수천 명의 사람들이 음식이나 물도 없이 체육관에 갇혀 있도록 놔두셨나?

지난 수년 동안 나는 장학금, 취업 기회, 새 차, 주방 리모델링 등 "하나님이 하신 일"로 묘사되는 온갖 종류의 것들에 대해 들었다. 하나님이 하신 일에 호소하는 것은 "하나님의 뜻"에 호소하는 것과 비슷한 효과가 있다. 친구가 내게 자기가 어떤 남자와 데이트하는 것이 혹은 새 차를 사거나 특정한 학교에 가는 것이 자신을 향한 하나님의 뜻이라고 말한다면, 전능하신 하나님과 싸우려고 하는 것처럼 보이지 않으면서 그 말에 이의를 제기하거나 질문하기란 어렵다. 마찬가지로 내 친구가 저금리 대출이나 항공권이나 콘서트 입장권을 따낸 게 하나님이 하신 일이라고 칭송한다면, 그녀에게 새집이나 휴가 또는 데이브 매튜를 또 보는 게 정말로 필요한 것인지 하나님의 일을 망치려는 것처럼 보이지 않고 질문하기란 정말 어렵다. 모든 훌륭한 기독교인들은 비판이나 조언으로부터 자신을 보호하는 가장 좋은 방법은, 당신이 원하는 것이 무엇이든 하나님도 그것을 원하신다고 말하는 것임을 알고 있다. 콘스탄티누스의 군사적 정복에서부터 미국이 '명백한 사명'이라는 미명 하에 인종 청소를 단행한 일, 그리고 텔레비전에 등장하는 전도사들이 판매하는 '사랑의 선물'에 이르기까지, 이런 일은 수 세기 동안 행해져 왔다.

댄은 이런 내가 너무 냉소적이라고 말한다. 그는 기독교인들이 하나님이 하신 일이라고 말하는 것은 하나님께 진심으로 감사하기 위해서이고, 그들의 삶에 주어진 좋은 것들이 애써서 얻었거나 자격이 있어서 받은 것이 아니라 선물임을 자기 자신과 다른 이들에게 상기시키기 위함이라고 말한다. 아무튼 성경은 "온갖 좋은 선물과 모든 완전한 은사는 위에서" 내려온다고 하지 않는가.

나는 댄에게 보트와 자동차와 주방 용품은 "온갖 좋은 선물과 모든 완전한 은사"로 적합하지 않다고 말한다.

이쯤 되면 댄은 보통 내게 이런 제안을 한다. 신랄한 비판을 좀 가라앉히고 다른 사람의 눈에 족집게를 들이대기 전에 내 눈에 튀어나온 커다란 들보를 관리할 생각을 하라고.

댄의 말이 맞다는 것을 나도 안다. 내 문제는 자신이 받은 복을 찬양하는 기독교인이 아니라 독단적으로 복을 주시는 것처럼 보이는 하나님과 관계 있다는 것을 마음 깊은 데서 안다.

'하나님이 하신 일'과 관련해서 내 마음이 불편한 것은, 그게 세상의 부자들과 가난한 사람들, 운 좋은 사람들과 운 없는 사람들 사이의 냉정한 이분법 같은 우주의 추첨을 떠올리기 때문이다. 내가 어쩌다가 하나님과 함께 걸을 때마다 이것은 언제나 내게 걸림돌이 되었다. 만약 하나님의 선하심이 그분이 얼마나 많은 것을 나눠 주시느냐에 따라 결정된다면, 그분은 딱히 선하시지 않다는 게 내 생각이다. 결혼식에 제시간에 도착한 그 가족에게는 선하실지 모르나, 카나카라주 같은 고아들에게는 딱히 선하지 않으시니 말이다.

당시에는 잘 정리할 수 없었지만, 인도에서 나는 어쩌면 하나님의 선하심이 문제가 아니라 우리가 그분의 선하심을 측정하는 방식에 문제가 있는 것은 아닌지 의심하기 시작했다. 락스미와 카나카라주, 그리고 에이즈 사역에서 만난 여성들과 어린이들은 먹을 것과 머물 곳, 건강과 평화 같은 기본적인 것들을 구했지만 항상 얻지는 못했다. 그러나 나는 그들의 눈에서 내가 아는 대부분의 기독교인들이 갈망해 마지않는 기쁨과 영적인 유대감을 보았다. 그들은 친한 친구나 연인에 대해 말하듯이 예수님에 대해 말했다. 마치 그분과 함께 한참을 걷고 막 돌아온 듯 얼굴은 여전히 달아올라 있었고 아직도 숨이 가빴다. 아이들은 어린 시절의 많은 것들을 빼앗겼음에도 어떠한 권리 의식도 보이지 않았다. 여성들은 짐을 지고 있었지만 지칠 줄 모르는 힘을 보여 주었다.

어쩌면 운이 없는 사람은 결국 우리인지도 모른다.

* * *

한번은 종교 지도자들과 식사하는 자리에서 예수님이 매혹적인 이야기를 하나 들려주셨다.

어떤 사람이 큰 잔치를 베풀고, 많은 사람을 초대하였다. 잔치 시간이 되어, 그는 자기 종을 보내서 "준비가 다 되었으니, 오십시오" 하고 초대받은 사람들에게 말하게 하였다.

그런데 그들은 모두 하나같이 핑계를 대기 시작하였다. 한 사람은 그에게 말하기를 "내가 밭을 샀는데, 가서 보아야 하겠소. 부디 양해해 주기 바라오" 하였다. 다른 사람은 "내가 겨릿소 다섯 쌍을 샀는데, 그것들을 시험하러 가는 길이오. 부디 양해해 주기 바라오" 하고 말하였다. 또 다른 사람은 "내가 장가를 들어서, 아내를 맞이하였소. 그러니 가지 못하겠소" 하고 말하였다.

그 종이 돌아와서, 이것을 그대로 자기 주인에게 일렀다. 그러자 집주인이 노하여 종더러 말하기를 "어서 시내의 거리와 골목으로 나가서, 가난한 사람들과 지체에 장애가 있는 사람들과 눈먼 사람들과 다리 저는 사람들을 이리로 데려 오너라" 하였다.

그렇게 한 뒤에 종이 말하였다. "주인님, 분부대로 하였습니다만, 아직도 자리가 남아 있습니다." 주인이 종에게 말하였다. "큰길과 산울타리로 나가서, 사람들을 억지로라도 데려다가,

내 집을 채워라. 내가 너희에게 말한다. 초대를 받은 사람들 가운데서는, 아무도 나의 잔치를 맛보지 못할 것이다." (누가복음 14:16-24)

사역 초기부터 예수님은 가난한 자들, 억눌린 자들과 특별한 관계를 맺으셨다. "주님의 영이 내게 내리셨다. 주님께서 내게 기름을 부으셔서, 가난한 사람에게 기쁜 소식을 전하게 하셨다. 주님께서 나를 보내셔서, 포로 된 사람들에게 해방을 선포하고, 눈 먼 사람들에게 눈 뜸을 선포하고, 억눌린 사람들을 풀어 주고, 주님의 은혜의 해를 선포하게 하셨다"(누가복음 4:18-19). 이렇게 말씀하시면서 그들을 복음의 특별한 수혜자로 지목하기까지 하셨다. 병자들, 짓밟힌 자들, 배척당한 자들, 소외된 사람들은 예수님이 "하나님 나라"라고 부르신 새롭고 이상한 나라의 잔치 자리에 나아오라는 초대에 언제나 첫 번째로 응답했다. 복음서를 읽으면서 이런 점을 알아차리지 못하기란 불가능하다.

　지상의 나라는 부자들과 권력 있는 자들의 것이지만, 예수님은 온유하고 자비롭고 화평케 하는 자들에게 속한 나라를 말씀하셨다. 지상의 나라는 일반적으로 절대 권력을 가진 지도자가 통제권을 쥐면서 시작하지만, 예수님은 그분의 나라가 겨자씨처럼 작게 시작해서 아래로부터 위로 자랄 것이라고 말씀하셨다. 지상의 정치가는 부자와 학식이 많은 사람들과 사귀지만, 예수님은 버림받은 사람들과 함께하셨다. 지상의 왕은 정복으로 쟁취한 자유를 선호하지만, 예수님은 용서함으로 얻는 자유를 말씀하셨다.

상대적으로 부유한 생활 방식을 누리고 있는 우리에게는 아마 당혹스럽겠지만, 예수님은 가난한 사람이 부자보다 그분의 나라에 더 쉽게 접근할 수 있다고 말씀하셨다. 그분은 "부자가 하나님의 나라에 들어가는 것보다 낙타가 바늘귀로 들어가는 것이 더 쉽다"고 말씀하셨다. 그러자 제자들이 그 말씀에 이의를 제기하며 질문했다. "그렇다면, 누가 구원을 얻을 수 있겠습니까?" 예수님은 "사람은 할 수 없는 일이라도, 하나님은 하실 수 있다"고 하셨다(누가복음 18:25-27). (이 말씀이 적힌 에코백은 온라인에서 21달러에 구입할 수 있다.)

하나님 나라에서는 우주의 추첨이 거꾸로 작동하는 것 같다. 하나님 나라에서는 운이 좋은 자와 불행한 자, 복 받은 자와 저주 받은 자, 가진 자와 못 가진 자에 대한 우리의 모든 관념이 거꾸로 뒤집힌다. 하나님 나라에서는 "꼴찌들이 첫째가 되고, 첫째들이 꼴찌가 될 것이다"(마태복음 20:16).

인도에서 나는 가난한 사람들과 억눌린 사람들이 확실히 나의 온정과 도움을 받아 마땅하지만 나의 동정은 필요 없음을 깨달았다. 과부와 고아와 '불가촉 천민'은 내게는 없는, 복음에 대한 특별한 접근 권한을 누린다. 그들은 좋은 소식으로부터 즉시 혜택을 얻는다. 이 좋은 소식이란 보복이 아니라 용서에 자유함이 있고, 강한 자가 아니라 자비로운 자에게 진정한 힘이 있으며, 부유함이 아니라 관대함에서 기쁨이 나온다는 소식이다. 우리는 돈으로 사랑을 살 수 없고, 싸워서는 평화를 얻을 수 없으며, 높은 지위에 오르는 것으로 행복을 찾을 수 없다는 생각에 익숙해져야 한다. 우리 가운데 한 번도 고난을 겪어 본 적 없는 사람은 불리하다. 예수님은 제자들에게 그분의 고난에 참여하라고 초대하시니 말이다.

사실 예수님이 산상수훈에서 가장 먼저 하신 일은 우주의 추첨에 대한 우리의 추정을 깨뜨리신 것이다. 누가복음에서 예수님은 말씀하신다.

> "너희 가난한 사람들은 복이 있다. 하나님의 나라가 너희의 것이다. 너희 지금 굶주리는 사람들은 복이 있다. 너희가 배부르게 될 것이다. 너희 지금 슬피 우는 사람들은 복이 있다. 너희가 웃게 될 것이다.……
>
> 그러나 너희, 부요한 사람들은 화가 있다. 너희가 너희의 위안을 받고 있기 때문이다. 너희, 지금 배부른 사람들은 화가 있다. 너희가 굶주리게 될 것이기 때문이다. 너희, 지금 웃는 사람들은 화가 있다. 너희가 슬퍼하며 울 것이기 때문이다." (누가복음 6:20-21, 24-25)

하나님 나라는 "이들 중 가장 작은 자들"로 이루어져 있는 것 같다. 그들 가운데 거한다는 것은 켈트 성인들이 "얇은 공간"이라고 부른 하늘과 땅, 영적인 것과 물질적인 것을 가르는 막이 거의 투명해지는 장소나 순간을 만나는 것이다. 내가 가진 것이나 안락함이 때로 그 막을 두껍게 만들지만 그렇더라도 나는 내가 이 나라의 일원이라 생각하고 싶다. 사랑과 희락과 화평과 오래 참음과 자비와 양선과 충성과 온유와 절제, 이런 것들이야말로 '하나님이 하신 일'이고 그것은 지위고하를 막론하고 누구에게나 열려 있다. 그 밖의 모든 것은 단지 덤일 뿐이며, 덤은 주의를 산만하게 할 수 있다. 덤은 우리를 안주하게 하고 우리에게 필요한 것보다 더 필요하다고 믿게끔 우리를 속인다. 덤은 '하나님이 하신 일'과 그냥 일어난 일을 구별하기 어렵게 만든다.

*　*　*

우주의 추첨에는 또 다른 흥미로운 반전이 있는데, 예수님은 종교인들보다 비종교인들에게 영적인 우위를 주시는 것 같다. 이것은 특히 4년 연속 '최우수 기독교인 상'을 받은 누군가에게는 좋은 소식이 아니다.

　가난한 사람들이 예수님과 그분의 메시지를 가장 잘 받아들였다면 종교인들은 가장 거부감을 느꼈다. 현상 유지로 너무 많은 혜택을 보았던 종교인들은 예수님의 급진적인 가르침을 견딜 수 없었다. 그래서 교묘한 질문으로 예수님을 시험했고, 죄인들과 어울린다고 비난했으며, 궁극적으로 그분이 십자가에 처형당하도록 도왔다. 특히 바리새인들은 끊임없이 예수님을 괴롭혔다. 그분이 병자를 고치자, 그들은 안식일에 그 일을 했다고 공격했다. 그분이 친구들과 함께 먹고 마시자, 바리새인들은 그분을 먹기를 탐하는 자라고 부르며 왜 자기들만큼 자주 금식하지 않느냐고 다그쳤다. 그분이 죄인을 용서한다고 했을 때,

바리새인들은 신성 모독이라고 비난했다. 그분이 가르치자, 무슨 자격으로 가르치느냐며 의문을 제기했다. 그분이 귀신을 쫓아내었을 때, 사탄의 도움으로 그렇게 한다고 주장했다. 한번은 예수님이 다리 저는 사람을 고치면서 그가 몇 년 동안이나 묶여 있던 침상을 들고 가라고 하셨다. 그러자 바리새인들은 안식일에 무거운 물건을 옮긴다며 그 불쌍한 사람을 몹시 꾸짖었다! 예수님이 고등 교육을 받은 바리새인들에게 반복해서 다음과 같은 말씀을 하신 것이 전혀 이상하지 않다. "너희는 가서 '내가 바라는 것은 자비요, 희생제물이 아니다' 하신 말씀이 무슨 뜻인지 배워라. 나는 의인을 부르러 온 것이 아니라, 죄인을 부르러 왔다"(마태복음 9:13).

1세기의 모든 유대인 중에서 바리새인들만큼 메시아에 대해 잘 알고 있는 사람이 없었다니 이런 모순이 또 없다. 그들은 메시아가 이 땅에 오시는 단서를 찾기 위해 여러 해 동안 성경을 샅샅이 뒤졌다. 그러나 니고데모에게 예수님이 뜻밖의 인물이었듯, 종교인들은 그분을 전혀 이해하지 못하는 듯 보였다. 그들은 자신들의 해석과 기대를 너무도 확신한 나머지 성경이 성취되는 것을 완전히 놓쳤고, 이미 하나님을 알고 있다고 확신했기 때문에 육신을 입고 오신 그분을 알아보지 못했다. 바리새인들에게 예수님은 규격에 맞지 않았다. 그분의 신학은 너무 신랄했고, 그분의 친구들은 너무 외설적이었으며, 그분의 사랑은 너무 포용적이었다.

반면 예수님은 바리새인들이 위선적이고 독선적이라고 공

개적으로 비판하셨다. 그분을 따르는 이들에게 바리새인을 모방하지 말라 경고하셨고, 겉으로 드러나는 의로움이나 살균 밀폐된 듯한 정통성을 넘어선 마음 상태를 강조하셨다. 예수님은 바리새인들에게 세리와 창기가 그들보다 먼저 하나님 나라에 들어갈 것이라고 말씀하셨다. 예수님이 그분의 나라에서는 세리와 창기의 의로움이 바리새인의 의로움을 능가할 수 있다고 말씀하셨을 때 사람들이 얼마나 놀랐을지 상상해 보라.

부와 특권이 복음의 길에 걸림돌이 될 수 있듯이 두렵게도 신학 지식과 경건도 하나님 나라에 걸림돌이 될 수 있다. 부와 마찬가지로 이런 것들은 본질적으로 나쁜 것이 아니다. 하지만 쉽게 우상화된다. 우리가 가진 규칙과 규정의 목록이 길어질수록, 하나님 자신이 그중 하나를 어길 가능성이 커진다. 우리가 어떤 신학적 절대 원리에 목을 맬수록, 성령의 사역이 우리의 전제와 일치하지 않을 때 그것을 무시해 버릴 가능성이 더 커진다. 아이들이 가장 좋아하는 장난감에 집착하듯 우리가 자신의 신념에 집착할 때, 예수님이 우리의 손을 잡고 새로운 곳으로 인도하기란 어렵다.

예수님은 놀라운 기도로 말씀하신다. "하늘과 땅의 주님이신 아버지, 이 일을 지혜 있고 똑똑한 사람들에게는 감추시고, 어린아이들에게는 드러내어 주셨으니, 감사합니다. 그렇습니다. 아버지, 이것이 아버지의 은혜로운 뜻입니다"(마태복음 11:25-26).

솔직하게 말하면, 성경 전체에서 내가 가장 나와 비슷하다고 느끼는 인물이 바리새인임을 인정하지 않을 수 없다. 바리새인처럼 나도 성경에 대해 많이 알고 있고 정통 신앙에서 용인되는 여러 주의(主義)와 여러 학문에 익숙하다. 바리새인처럼 나도 하나님이 세상에서 일하시는 방식과 관련해 내 기대와 일치하지 않는 영적 운동에 대해서는 회의적이다. 바리새인처럼 나도 내가 좋아하는 정치적 입장이나 신학 체계, 개인적 관심사에 '위대하신 하나님'이라는 문구를 집어넣기 좋아한다. 바리새인처럼 나도 비판적이고, 주목받기를 갈망하고, 훌륭한 신자라는 지위를 잃을까 봐 노심초사한다.

대부분의 기독교인들은 자신이 2천 년 전 갈릴리에 살았더라면 당연히 자신의 모든 소유를 버리고 예수님을 따랐을 거라고 생각한다. 그러나 값비싼 기독교 교육을 받고 뿌리 깊은 신앙적 배경을 가진 우리가 과연 그렇게 했을까. 우리 대부분이 바리새인들에 동조해서 '예수 혐오 클럽'에 가입하지 않았을까 싶다.

예수님은 성적 일탈자들과 함께 포도주를 드셨다. 심각한 사회적 금기를 범하셨다. 전염병에 걸린 사람, 미친 사람, 교육받지 못한 사람, 냄새 나는 사람 사이에서 많은 시간을 보내셨다. 잘 알려진 예수님의 사촌은 낙타털로 만든 옷을 입고 메뚜기와 꿀을 먹었다. 성경에 가장 통달한 사람들은 예수님의 관점이 이단적이라 했고, 혈육마저도 그분의 정신 상태에 의문을 제기했다. 예수님은 성경에 없는 새로운 가르침을 소개하셨고 당신의 권위가 하나님에게서 직접 온 것이라고 주장하셨다. 예수님은 제자들에게 그들의 '소유'를 다 팔고 당신을 따르라고 하셨다. 그렇게 하면 그들이 속한 신앙 공동체에서 파문을 당하거나 심지어 죽임을 당할 수도 있었는데 말이다. 그분은 너무 진보적이고 너무 급진적이고 너무 요구하는 게 많았다. 솔직히 나는 내가 그분을 따라갔을지 확신이 서지 않는다. 그리고 때로는 그게 정말 나를 두렵게 한다.

다행스럽게도 예수님은 니고데모와의 대화를 통해 바리새인 같은 우리에게 희망을 주신다. 니고데모는 그 자신이 바리새인이자 명망 있는 산헤드린의 일원이었다. 그는 예수님께 질문이 많았고 약간 회의적으로 보였지만 예수님은 니고데모에게 확신을 주셨다. 처음부터 다시 시작할 용의가 있다면, 어떤 것을 기꺼이 놓아 버리고 조금 다르게 생각할 용의가 있다면 이 새로운 나라를 직접 경험할 수 있다고 하셨다. 예수님은 그에게 말씀하셨다. "내가 진정으로 진정으로 너에게 말한다. 누구든지 다시 나지 않으면, 하나님 나라를 볼 수 없다"(요한복음 3:3). (이 말씀이 적힌 범퍼 스티커는 단돈 1달러에 살 수 있다.)

인도에서 나는 배웠다. 힌두교도에게 환생의 목표는 더 고귀한 환경으로 다시 태어나는 것임을. 또한 인도에서 나는 배웠다. 하나님 나라에서의 목표는 더 겸손한 자로 다시 태어나는 것임을.

14장

복음전도자 마크

항상 그러하듯 마크는 똑딱거리는 시계 소리처럼 손가락을 천천히, 박자감 있게 튕기면서 강의를 시작했다.

똑. 똑. 똑.

그는 아무 말도 하지 않고 손가락만 튕겼다.

똑. 똑. 똑.

날카롭고 시끄러운 똑딱 소리가 예배당 벽에 부딪혀 울려 퍼졌다. 그곳에는 수백 명의 고등학생들이 마크의 연설을 초조하게 기다리고 있었다.

똑. 똑. 똑.

마침내 그가 멈추더니 예배당을 진지하게 둘러보고서 이렇게 질문했다. "여러분은 1초에 7명이 죽는다는 사실을 알고 있었나요?"

똑. 똑. 똑.

"지금 막 21명이 죽어서 영원한 세계로 갔다는 뜻입니다."

똑. 똑. 똑.

"오늘 밤 여러분이 베개에 머리를 누일 때면, 60만 명의 사람들이 지구를 떠나 전능하신 하나님의 보좌 앞에 서게 될 것입니다."

똑. 똑. 똑.

"그 사람들 중에 얼마나 많은 사람이 지옥에 갈까요?"

똑. 똑. 똑.

"더 중요한 건 이거예요. **여러분은 이걸 신경 쓰나요?**"

똑.

2미터가 넘는 키에 건장한 체구, 전직 대학 농구 선수 출신인 마크는 기독 대학생들과 교회 청소년부에 이런 질문을 던지며 전국을 순회했다. 그는 확신에 차서, 마치 망치를 땅땅 두드리듯 문장마다 구두점을 찍으며 매혹적으로 강렬하게 연설했다. 그는 전도자로서의 삶에 대해 이야기를 나누었고, 자신이 어떻게 공원과 스포츠 행사장에서, 공항과 기내에서, 쇼핑몰과 술집에서 낯선 사람에게 그리고 식당 직원과 판매원에게, 우편 배달부와 보행자에게 복음을 증거했는지 설명했다. 그는 TBN 기독교 방송에서 커크 캐머런에 의해 유명해진 '주님의 길' 전도법을 가르쳤다. 그 전도법은 이렇다. 전도자가 공공장소에서 어떤 사람에게 다가가 십계명을 모두 지키는지 묻는다. 그가 십계명에서 단 하나라도 어겼다고 시인하면, 복음전도자는 죄가 어떻게 하나님과 우리 사이를 갈라놓았는지 설명하는 것으로 서두를 연다. 그리고 그분과의 관계를 회복하는 유일한 길은 예수님을 구주로 영접하는 것이라고 말한다. 그렇게 하지 않으면 지옥으로 가는 편도 티켓을 얻게 된다고.

"여러분 중 몇 명이나 지난 24시간 동안 누군가에게 복음을 증거했나요?" 마크가 물었다. "손 들어 보세요."

한두 명이(나는 그들이 거짓말을 한다고 의심했지만) 손을 들자 강당 전체에 확연하게 어색한 분위기가 감돌았다.

그들이 거짓말을 한다고 의심한 이유는, 마크의 연설을 처음 들었을 때 나도 거짓말을 좀 했기 때문이다. 당시 고등학생이던 나는 그 몇 주 전에 생물 수업 실험실 짝꿍에게 복음을 전했다. 나는 우리 청소년부에서 아무도 그처럼 용감한 일을 하지 않았을 거라 생각했기에 적극적으로 손을 들었다. 물론 엄밀히 말해 지난 24시간 안에 하지는 않았지만 말이다. 나는 마크가 나를 인정하는 것 같은 눈빛에 흠뻑 젖어 들었다. 하지만 그가 눈길을 돌리자 쓰라린 죄책감이 밀려왔다. 나는 막 십계명 중 하나를 어긴 것이다.

이번에는 손을 들지 않았다. 이제 나는 강당 이층 발코니석에 앉아 있는, 굳이 자신을 증명해야 할 필요가 없는 청년이었다.

"이건 옳지 않아요." 마크는 학생들의 변변찮은 반응을 살피며 말했다. "진짜 옳지 않다고요."

"뭐 하나 물어볼게요." 그가 말을 이었다. "여러분 중에 지옥이 진짜 존재한다고 믿는 사람이 얼마나 될까요?"

강당에 있던 몇몇 사람이 중얼거리듯 "아멘"이라고 했다.

"여러분이 지옥이 실제로 존재다고 믿는다면, 그럼 여러분이 해야 할 질문은 어떻게 자신의 믿음을 **나눌 수** 있을까가 아니라, 어떻게 자신의 믿음을 **나누지 않을 수** 있을까겠죠." 마크가 말했다. "여러분 자신에게 던져야 할 가장 중요한 질문 두 가지는 이거예요. 하나, 당신은 죽으면 어디로 가는지 아는가? 둘, 누구를 데리고 갈 것인가? 일단 여러분은 죽으면 되돌아올 수 없습니다. 천국에 있든지 지옥에 있든지, 한 군데죠. 그리고 거기에 영원 영원 영원히 있을 겁니다. 거듭난 여러분은 그곳에 누구와 함께 갈 것인지 질문해야 합니다. 여러분의 호주머니에 여분의 천국행 티켓이 들어 있어요. 지금 그 티켓을 전해 주어야만 합니다. 죽은 다음에 티켓을 현금으로 바꿀 수는 없으니까요."

이어서 마크는 임사 체험을 한 사람들의, 불이 나오고 통곡하는 장면이 나오는 일화를 몇 가지 소개했다. 그는 거듭난 기독교인들은 행복한 임사 체험을 하지만 그 밖의 사람들은 불길한 임사 체험을 하는 것처럼 얘기했다. (나는 바바라 월터스의 프로그램을 많이 봐서 이게 사실이 아니라는 것을 알고 있었다.) 그런 다음 진화론을 믿는 사람들을 전도할 몇 가지 지침을 주었는데, 그는 진화론을 "뒷받침하는 증거가 전혀 없다"고 설명했다. (나는 디스커버리 채널을 하도 많이 봐서 이것도 사실이 아니라는 것을 알고 있었다.)

"하나만 물어보겠습니다." 시계바늘이 11시 50분을 가리키려 할 때 마크가 말했다. "여러분 중에 살아 있어서 행복한 사람이 얼마나 되나요?"

이게 일종의 시험인 줄 감지한 학생들의 박수 소리가 잦아

들었다.

"죽는 것보단 낫겠죠, 안 그래요?"

강당은 다시 조용해졌다.

"여러분, 사도 바울은 이렇게 말했습니다. '나에게는, 사는 것이 그리스도이시니 죽는 것도 유익합니다.' 여러분을 위한 소식이 있습니다. 삶이 죽음을 이깁니다. 예수님과 함께하는 것이 여러분의 꿈이라면, 삶이 죽음을 이겨요. 문제는 여러분이 삶의 하찮고 무의미한 것들에 정신이 팔려서 영원에 대해서는 신경을 쓰지 않는다는 것입니다. 여러분은 숙제와 야구와 파티에 정신이 팔려서 그리스도를 증거하는 일은 안중에 없어요."

"1초마다 7명이 죽습니다."

똑. 똑. 똑.

"다음 차례는 여러분일까요?"

똑. 똑. 똑.

"아니면 여러분의 이웃일까요?"

똑. 똑. 똑.

"오늘 누가 하나님 편에 서겠습니까?"

똑. 똑. 똑.

"그리고 누가 하나님을 실망시킬까요?"

똑.

15장

심판의 날

해가 점점 짧아지고 언덕이 형형색색으로 물드는 시월이 되면, 테네시주 동부 지역의 대화 내용은 두 가지를 벗어나지 않는다. 미식축구와 영혼 구원. 지역 사회가 도시 관광객을 끌어들이기 위해 옥수수밭 미로를 개장하고 블루그래스 음악 축제를 여는 동안, 데이턴과 인근 마을의 교회들은 연간 행사인 '심판의 날' 집을 준비한다. 비밀의 문과 가짜 피, 거울 복도 같은 것으로 십 대들을 겁주어 서로의 팔을 움켜잡도록 고안된 일반적인 유령의 집과 달리, '심판의 날' 집은 더 고차원적인 목적을 위해 설계된다. 사람들을 겁주어 구원을 받게 하려는 것이다.

심판의 날 위원회는 몇 달에 걸쳐 이런 이벤트를 계획한다. 교회 바깥에는 그날까지 며칠이나 남았는지 알리는 표시판이 붙는다. "심판의 날까지 10일: 당신은 준비되었는가?" 저마다 독특한 특징을 보여 주는 개막일이 가까워 옴에 따라, 교회 건물

내부는 천국과 지옥 드라마를 걸어 다니면서 볼 수 있는 정교한 무대로 탈바꿈한다. 천국은 일반적으로 본당에 설치되는데, 천장에 매달린 크리스마스 조명은 별을 나타내고 회중석에 드리워진 흰색 천은 구름을 나타낸다. 지옥은 대개 지하실에 자리 잡고, 식당으로 이어지는 어둡고 좁은 통로에는 두꺼운 도화지로 만든 빨간색과 오렌지색의 불꽃 모양이 줄지어 늘어선다.

해마다 심판의 날 집을 순례하는 것은 나로서는 모교 방문 행사나 졸업 파티만큼이나 고등학교 시절 중요한 경험이었다. 핼러윈을 앞둔 일요일, 친구들과 나는 근처 교회에 모인 수백 명의 학교 애들과 만났다. 거기서는 매년 조금씩 다르긴 하지만 본질적으로는 똑같은 3막짜리 연극이 펼쳐졌다.

1막은 본당에서 진행되는데, 본당은 나중에 우리가 지옥에 가 있는 동안 천국으로 바뀔 것이다. 조명이 어두워지고 집중 조명이 무대 한쪽 구석을 비추면, 네 명의 배우(보통 청소년부 아이들)가 '졸업 파티에서 돌아오는 길'이라는 오래된 촌극을 하기 위해 문 없는 차에 타서 앉아 있는 모습이 보인다.

운전사(파티광)는 마약을 하고 여자 친구와 섹스를 하겠다는 계획을 친구들에게 알린다. 그의 여자 친구(골빈당)는 낄낄대며 아주 훌륭한 생각이라고 맞장구친다. 뒷자리에 앉은 남자아이(범생이)는 자신은 의로운 행위로 천국에 갈 작정이라서 섹스와 마약에 빠질 수 없다며 반대한다. 그의 여자 친구(거듭난 기독교인)는 그 말에 동의하긴 하지만, 예수 그리스도를 개인의 주님과 구세주로 받아들이면 선행을 하는 것과 상관없이 영생을 얻게 될 거라고 설명한다. 안타깝게도 그녀가 친구들을 '로마서의 길'로 인도하기 전에, 자동차가 충돌하는 굉음이 들리고 갑자기 조명이 꺼진다. 우리는 자리에서 긴장한 채 바스대며 다음 장면을 기다린다.

이어서 조명은 네 명의 십대 아이들의 관(지역의 장의사가 관대하게 기부한)을 비춘다. 친구들과 가족들이 그 주위를 둘러싸고 있다. 사람들은 인생이 얼마나 쉽게 깨어질 수 있는지, 졸업 파티 날 밤에 어떻게 그처럼 끔찍한 일이 벌어질 수 있는지 당황해하며 한동안 이야기를 나눈다. 조명이 다시 꺼지고, 형체가 보이지 않는 목소리가 우리에게 아래층으로 내려가 2막을 보라고 지시한다.

우리는 조용히 본당을 떠나서 근엄한 표정을 한 집사님을 따라 지하실로 향한다. 교회는 매년 시월에 막대한 난방비를 지출하는데, 지옥을 실감나게 표현하기 위해 지하실 전체를 빠짐없이 뜨겁게 만들어야 하기 때문이다. 집사님은 우리에게 검은색 바지와 검은색 터틀넥 윗도리를 입고 검은색 중절모를 쓴 죽음의 사자(지역의 치과의사)를 소개한다. 죽음의 사자는 말없이 우리를 어두운 복도로 이끈다. 점멸하는 섬광등 때문에 모든 것이 느린 동작으로 보인다. 청소년부 아이들은 스키용 마스크를 쓰고 주일학교 교실 문 뒤에 숨어서 기다리고 있다가 우리를 놀래키려 뛰어 나오면서 "사탄의 군대가 여러분을 환영합니다!"라고 소리친다. 비명 소리, 음산한 오르간 소리, 광적인 웃음소리로 채워진 핼러윈 음향 효과가 배경 음악으로 깔린다.

어쨌든 우리 모두는 엄청나게 더운 친교실로 밀려 들어간다. 전등을 감싼 빨간 필터로 인해 불빛은 용암이 흘러나오는 것처럼 온통 빨갛다. 중앙에 높은 연단이 있는데, 거기서 우리는 1막에 등장한 네 명의 청소년 중 세 명을 만난다. 파티광, 골빈당, 범생이. 살면서 많은 선행을 한 범생이는 자기가 그곳에 있는 걸 알고는 당연히 충격을 받는다. 한 무리의 악마들이 세 아이를 둘러싸고 조롱한다. 그러더니 그중 하나가 자기 손가락으로 방 뒤쪽을 가리키면서 극적으로 말한다. "보라! 어둠의 왕자가 오신다!" 사탄(보통은 교회 청년 리더)이 당당하게 입장한다. 줄무늬 정장에 가죽장갑, 검은색 트렌치코트를 입은 그는 화려한 지팡이(지역의 골동품 수집가가 관대하게 기부한)로 악령들과 청중들을 찌르며 연단 쪽으로 미끄러지듯 나아간다.

"제발!" 골 빈 친구가 다가오면서 외친다. "우리를 여기서 내보내 줘!"

"난 할 수 없어." 사탄이 사악한 목소리로 말한다. "너는 이미 선택을 했잖아."

사탄은 무대 위의 세 명과 합류한다.

"하지만 내가 하나님의 이름으로 행한 모든 의로운 일은 어떻게 되는 건데?" 범생이가 묻는다. "그건 하나도 중요하지 않나?"

사탄이 발작적으로 웃는다. 그는 관객들을 주의 깊게 쳐다보면서 말한다. "그게 내가 가장 좋아하는 속임수 중 하나지. 선행으로 구원받을 수 있다고 확신하게 만드는 것."

"그렇다면 내가 어떻게 해야 구원받을 수 있는 건데?" 범생이가 묻는다.

"이미 너무 늦었어." 그리고 나서 사탄은 자기 무리에게 세 명을 데려다가 불 못(식당 한구석에 커튼을 쳐 놓은 인형극 무대)에 던지라고 명령한다. 사탄의 무리는 십대 아이들을 손만 보일 때까지 화염 속으로 밀어 넣고, 아이들은 관객을 향해 절망적으로 손을 뻗친다. 악마들은 춤을 추며 아이들의 죽음을 축하한다. 꽤 극적이다.

그때 죽음의 사자는 숨죽인 군중을 다시 위층, 3막이 시작될 본당으로 이끌고 들어간다. 점멸하는 섬광등과 불쾌한 음향 효과 속에 30도의 뜨거운 지옥을 경험한 뒤 서늘한 공기를 훅 들이켜니, 환영받는 것 같고 안도감이 든다. 본당 안에 하얀색 천을 두른 자원봉사자들이 커다란 원형으로 우리를 줄 세우는 동안 찬양 소리가 배경 음악으로 흘러나온다. 본당 안의 거의 모든 것이 하얀 천으로 뒤덮여 있다. 회중석, 성찬대, 세례대, 심지어 강대상까지. 황금길을 상징하는 두꺼운 노란색 도화지가 통로를 따라 길게 쭉 놓여 있는데 그게 자꾸 우리 신발 바닥에 달라붙어서, 우리가 도착하기 전에 힘들게 깔아놓은 천사들이 스트레스를 받는 것 같다. 촛대(지역 결혼식 용품점에서 후하게 기증한)로 장식한 무대에 거듭난 기독교인이 예수님과 함께 서 있는 모습이 보인다. 한눈에 예수님을 알아볼 수 있는 것은 그가 그 밤에 가장 전문적인 복장, 즉 소매에 종 모양 장식이 달리고 어깨에 진홍색 천이 부착된 하얀 가운을 입고 있기 때문이다. 또한 매년 같은 집사님이 예수님 역할을 맡기 때문이다. 그것은 아마도 그 집사님이 아주 매력적인 파란 눈을 갖고 있어서일 것이다.

예수님은 생명책을 뜻하는 커다란 사전을 들고 있다. 그가 거듭난 기독교인의 이름을 찾는데, 아니나 다를까, 있다.

"잘하였다, 착하고 충성스러운 종아." 예수님은 모든 사람이 들을 수 있을 정도로 크게 말한다. "천국에 온 걸 환영한다."

음악 소리가 더 크게 들리고, 예수님은 줄을 따라 움직이면서 우리 한 사람 한 사람의 등을 토닥이며 "잘하였다, 착하고 충성스러운 종아"라고 말한다. 예수님의 입에서는 박하사탕 냄새가 풍긴다. 이때 아이들을 데려온 보호자들이 울기 시작한다. 우리는 모두 조금 당황스럽고 어색하다. 방이 너무 춥게 느껴지기 시작하고, 친구들과 나는 피곤한 다리를 배배 틀다 보니 황금 길에 작은 구멍들이 생긴다. 이 부분은 항상 지나치게 오래 끄는 것 같다. 한번은 '진짜로 이렇게 떨면서 아발론의 찬양을 들으며 달콤한 미래를 보내고 싶은 건가?' 하고 궁금했던 적이 있다.

마지막으로 목사님이 나와서 구원 계획을 제시하고 예수님께 자기 삶을 드릴 사람은 앞으로 나오라고 부른다.

"성경은 하나님이 여러분을 지옥에 보내지 않고 구원하기 원하신다고 말합니다." 목사님은 이렇게 발언을 마무리한다. "예수님을 구주로 믿기만 하면 천국에 갈 수 있습니다. 아주 간단합니다."

보통 수백 명의 아이들이 심판의 날 행사를 통해 자기 삶을 예수님께 드리겠다고 헌신(혹은 재헌신 혹은 '재'재헌신)했다. 그들

중 대다수는 나와 내 친구들이 "심판의 날 기독교인"이라고 부르는 새신자가 되었다. 그들은 일주일 정도 충실하게 섹스와 술을 절제했지만, 안타깝게도 결국 행동이나 인생관의 큰 변화 없이 이전의 생활 방식으로 되돌아갔다. 그들을 탓할 수는 없다. 아무튼 목사님은 많은 노력을 기울여 선행은 아무짝에도 중요하지 않으며 예수님처럼 살기로 선택하는 것은 부가적인 공로로 인정받을 수 있는 일이지만 결국 구원에는 별로 중요하지 않다는 것을 모든 사람에게 상기시켰으니 말이다. 예수님처럼 사는 것은 중요하지만 구원의 능력은 없었다.

내가 아는 대부분의 기독교인들은 어떤 식으로든 '심판의 날' 체험을 했다. 여름 수련회 촌극이나 여름 성경학교의 인형극이었을 수도 있고, 학교 채플 시간이나 길모퉁이에서 마크 같은 사람과 극적으로 마주친 일이었을 수도 있다. 하지만 교회에서 자라면 이런 행사들의 영향력은 시간이 지남에 따라 사라지기 쉽다. 영생을 예약했다는 떨림은 차츰 사라지고, 기독교인이 된다는 것이 일상에서 어떤 의미인지 헷갈리기 시작한다. 제자 훈련을 받고 성경 공부를 하고 전도를 하면서 "한 걸음씩 삶으로 실천"하려고 했던 우리마저도 때때로 기독교에 싫증이 났다. 어떤 때는 우리가 하는 모든 것이 그저 시간 낭비인 것 같았다.

* * *

내가 주일학교에서 천국에 대해 맨 처음 배운 바는 롤러스케이트를 타고는 천국에 갈 수 없다는 것이었다. 그런 미친 짓을 하고는 천국 문 옆으로 데굴데굴 굴러갈 거라고 노래를 불렀다. 리무진, 자동차, 배도 안 된다. 알려졌다시피 천국에 들어가는 유일한 길은 예수님뿐이기 때문이다.

어린 내게는 아주 간단해 보였다. 예수님은 일상생활의 한 부분이었다. 우리는 점심과 저녁 그리고 잠자기 전에 예수님과 이야기를 나누었다. 주일학교에서는 그분에 관한 노래를 불렀다. 예수님이 구유에서 태어나시는 만화를 보았고, 죽은 자 가운데서 살아나시는 그림에 색칠을 하며 자랐다. 예수님을 믿지 않는다고 생각해 본 적이 없었다. 그것은 에이브러햄 링컨이나 중력을 믿지 않는 것과 같았으니까. 죽음을 인식할 수 있을 만큼 나이가 들었을 때는 내가 얻은 구원이 영원히 유지될 것을 확신했다. 나는 예수님이 나에게 천국행 티켓을 주셨음을 알았고 그래서 언젠가는 현금으로 바꿀 작정이었다. 아만다와 내가 가운데 이름이 아만다 '조이', 레이첼 '그레이스'라는 사실을 알게 되었을 때, 엄마는 우리를 간지럽히면서 "천국은 놀라운 곳, 기쁨(joy)과 은혜(grace)가 넘친다네"라고 노래하며 놀리곤 하셨다. 천국은 참으로 멋진 곳처럼 들렸고, 거기서는 좌우를 살피지 않고도 안심하고 황금 길을 거닐 수 있을 거라고 상상했다. 또한 그곳에는 우는 사람도, 아프거나 피부가 안 좋은 사람도 없을 거라고 상상했다.

교회에서 자란 많은 아이들이 그렇듯, 지옥에 대해서 배우기 전까지 나는 구원에 대해 별 관심이 없었다. 지옥에 대해서 맨 처음 배운 바는 지옥은 끔찍한 곳이라는 것이었다. 둘째로 배운 바는 많은 사람이 자기가 거기에 있다는 사실을 알고는 깜짝 놀랄 거라는 것이었다. 여섯 살 무렵의 어느 수요일 밤에 나는 이 모든 것을 우연히 알게 되었다. 다른 아이들은 모두 어와나 모임에 가 있었지만, 나는 배가 아파서 '큰 교회'라고 부르는 구역 모임에 부모님과 함께 참석했다. 나는 엄마의 다리를 베고 누워서 목사님의 말씀을 들었다. 목사님은 예수님을 믿어 구원받는다는 사실을 분명히 아는 게 얼마나 중요한지 설명했다. 그렇지 않으면 하나님과 분리되어 불과 고통과 절망이 있는 지옥에서 영원한 시간을 보내게 될 거라고 했다. 목사님은 우리 모두가 죄인이기 때문에 지옥에 가는 게 마땅하다고 말했다. 하지만 예수님이 십자가에서 죽으심으로 말미암아 어쨌든 우리는 천국에 갈 수 있게 되었다고 했다. 우리는 예수님이 죽으셔서 우리 죄를 속하셨다고 받아들이기만 하면 되는 것이었다.

어른들이 큰 교회에서 이런 일급비밀 정보를 논하는 동안 아이들은 사과 주스와 동물 크래커 간식을 행복하게 먹었다! 나는 내가 죄인인 것을 알았고, 예수님이 십자가에서 죽으심으로 나를 죄에서 구원하셨다는 것을 알았다. 그러나 내 죄에서 구원받았다는 것이 지옥이라고 하는 곳에서 건짐받았다는 의미인 줄은 몰랐다. 순간, 단순히 색칠공부 책에 예수님을 색칠하는 것만으로는 충분하지 않다는 생각이 들었다. 내가 이 내용을 제대로 이해하고 있는지 확실히 알아야 했다. 내 천국행 티켓이 유효한지 확인해야 했다. 죽어서 절대 지옥에 가고 싶지 않았다.

우리는 성서교회(Bible church)를 다녔기에 침례교인들처럼

'콜링'이 없었다. 하지만 콜링이 있었다 해도 나는 앞으로 나가지 못했을 것이다. '지옥'이라니. 마치 더러운 단어를 배운 것만 같아서 당황스러웠다. 나는 지옥을 바닥이 끈적끈적한 길고 뜨거운 어둠의 터널로 상상했다. 사람들이 끊임없이 흐느끼는 곳, 담배를 피우며 주님의 이름을 망령되이 부르는 음험한 낯선 사람들이 아이들에게 마약을 건네는 그런 곳.

나는 그날 밤늦게까지 자지 않고 기다렸다. 부모님이 내 방에 들어오셔서 같이 기도하고 내 행동 방침을 정해 주시길 바랐다. 나는 부모님께 지옥에 가고 싶지 않다고, 내가 기독교인인지 확인하고 싶다고 말했다. 부모님은 걱정하지 말라 하셨고 잠깐 동안 예수님에 대해 얘기해 주셨다. 나는 하나님께 예수님의 용서를 받아들인다고 말씀드렸고 기도 끝부분에 "천국에 갈 수 있게 해 주셔서 감사합니다"라고 확인 도장을 찍었다. 내가 보기에 딱히 변한 것 같지는 않았지만, 이때가 내가 회심한 순간이었던 것 같다. 나는 이전만큼 예수님을 사랑하지 않았고, 예수님도 나를 항상 사랑하셨을까 하는 의심이 들었다. 하지만 영생처럼 중요한 사항과 관련해서 해야 할 것을 다 했다고 생각하니 기분이 한결 나아졌다.

열 살 때 나는 회심 과정에 대해 잘 알고 있었다. 주일학교 선생님이 나와 내 친구들에게 머리를 숙이고 눈을 감으라고 했을 때 나는 영혼이 예수님께로 인도되리라는 것을 알았다. 내가 안전한 내 방에서 예수님을 이미 마음에 영접해서 다행이다 싶었다. 왜냐하면 다른 아이들은 나머지 아이들이 쳐다보지 않는 척하는 동안 손을 들어야 했으니 말이다. 나는 누가 나와 함께 천국에 합류할지 매번 손가락 사이로 엿보았다. 아무도 손을 들지 않았을 때조차 어와나 모임 리더였던 앤드루 선생님은 "잘했어요, 감사합니다"라고 말한다는 걸 알게 되었다.

어떤 친구들은 나만큼 자신감이 없었다. 그래서 여름 성경학교 동안 몇 번이나 헌신 기도를 했다. 새미 마틴은 딱하게도 해마다 예수님께 자기 삶을 드리겠다고 했다. 나는 그 아이가 너무나 불쌍했다. 구원을 잃어버릴까 봐 두려워할 필요가 없는데도 그랬으니 말이다. 일단 이름이 생명책에 기록되면, 사탄이 거대한 지우개를 들고 와서 그 이름을 지워 버릴 수는 없다. 우리는 "한 번 구원은 영원한 구원"이라고 즐겨 말했다. 하지만 새미는 구원받지 못할까 봐 끊임없이 두려워하며 살아가는 그런 아이였다. 그래서 매년 성경학교에서 소박한 작은 예배당 앞으로 걸어 나가 예수님께 자기 자신을 드린다고 재헌신했고, 나머지 아이들은 눈을 감고 있는 척했다.

* * *

기독교인들은 수 세기 동안 내세에 집착해 왔다. 보슈(15세기 네덜란드의 화가—옮긴이)의 삼부작 그림에서 볼 수 있는 기묘하고 바글대는 풍경에서부터 미켈란젤로가 그린 눈부시게 아름다운 빛과 육체와 하늘의 색조에 이르기까지, 예술가들은 일반인이 상상한 사후 세계의 공포와 화려함을 포착하기 위해 오랜 세월 노력해 왔다. 단테는 저주받은 자들이 지은 죄에 따라 고문을 받는 지옥의 아홉 개 층과, 치명적인 일곱 가지 죄에 상응하는 일곱 개의 테라스가 있는 '연옥의 산', 그리고 천국의 아홉 개의 천구를 상상해 냈다. 오늘날에는 눈부신 빛과 아름다운 음악, 지옥불과 유황 냄새 등을 직접 맛본 임사 체험을 묘사하는 책들이 베스트셀러 목록에 올라 있다. 하나님의 보좌 앞에서 영원히 예배하는 소망을 노래한 머시미 밴드의 히트곡 '난 상상할 수 있을 뿐이에요'는 2003년에 가장 인기 있는 신청곡 중 하나였다. 기독교에 대한 나의 의심은 천국과 지옥에 대한 상반된 감정을 중심으로 하나님의 선하심과 진노를 조화시키려고 애쓰면서 진행되었다.

늘 이랬던 것은 아니다. 사실 유대인 성경의 필자들에게 사후 세계에 관한 세부 사항은 모호했다. 솔로몬은 말했다. "살아 있는 사람은, 자기가 죽을 것을 안다. 그러나 죽은 사람은 아무것도 모른다. 죽은 사람에게는 더 이상의 보상이 없다. 사람들은 죽은 이들을 오래 기억하지 않는다"(전도서 9:5). 욥은 "그곳은 악한 사람들도 더 이상 소란을 피우지 못하고, 삶에 지친 사람들도 쉴 수 있는 곳"(욥기 3:17)임을 알았을 뿐이다. 그는 나중에 이렇게 물었다. "장정이라도 죽으면 어찌 다시 살리이까"(욥기 14:14). 다윗은 하나님이 그를 스올의 권세에서 구속하실 것이라고 주장했지만, 신실함에 대한 보상으로 저택이나 진주 문, 수정 바다를 약속받지는 않았다. 이스라엘 백성에게 종교의 본질은 단순히 내세를 준비하는 게 아니라 이생에서 하나님을 충만하게 경험하는 것이었다.

가끔 상상해 본다. 오직 이생에서만 하나님을 경험할 수 있다고 생각하며 자랐다면 내 삶은 어떠했을까? 단순하고 일상적인 것들에서 그분을 좀 더 가까이 들여다보았을까? 더 많은 질문을 하고 더 열심히 답을 찾았을까? 경이감과 '카르페 디엠'에 사로잡혔을까? 좀 더 신중하게 살았을까? 좀 더 무모하게 사랑했을까? 가끔은 이런 이유 때문에 성경에서 셋, 므두셀라, 야렛이 8백 살 넘게 살았다고 말한 게 아닌가 싶다. 그들은 단지 하나님과 더 많은 시간을 보내고 싶었는지도 모른다.

예수님이 오셨을 당시 대부분의 유대인들은 부활이라는 개념을 받아들였다. 이로써 그들은 육체가 없는 영혼이 둥둥 떠돌아다니는 게 아니라 물질적인 몸의 부활을 상상했다. 대부분은 하나님의 백성이 미래에 공의와 평화의 나라에서 부활할 것을 기대했다. 예수님은 이런 시각을 바꾸기 위해 많은 말을 하지는 않으셨다. 하지만 그분의 부활은 모든 사람이 미래에 몸으로 부활할 것을 보여 주는 강력하고도 분명한 사례이며, 사도 바울이 "잠자는 자들의 첫 열매"(고린도전서 15:20)라고 묘사한 일대 사건이었다. 다른 말로 하면, 예수님은 장차 올 일을 위한 무대를 마련하신 것이다.

결과적으로 초대 교회는 사람의 영혼이 죽은 직후에 어떤 상태에 있는지에 집중하지 않고 오히려 여기 이 땅에 새로운 하나님 나라를 준비하는 데 초점을 맞추었다. 예수님이 구현하시고 말씀하셨으며 어떻게 세워야 할지 몸소 보여 주신 나라, 하나님의 백성이 언젠가 부활할 나라, 물질 세계와 영적 세계 사이에

놓인 막이 증발하여 모든 간격을 '얇은 공간'으로 만들어 버리는 나라. 이 나라를 위한 씨앗이 이미 가난한 자들, 화평케 하는 자들, 자비로운 자들, 온유한 자들 가운데 심겼다. 어느 날 예수님이 다시 오셔서 그 씨앗이 열매 맺게 하실 것이다.

영국 성공회의 더럼 주교인 톰 라이트는 이 주제에 대해 폭넓은 저술을 남겼다. 그의 책들은 내가 천국에 대해 다시 생각할 수 있도록 도움을 주었다. 『마침내 드러난 하나님 나라』에서 그는 이렇게 말한다. "예수님의 설교에 등장하는 하나님 나라는 사후의 운명이나 이 세상을 벗어나 다른 세상으로 가는 것을 말하는 게 아니라 하나님의 주권적 통치가 '하늘에서와 같이 땅에서도' 임하는 것을 뜻한다.…… 성경에서 말하는 하늘은 미래의 운명이 아니라 우리 일상의 숨겨진 다른 차원, 말하자면 하나님의 차원인 것이다. 하늘과 땅을 만드신 하나님은 마지막 날에 이 둘을 재창조하시고 영원히 하나가 되게 하실 것이다."[12]

라이트에 따르면, 초대 교회 구성원들은 궁극의 목적을 알았다. 그 목적은 그들이 죽어서 몸을 뒤에 남겨두고 하늘에서 유령처럼 영원히 떠다니는 게 아니라, 새로운 나라를 구현하고 바라며 그 나라를 위해 일하는 것이다. 사도 바울은 동료 그리스도인들에게 "몸을 떠나 있는 것"이 "주님과 함께 있는 것"이라고 장담하기는 했지만, 죽음과 부활 사이에 사람에게 일어나는 일은 어느 정도 신비로 남아 있다.

라이트로 인해 나는 혹시 내가 요점을 놓친 것은 아닌가 생각하게 되었다. 그리스도인이 된다는 것은 어쩌면 언젠가 천국을 경험하는 것이 아니라 날마다 천국을 경험하는 것일지도 모른다. 어쩌면 나는 구약 성경의 성도들이 지켜야 할 가치가 있다고 생각했던 것을 조금이나마 맛볼 수 있을지도 모른다.

* * *

나는 죄에서 구원받는 것이 지옥에서 구원받는 것이라고 생각했었다. "마지막 날까지 열지 마시오"라는 꼬리표가 붙어 있는 선물처럼, 구원은 죽은 뒤에 시작되는 것이었다. '구원받는다'는 것은 지옥의 진노를 피하기 위해 그리스도의 신성과 대속 신학을 지적으로 수용하는 것을 의미했다. 구원은 한 번 일어난 일이지만 영원히 적용되는 사건이었다. 한 번 구원은 영원한 구원이었다.

이런 관점에서 보자면, 예수님은 나의 안전을 영원히 보장받는 수단, '신의 기계적 출현'의 신학적 변용에 불과했다. 주일학교 선생님이 하시던 말씀처럼, "예수님은 죽기 위해 태어나셨다." 전체 요점은 예수님이 나를 대신하여 희생 제물이 되셨다는 말이었다. 구유와 십자가 사이에 일어난 모든 일은 흥미롭긴 하지만 꼭 필요하지는 않았다. 구원에 도움이 되는 고유의 가치가 없었다. 예수님은 천국행 티켓을 건네주고서 혼자 타도록 나를 내버려 둔 차장과 같았다.

이런 점 때문에 사람들이 내게 늘 이런 질문을 던지는 것 같다. "만약 기독교인이 아닌 사람도 구원받을 수 있다면, 예수님이 무슨 의미가 있어? 그분은 왜 십자가에 달렸고, 왜 우리는 복음을 전하려고 애써야 하지?" 그들은 복음이 사람들을 지옥에서 구원할 때만 중요하다고 생각한다. 그들은 단순히 내세를 바꾸는 게 예수님의 목적이었다고 생각한다.

락스미는 종교 다원주의에 대한 입장과 관계없이 복음이 왜 중요한지를 보여 주는 좋은 사례다. 락스미가 예수님을 따르는 사람들이 보여 준 친절과 긍휼을 통해 예수 그리스도를 만났을 때, 그녀의 영원한 운명만 변한 게 아니었다. 그녀의 인생 전체가 새롭게 바뀌었다. 그녀는 하나님과의 관계를 발견했고, 공동체를 발견했으며, 희망과 평화를 발견했다. 락스미가 예수님을 만났을 때, 그녀는 죄의 영원한 결과뿐만 아니라 일상에 나타난 죄의 결과—카스트 제도, 가난, 절망, 분노, 피해, 걱정, 두려움—에서도 구원받았다. 내가 하나님이 심판하실 때 자비를 베푸실 거라고 생각한다 해서 복음이 무의미하다고 생각하는 것은 아니다. 나는 복음이 세상에서 가장 중요한 것이라고 믿는다! 무슨 일이 있어도 다른 이들과 나누어야 한다.

예수님은 지옥에서 구원받는 것 이상의 것을 주려고 오셨다. 나는 급진적인 랍비이신 예수님을 만나고 그분의 가르침에 비추어 내 삶을 재점검하면서 이 사실을 깨달았다. 내게 있는 것을 헤아리지 않고 아낌없이 준다면, 원한을 버리고 사랑으로 증오를 해체하는 법을 배운다면, 다른 사람을 단번에 판단하지 않는다면, 가난한 사람들을 돌보고 억압받는 사람들을 찾아다닌다면, 물질이 나를 행복하게 할 수 없음을 궁극적으로 믿는다면, 험담하고 남을 조종하려는 충동을 버린다면, 다른 사람들이 어떻게 생각하는지 걱정하지 않는다면, 무슨 수를 써서라도 보복하겠다는 마음을 버린다면, 죽기까지 용서할 수 있는 그릇이 된다면, 예수님이 사신 것처럼 살고 예수님이 사랑하신 것처럼 사랑한다면 어떠할까. 이런 상상을 할 때 내 마음에 떠오른 한 단어는 바로 **해방**이었다. 예수님을 따른다는 것은 나의 응어리진 마음, 걱정, 자기 의, 편견, 이기심, 물질주의, 잘못된 충성심에서 해방된다는 뜻일 것이다. 예수님을 따른다는 것은 나의 죄에서 구원받는다는 의미일 것이다.

내가 하고 싶은 말은 이것이다. 나는 예수님이 우리를 죄에서 구원하기 위해 죽으셨다고 여전히 믿으면서도 또한 예수님이 우리를 죄에서 구원하기 위해 사셨다고 생각하게 되었다. 사도 바울은 로마에 있는 교회에 보내는 편지에서 이것을 좀 더 웅변조로 표현했다. "우리가 하나님의 원수일 때에도 하나님의 아들의 죽으심으로 말미암아 하나님과 화해하게 되었다면, 화해한 우리가 하나님의 생명으로 구원을 얻으리라는 것은 더욱더 확실한 일입니다!"(로마서 5:10).

행여 이 말이 내가 행위에 근거한 구원을 믿는 것처럼 들린다면, 그건 내가 그렇게 믿기 때문이다. 해야 할 일 목록을 해냄으로써 하나님의 은혜를 얻을 수 있다고는 단 한 순간도 생각하지 않지만, 순종 안에 해방이 있다고 믿는다. 예수님처럼 살 때, 예수님의 가르침을 진지하게 받아들여 삶에 적용할 때 우리는 죄에서 자유를 경험하기 위해 죽는 날까지 기다릴 필요가 없다. 매일 믿음의 발걸음과 선행으로 우리 발을 얽매고 있는 죄의 사슬을 헐겁게 할 때 우리는 그 자유를 경험한다. 이건 어렵다. 그리고 나는 대부분 실패한다. 하지만 그 길을 따라 조금씩 띄엄띄엄 가 보았기에 그렇게 할 만한 가치가 있음을 잘 안다. 예수님은 그분의 멍에가 가벼울 것이라고 약속하신다. 대부분의 짐을 그분이 지실 것이기에.

슈퍼마켓 주차장에서 길거리 전도자가 나더러 구원받았냐고 물을 때, 나는 정말 뭐라고 답해야 할지 모르겠다.

"무엇에서 구원받는 건데요?" 나는 보통 이렇게 묻는다.

"당신의 죄에서 구원받는 거죠." 그는 말할 것이다.

"그렇다면, 예수님과 내가 그 일을 하고 있다고 말할 수밖에 없네요."

나는 언제나 전도지를 받아들고 주차장을 떠난다.

16장

모순덩어리 아델

나는 아델을 내 블로그에서 처음 만났다. 그녀는 '실존주의 펑크족'이라는 아이디를 사용했고 아주 현명한 댓글을 남겼다. 나는 링크를 따라 그녀의 사이트에 들어갔다. 그녀는 프로필에서 자신을 "의심하는 사람, 배반하는 사람, 여행하는 사람…… 하나님의 은혜와 아름다움으로 구속받은"이라고 묘사했다. 이 소개 글을 보고서 나는 우리가 몇 가지 공통점이 있을 거라고 확신했다. 그래서 아델과 나는 블로그 공간에서 우정을 나누었다.

나는 늘 게이 친구가 있었으면 했다. 하지만 인정하기 부끄럽게도 내가 원한 게이 친구는 패션에 관해 조언해 주고 내 무리에 다양성을 더해 줄 그런 친구였다. 내 생각이나 고정관념에 실제로 도전하는 친구가 아니라, 나를 세련되게 보이게 하고 열린 마음을 가진 사람처럼 보이게 해 줄 그런 게이 친구.

동료 작가이자 친구로서 아델은 내가 가진 어떤 가정들을 재검토해 보도록 내게 영감을 주었다. 이야기를 나눌수록 나는 예수님을 따르는 게이와 레즈비언으로 사는 게 어떤 삶인지 더 알게 되었다. 더 알게 될수록 내가 아는 게 없다고 느꼈다. 아는 게 없다고 느낄수록 나는 더 귀를 기울였다.

"사람들은 내가 모순덩어리라고 하더군요." 이메일에서 아델이 말했다. "그들은 게이가 되든지 기독교인이 되든지, 그 사이에서 선택해야만 한다고 말해요. 양쪽 모두가 될 수는 없대요."

아델은 신시내티주에 있는 온건한 신앙적인 가정에서 자랐고 가톨릭 사립학교에 다녔다. 어린 시절에도 그녀는 다른 여자아이들을 짝사랑했지만 학교에 적응하기 위해 그런 감정을 억눌렀다. 대학교 2학년 때, 보수적인 은사주의 교회에서 회심을 경험했다. 거듭남의 경험은 그녀를 버지니아 비치에 있는 기독교 대학원으로 이끌었는데 그곳에서 다른 여성과 육체적 관계에 빠졌다가 접었다가를 반복했다. 상담가들은 아델에게 그 관계는 성경 말씀을 어긴 것이니 끝내야만 한다고 말했다.

"동성애자를 멀리하기 위해 기도하기로 결심한 게 그때였죠." 그녀는 말한다. "나는 탈동성애 사역에 참여했어요. 거기서 나의 동성애 성향을 치료하고 이성과의 결혼이라는 이상을 달성하겠다는 목표를 갖게 되었죠. 수련회에 참가해서 성유와 성수를 받았어요. 산더미처럼 많은 책과 테이프를 샀고요. 금식하며 기도했어요. 고쳐 달라고 하나님께 간구했지만, 기적은 일어나지 않았어요. 실패자가 된 기분이었어요. 깊이 좌절했고 자살

하려고도 했죠. 실제로 두 번 자살 시도를 해서 한 달 이상 정신 병원에 들어가기도 했어요. 진짜로 자살하고 싶었던 건 아니에요. 그저 이런 끔찍한 삶을 살고 싶지 않았던 거죠. 가끔 나 자신이 너무나 역겹고 혐오가 끓어올라서 내 몸을 때리며 자해하기도 했어요. 그런데 아무리 애를 써도 변하지 않더라고요."

상담을 받으며 고군분투하던 아델은 엘에이로 이사했다. 그곳에서 그녀는 이중생활을 했다. 기독교인 친구들과 있을 때는 이성애자인 척하면서 한편으로는 동성애 관계를 비밀스럽게 이어갔다. 아델은 30대가 되어서야 비로소 자신의 성 정체성에 대해 하나님과 화해했다고 말한다. 그녀는 자신의 경험을 '퀴어머전트'(Queermergent)라는 블로그에 올린다.

"오랫동안 나는 하나님과 성경을 경멸했어요." 아델이 내게 말했다. "성경은 언제나 나를 증오와 혐오로 대하기 위한 구실로 사용되었죠."

나는 텔레비전에서 본 동성애 반대 집회의 피켓들이 생각났다. 피켓에는 이렇게 적혀 있었다. "회개하지 않으면 불지옥: 누가복음 13:3", "에이즈가 치료제다: 로마서 6:23", "하나님은 호모를 싫어하신다: 창세기 19장." 성경을 펴면 왜 아델 같은 이들이 움찔하게 되는지 알 수 있었다.

이따금 아델의 입장에 서 보고 싶을 때 나는 다른 우주를 상상한다. 기독교인들이 머리를 가리지 않은 여성이나 문신을 한 사람에게 다양한 성경 말씀을 뽑아서 저주를 퍼붓는 모습을. 9/11 테러는 험담하는 자들과 탐욕스러운 자들을 향한 하나님의 진노가 임한 결과라고 주장하는 텔레비전 설교자들을. 이혼한 사람들의 재혼을 불법으로 규정하는 헌법을 개정하기 위해 기금을 모으는 교회들을. 사람들이 "하나님은 탐식을 싫어하신다", "불순종하는 아이는 돌로 치라", "조개류는 가증한 것"이라고 적힌 피켓을 들고 다니는 모습을. 성경과 관련해서 우리는 우리 자신의 이해관계에 유리한 방식으로 취사선택하는 경향이 있다.

모순덩어리가 있다면 그게 바로 나라는 사실을 이때 깨달았다. 어쩌면 예수님을 따른다고 주장하는 누군가일 수도 있겠다.

17장

검술 훈련

어렸을 때는 어른이 되면 내가 원하는 무엇이든 될 수 있을 줄
알았다. 목사님만 빼고 말이다. 주일학교 선생님의 말씀에 따르
면, 성경은 오직 남자아이들만 나중에 커서 교회의 리더가 될 수
있다고 했다. 당시에는 이렇다는 사실에 딱히 실망하지 않았다.
나는 커서 작가나 카우걸이 될 생각이었고 성경은 이런 내 꿈에
대해 딱히 어떤 말을 하지 않았으니 말이다. 하지만 전반적인 상
황이 좀 불편하기는 했다. 하나님이 남자아이들에게만 중요하
고 영적인 일을 맡기시고 여자아이들은 차선으로 생각하시는
것 같았기 때문이었다.

　한번은 텔레비전에서 어떤 여성 설교자를 보고 아빠에게
여쭤보았다. 저 분이 지옥에 갈 거라고 생각하시는지. 아빠는 그
렇게 생각하지 않는다고 하셨다. 그러자 나는 남자아이들만 나
중에 목사가 될 수 있다고 하신 주일학교 선생님의 말씀에 아빠

도 같은 생각인지 물었다. "음, 아빠는 그게 성경이 가르치는 바라고 생각해." 아빠가 말씀하셨다. "하지만 이 문제에 대해서 어떤 사람들은 나와 생각이 다르단다." 화면 속 여인은 자홍색 양복에 흰색 스타킹을 신고 검은색 구두를 신고 있었다. 또 짧은 머리에 걸걸한 남부 지방 말투였다. 어떤 이유에서인지 그녀는 나를 당황스럽게 했다. 왠지 내 인식 체계를 흐트러뜨린 것 같았다.

나는 보수적인 복음주의 공동체 안에서 의지가 확고한 여성으로 성장하려 한다면 세상에서 자신의 위치를 절대 파악할 수 없다는 것을 금세 알아차렸다. 그러려면 남녀 권위자들이 사회와 교회, 가정, 심지어 침실에서 여성의 적절한 역할이 무엇인지에 대해 쏟아내는 뒤섞인 메시지들—저마다 이렇게 저렇게 하는 것이 하나님의 뜻이라고 강조하는—을 자세히 살펴야 했다. 내가 '성경적 여성'이라는 개념을 언제 처음 접했는지는 잘 모르겠다. 하지만 내 인생의 대부분을 그게 무슨 뜻인지 알아내려고 애쓰면서 보냈다. 나는 하나님이 바라시는 그런 여성이 되기를 간절히 바랐다.

해석학의 미로는 현기증이 날 정도로 복잡할 수 있다. 나는 여성은 목사가 될 수 없다고 배웠다. 그것은 사도 바울이 디모데에게 보낸 편지에서 여자가 가르치는 것과 남자를 주관하는 것을 허락하지 않는다고 말했기 때문이다(디모데전서 2:12). 이 가르침은 어느 시대, 어느 문화에서나 모든 여성에게 적용된다. 그렇지만 사도 바울은 두 문장 앞에서 여자는 머리를 땋거나 값비싼 옷을 입지 말라고 훈계하는데(디모데전서 2:9), 이 가르침은 문화적으로야 강요할 수 있겠지만 더 이상 문자 그대로 적용되지 않는다. 바울은 초대 교회에 보내는 편지에서 상호 복종을 권장했지만, 복종이 구체적으로 적용되는 것은 오직 여성뿐이기에 가정에서 의사 결정을 내릴 때 아내는 남편의 의견을 따라야 한다고 배웠다. 디모데전서 2장에 따라 여성에게 전통적인 성역할을 따르도록 장려하는 교회는 '성경을 믿는' 교회였지만, 고린도전서 11장에 따라 여성에게 머리를 가리라고 요구하는 교회는 '형식에 얽매이는' 교회였다. 나는 잠언 31장에 나오는 현숙한 여인, 동이 트기 전에 일어나 어두울 때까지 일하며 가정을 꾸린 여인을 본받아야 한다고 배웠다. (그녀에게는 하인도 여럿 있었는데 대개 이 사실은 언급되지 않는다.) 여성이 돕는 베필로서 거드는 역할을 하는 걸 하나님이 더 기뻐하신다고 배웠다. 미리암, 드보라, 홀다, 뵈뵈처럼 예언자, 교사, 사사, 지도자로 섬겼던 성경의 여성들은 예외적인 인물로 간주되어 대부분 무시되었다. 마리아에 대해서는 천주교 신자처럼 보일까 두려워 아무도 많은 이야기를 꺼내지 않았다.

나는 일관성이 없는 성경 해석에 늘 당황했고 이 모든 것이 내게 어떤 의미인지 알 수가 없어 혼란스러웠다. 청소년부 시절 남자아이들이 리더로 자원하지 않았을 때 내가 하겠다고 나섰다가 교회 구성원들로부터 열렬한 칭찬을 받았다. 한번은 교회에서 에이즈의 위험성에 대해 발표했는데(이는 여성은 교회에서 잠잠하라는 고린도전서 14장 34절의 말씀을 어기는 행동이었지만) 나는 극진한 찬사와 격려만 받았다. 친구가 이런 말을 한 적이 있다. "네가 남자라면 굉장한 설교자가 될 텐데." 그래서 나는 언제나 경계를 조금씩 밀고 들어갔다. 남학생과 여학생이 함께하는 성경 공부를 이끌었고, 대학에서는 총학생회에 출마했고, 성경의 여러 주제에 대해 쓰고 말했고, 가정을 꾸리기 전에 경력부터 쌓았다. 사람들은 나의 이런 행동에 대해 거의 불평하지 않았다. 사실 나의 리더로서의 자질은 종종 인정받고 칭찬받았다. 조금 당혹스럽긴 했지만 엄청 감사했다.

'성경적 여성'이라는 개념은 변증 캠프에서 제대로 풀리기 시작했다. 수련회의 목표는 청소년과 청년들이 과학, 경제, 정치, 사회에서 남자와 여자의 역할 등 생각해 볼 만한 모든 사안에 대해 오직 성경에 근거한 기독교적 입장을 취하도록 가르치는 것이었다. 나는 열일곱 살 여학생들로 이뤄진 소그룹을 인도하며 일과를 마칠 때 자료를 가지고 그들의 질문에 답하는 일을 맡았다.

우리가 성 역할에 대해 토론하던 날, 강사는 성경이 교회, 국가, 가정의 문제에 대한 유일한 권위로 작용한다고 설명했다. 하나님의 말씀에는 성 정체성에 대해 우리가 알아야 할 모든 것이 담겨 있기에 여성은 성경에서 그 단서를 얻어야 한다고 했다. 페미니즘은 가증한 것으로 폄훼되었고 이혼, 가계 부채, 폭력적인 아이 같은 사회적 병폐의 원인으로 비난받았다. 힐러리 클린턴의 이름이 언급되자 청중으로부터 못마땅한 한숨과 비웃음이 터져 나왔다. 강사는 데이트와 관련해서 성경에 분명한 지침이 있다고 했다. 결혼을 위한 재정적 준비가 될 때까지 낭만적 관계는 추구하지 말라, 결혼하기까지는 성관계를 삼가라, 유혹 받는 상황을 피하기 위해 친구와 가족이 있는 곳에서만 데이트를 하라, 데이트를 할지 말지 하는 결정은 부모님에게 맡기라, 결혼 생활을 준비하면서 하나님이 정하신 성 역할을 존중하라 등. 남성에게 이 말은 관계에서 주도적인 역할을 맡으라는 뜻이다. 여성에게는 남성이 주도권을 잡을 수 있도록 뒤로 물러나라는 뜻이다.

우리 소그룹의 몇몇 십대 소녀들은 당연히 이런 도식에 어리둥절했다. 그날 밤 늦게 한 여학생이 초조해하며 털어놓기를, 졸업 파티에 남자아이를 초대했는데 그렇게 함으로써 그들의 관계에 하나님이 정하신 남성의 주도적 역할을 무심코 빼앗았다는 것이었다. 부드러운 말투에 예쁜 빨간 머리를 한 다른 여학생은 남자아이에게 키스한 것을 부끄러워하며 머리를 두 손에 파묻었다. 그들의 반응은 보수적인 종교 문화 속에서 젊은 여성으로서 길을 찾고자 했던 내가 느꼈던 것을 모두 보여 주었다. 수치심과 혼란, 그리고 성에 대한 내 관심과 야망이 남자와 하나님과의 관계에서 골칫거리라는 느낌.

나는 그 아이들에게 무슨 말을 해야 할지 알지 못했다. 하지만 만약 그때로 돌아갈 수 있다면 이제는 무슨 말을 해야 할지 알고 있다. 나는 그들에게 부끄러워하지 말라고, 하나님은 너희를 있는 모습 그대로 사랑하시고, 강한 여성이 되어 세상과 맞붙고 싶어 하는 너희에게 화내지 않으신다고 말해 주고 싶다. 성경에 나오는 사람들은 데이트를 하지 않았기에 데이트에 대한 성경적 관점이 있다고 주장하는 것은 억지 해석이라고 말해 주고 싶다. 성경이 쓰인 시대에 여성은 일반적으로 아버지에 의해 최고 입찰자에게 팔렸고, 남자는 원하는 만큼 자유롭게 아내를 얻었으며, 강간당한 여성은 가해자와 결혼해야 할 수도 있었으니 성경을 결혼 관계의 모델로 사용하려면 잘 분별해서 선택하라고 말해 주고 싶다. 모든 기독교인이 동의할 수 있는 단일하고 포괄적인 성경적 세계관이 있다는 생각은 신화이고 사람들의 해석에 질문을 던져도 괜찮다고 말해 주고 싶다. 그렇게 하는 것이 성경의 아름다움과 능력을 감소시키기는커녕 오히려 향상시키고 기독교인들에게 뭔가 이야기할 거리를 제공한다고 말해 주고 싶다. 그리고 여성성은 성경과 마찬가지로 구조화하거나 설명하기에는 너무 사랑스럽고 신비로우며 초월적이라고 말해 주고 싶다.

* * *

어린 시절의 가장 생생한 기억 하나. 반으로 접히는 철제 의자에 손을 깔고 앉아서 하얀색 구두 버클을 의자 다리에 정신없이 부딪히던 기억이다. 나는 반 친구들과 함께 린다 선생님이 내릴 명령을 기다리고 있다. 성경책은 덮인 채로 내 무릎 위에 놓여 있지만 당장이라도 펼쳐질 것 같은 생생한 긴장감이 느껴진다. 교실 안은 이제 막 사과 주스를 실컷 마신 열두 살 아이들로 가득 찼음에도 조용하고 고요하다.

린다 선생님이 목소리를 가다듬는다.

"로마서 3장 23절!" 마침내 선생님이 외친다.

가장 먼저, 작은 손들이 가죽 표지에 닿는 소리가 난다. 그런 다음 바스락거리는 종이 소리가, 그다음에는 "3장 23절, 3장 23절, 3장 23절" 하는 다급한 속삭임이 들리고, 그러다가 어떤 아이들이 서신서를 통과해 뒤쪽으로 돌진해 가다가 길을 잃고서 짜증 내는 소리가 들린다. 20초쯤 후 누군가 의자에서 벌떡 일어나 암 치료제라도 발견한 양 의기양양하게 소리친다. "모든 사람이 죄를 범하였으매 하나님의 영광에 이르지 못하더니!"

그다지 열광적이지 않은 박수 소리, 한숨 소리, 린다 선생님의 축하의 말이 이어진다. 그리고 누가 어떻게 누구의 성경을 누구의 손에서 떨어뜨렸는지 불평불만이 이어지고, 다시 같은 과정을 시작할 수 있도록 교실은 조용해진다.

"내가 성경 구절을 줄 때까지 성경책에서 손을 떼요." 린다 선생님이 다시 확인한 후 소리친다. "디모데전서 3장 16절!"

'검술 훈련'은 내가 경쟁적으로 성경 구절을 찾게 된 시작점이었다. 사도 바울이 하나님의 전신갑주를 입으라고 가르친 에베소서 6장에서 명칭을 따온 이 검술 훈련은, 젊은 군사들이 성경의 기본적인 구조에 익숙해지도록 돕기 위해 고안되었다. 사도 바울은 성경을 '진리의 검'이라고 묘사한 바 있다. 나는 수년 동안 검술 훈련을 아주 잘했다. 방학 중 성경학교와 어와나 모임의 초석이 된 이 훈련을 통해 수년간 개인 성경 공부와 통독을 할 수 있었다. 교회에서 목사님이 교인들에게 어떤 구절을 펴 보라고 하면 나는 주변 사람들을 둘러보고는 그들보다 빨리 찾으려고 돌진한다. 나는 그처럼 별것 아닌 게임에서 이기는 게 좋다.

내가 기억하는 한 성경은 무기에 비유되었고 또 내가 기억하는 한 무기로 사용되었다. 사실 어렸을 때 검술 훈련에 참여했던 많은 이들이 그 훈련에서 벗어나지 못했다. 그저 신학적 논쟁이나 정치적 입장, 또는 다른 기독교인과의 대립과 같이 좀 더 어른들이 접하는 상황에 전반적인 기술을 적용하는 법을 배웠을 뿐이다. 하지만 우리는 성경 전체를 검으로 사용하기보다는, 어떤 특정한 구절을 뽑아서 좀 더 근거리 싸움에 적합한 단검으로 사용하는 것 같다. 우리는 짧게, 미친 듯이 서로를 찌른다. 이를테면, 제한 속죄를 위해서는 요한복음 10장을, 만인 속죄를 위해서는 요한일서 2장을, 하나님의 진노라는 이름으로 이사야 66장을, 하나님의 자비라는 이름으로 이사야 55장을 사용한다. 이런 싸움은 보통 우리를 피 흘리게 하고 상처를 입히고 화나게 하지만 치명상을 입히거나 극적으로 변하게 하는 경우는 드물다. 때로는 서로 반대하는 세력들이 좀 더 쉬운 대상과 싸우기 위해 연합하기도 한다. 이혼한 사람에게는 마태복음 5장의 화살을 쏘고, 게이와 레즈비언에게는 레위기 18장의 폭탄을 투하한다.

성경의 무오성에 관한 전투에서만은 대량 살상 무기가 모습을 드러낸다. 성경적 전쟁에서 상대방의 입을 닫게 하는 가장 좋은 방법은 오류가 없는 성경에 대한 상대방의 헌신에 의문을 제기하는 것이다. 내가 "창세기 1장은 세상이 어떻게 시작되었는지를 과학적으로 설명하려는 건 아닌지도 몰라" 혹은 "고린도 교회를 향한 바울의 가르침은 문화적인 제약이 있다고 생각해" 혹은 "그 구절이 마음에 들지 않아서 어떻게 이해해야 할지 잘 모르겠어"와 같은 말을 하면 보통 이런 일이 벌어진다.

"너는 성경 말씀이 무오하다고 믿지 않는다는 거야?" 누군 가는 반드시 이렇게 물을 것이다.

"아니, 내 말은 너의 해석이 무오하다고 생각하지 않는다는 거야." 나는 방어적으로 답할 것이다.

"아, 그러면 너의 해석이 오류가 없다고 생각하는 거네?"

"음, 아니야…… 나는 내가 틀릴 수 있다고 생각해."

"그렇다면 누구의 해석이 오류가 없는 건데?"

우리 사이에 드리워진 모호한 침묵은 우리가 이제 막 뭔가 중요한 일에 직면했음을 일깨워 준다. 모든 것을 잠재적으로 변화시킬 수 있는 일, 기독교의 소멸이나 재생을 초래할 수 있는 일, 이전에 마주했던 그 어떤 것보다 훨씬 더 무섭고 흥미롭고 삶을 변화시킬 수 있는 일, 그러나 예상에서 완전히 어긋난 어떤 일 말이다.

불안한 눈빛 교환이 있고, 싸움터에는 섬뜩할 정도로 침묵이 흐른다. 잠시 후 전투는 재개된다.

* * *

성경은 지금까지 내가 만난 문학 작품 중 단연 가장 매혹적이고 아름다우며 도전적이면서도 실망스러운 작품이다. 내가 믿음에 대한 질문을 붙들고 씨름할 때마다 성경은 위로자인 동시에 선동가가 되고, 닻인 동시에 폭풍우가 되기도 한다. 어떤 날에는 자신감을 불러일으키고, 다음 날에는 의심을 부추긴다. 성경이 각각의 질문에 답하면, 새로운 질문이 떠오른다. 내가 모든 해답을 찾았다고 생각하면, 새로운 문제가 나타날 것이다. 여태까지 그러했고 아마 늘 그럴 테지만, 성경은 나를 믿음에서 멀어지게 하기도 하고 계속해서 집으로 불러들이기도 하는 끈질긴 자력(磁力)이다. 창세기로 시작하여 요한계시록으로 끝나는, 엄선하여 구성된 66권의 책보다 나를 더 미치게 하거나 더 희망을 주는 것은 없다. 변화되지 않고서는 성경의 한 글자도 읽기가 어렵다.

사도 바울은 성경이 "하나님의 감동으로 된 것"이라고 했다. 하지만 성경 곳곳에는 분명히 사람의 손자국이 묻어 있다. 성경은 불완전한 언어로 채워진 완벽함이다. 이 세상의 방법으로 표현된 저 세상이고, 거룩하지 않은 손으로 쓰이고 거룩하지 않은 눈으로 읽히고 거룩하지 않은 머리로 처리된 거룩함이다. 시와 역사, 율법과 편지, 이야기와 족보로 가득한 성경은 흔히 "하나님의 말씀"으로 언급된다. 그런데 이 표현은 너무 단정적이고 특별하게 들려서 오해를 불러일으킬 수 있다. 사실 성경은 불협화음의 목소리들을 드러낸다. 성경 본문은 갈등과 차이로 와글거리고, 역설이 넘쳐흐르고, 창조적 긴장감이 한데 뭉쳐 있다.

나 같은 회의론자에게 성경은 때로 도움이 되고 때로 골칫거리가 된다. 한편으로 나는 예수님이 용서와 원수 사랑에 대해 하신 말씀을 사랑한다. 다른 한편으로는 구약 성경에서 여호수아가 저지른 집단 학살, 겉으로 보기에는 하나님이 허용하시고 심지어 명령하신 것 같은 행위 때문에 충격에 빠진다. 그리스도가 가난하고 고통 받는 자들을 품으시고 가부장적 문화 속에서 이례적으로 여성에게 공감하신 모습에 감탄하면서도, 성경 속 이야기와 율법에서 여성 혐오적이라고 표현할 수밖에 없는 것들을 받아들이기 위해 고군분투한다. 예를 들어, 어떻게 불임에 대한 책임이 여성에게 있다고 추정하는지, 어떻게 바울은 여성이 남성보다 쉽게 꾀임에 넘어간다고 말하는지, 어떻게 일부다처제나 전쟁의 전리품으로 처녀를 취하는 것에 아무도 반대하는 사람이 없는지 하는 것들이다. 나병 환자를 이스라엘에서 쫓아내신 바로 그 하나님이 당신의 아들을 보내어 나병 환자들을 섬기게 하시니 당황스럽다. 가나안의 모든 남자와 여자와 어린아이를 죽이라고 명령하신 바로 그 하나님이 어린아이들을 환영하고 품에 안으셨다. 바울은 자신이 전하는 이야기가 신빙성 없게 들릴까 봐 여성을 생략했는데, 왜 예수님은 여성을 부활의 첫 증인으로 택하는 급진적인 방법을 취하셨는지 궁금하다. 성경에는 능히 당할 자 없는 하나님의 진노를 얘기하는 구절도 있고, 측량할 수 없는 자비를 얘기하는 구절도 있다. 그분의 사랑이 보편적이라고 서술하는 구절이 있는가 하면, 그분의 사랑이 제한적이라고 서술하는 구절이 있다. 그분이 타협하지 않아서 칭송받는 이야기도 있고, 그분이 마음을 바꾸는 이야기도 나온다. 평생 성경이 기독교를 하나로 묶는 접착제라고 배운 나로서는 이해되지 않는 성경의 어떤 부분을 만날 때마다 내 믿음이 흩어지지는 않을까 걱정이 된다.

　다른 기독교인들과 함께 있을 때 내 질문은 대개 경멸조의 확신에 맞부딪친다. "물론 그건 옛 언약의 일부일 뿐이야." 혹은 "이건 분명 시적으로 해석해야 하는 거야." 혹은 "그건 구약 성경에나 나오는 거야." 또는 "예수님은 확실히 과장되게 말씀하셨지." 간혹 누군가는 직설적으로 말할 것이다. "어쨌든 그게 뭐 대수야? 그냥 좀 넘어갈 순 없니?" 혹은 "쉿, 영화 시작하잖아." 기독교 바깥에서 안을 들여다보는 게 어떤 느낌인지 내가 알게 된 게 있다. 질문이 진지하게 받아들여지지 않을 때 얼마나 끔찍한 느낌이 드는가 하는 것이다. 가끔은 누군가가 이렇게 말하는 것을 듣고 싶다. "저기요, 나도 어떻게 이해해야 할지 모르겠어요."

　언제나 그랬듯이 나는 글리슨 아처의 『성경 난제 백과사전』을 참고할 것이다. 이 책은 성경에서 발견할 수 있는 상상 가능한 모든 난처한 질문—하나님이 라합의 거짓말을 인정하셨는지에서부터 가인이 어디서 아내를 얻었는지까지—에 대해 타당한 설명을 제공하려는 두꺼운 책이다. (선의의 변증론자들을 위한 주의 사항: 회의론자에게 성경에 등장하는 수백 가지의 명백한 모순을 나열한 5백 쪽짜리 책을 제시하는 게 언제나 좋은 생각은 아니다. 당신이 그 책을 추천하기 전에 회의론자는 그 가운데 절반이 존재하는지조차 몰랐을 수 있으니.)

　그 모든 정교하고 합리적인 설명과 신학적인 정당성과 해석학 논문이 있음에도 대부분의 기독교인들은 자신들이 성경에서 "취사선택한다"라는 비난을 받으면 기분이 상한다. 사실 취사

선택은 신자와 회의론자, 양쪽 모두와 관련지어 말할 수 있는 문제다. 회의론자에게 이것은 전혀 말이 안 된다. "아무렴, 당신은 취사선택하잖아. 사람들이 조개류를 먹는 것은 괜찮지만 여성이 교회에서 가르치는 것은 안 된다고 하지." 그러나 많은 신자들에게 이것은 완전히 합리적이다. "그래. 하지만 내가 다른 상황에서 성경을 다르게 해석하는 데는 그만한 이유가 있어. 내 이상한 처사를 설명해 주는 말이 있는데 해석학이라고 하지."

회의론자는 이 말에 대해 "다른 사람의 행동을 비난하는 구절은 문자 그대로 받아들이면서 자신의 행동을 비난하는 구절은 무시해도 된다니, 아주 간편하군" 하고 정확하게 지적할 것이다.

진실은 그 중간 어딘가에 있을 것이다. 나는 많은 기독교인 친구들이 성경을 그렇게 해석하는 데는 사려 깊은 이유가 있다는 것을 알고 있다. 그리고 "취사선택한다"는 문구가 그들이 성경 본문에 접근하는 세심함과 관심을 설명하기에는 너무 제멋대로인 것처럼 들린다는 사실도 알고 있다. 나는 사람들이 내게 "취사선택한다"고 말하는 것을 좋아하지 않는다. 특히 내가 어떤 이슈를 연구하고 숙고하느라 많은 시간을 보냈다고 느낄 때는 더욱 그렇다. 다른 한편으로는, 우리의 성경 해석이 결코 무오하지 않다고도 확신한다. 성경은 진공 상태로 존재하지 않으며 언제나 무언가에 영향을 받은 독자에 의해 해석되어야 한다. 우리의 해석은 우리의 문화, 우리가 속한 공동체, 우리의 전제, 우리의 경험, 우리의 언어, 우리가 받은 교육, 우리의 감정, 우리의 지성, 우리의 욕망, 우리의 편견으로 말미암아 덧입혀진다. 성경이 나의 세계관에 영향을 미치는 것처럼, 나의 세계관이 내가 성경을 읽는 방식에 영향을 끼친다. 사실 내가 성경을 해석하는 방식(혹은 내가 '취사선택하는' 방식)은 하나님에 대해 말하는 것만큼이나 나 자신에 대해 말하는 것이라고 할 수 있다.

내가 말하려는 바는 다음과 같다. 복음서에 이런 모호한 구절이 있는데, 예수님은 "거룩한 것을 개에게 주지 말고, 너희의 진주를 돼지 앞에 던지지 말아라. 그들이 발로 그것을 짓밟고, 되돌아서서 너희를 물어뜯을지도 모른다"(마태복음 7:6)라고 말씀하신다. 내가 개혁주의자였을 때는 이 말씀이 택함 받지 못한 자들을 가리키는 것이라고 생각했다. 아르미니우스주의자였을 때는 회개하지 않는 사람들을 가리킨다고 생각했다. 공화당을 찍었을 때는 거머리처럼 복지 제도를 빨아먹고 사는 사람들을 가리킬 수 있겠다고 생각했다. 민주당에 투표했을 때는 권력자와 엘리트를 가리키는 것일 수 있다고 생각했다. 근본주의자였을 때는 자유주의 기독교인들을 가리킨다고 확신했다. 내가 사회 정의를 부르짖었을 때는 보수적인 사람들을 가리킨다고 확신했다. 현재는 평론가들을 가리킨다고 생각하는 쪽으로 기울었다. 어떤 사람에게 자기를 파괴할까 봐 두려워하는 게 있는데 그것이 무엇인지 안다면 우리는 그 사람에 대해 많은 것을 알 수 있다.

이래서 나는 성경적 세계관 같은 게 있다는 데에 점점 더 회의적이 되었다. 우리가 '경제에 대한 성경적 접근' 혹은 '정치에 대한 성경적 대응' 혹은 '성경적 여성'을 언급할 때, 우리는 형용사를 가장한 무기로 성경을 사용하는 셈이다. 우리는 성경을 진리로 받아들이려면 하나의 해석을 받아들여야 한다고 별생각 없이 내비친다. 하나의 해석은 잘못된 원칙을 낳고, 잘못된 원칙은 변화의 능력을 빼앗고, 변화의 능력이 사라지면 적응하고 진화하는 데 실패한다. 지구 중심설이 여전히 '성경적 우주론'이라고 상상해 보라!

롭 벨 목사는 『벨벳 엘비스』라는 책에서 이렇게 말한다. "예수님 당시에는 본문 자체만큼이나 본문에 대한 토론에서 배울 것이 많다고 여겼다. 한 사람이 왜곡된 해석을 가지고 너무 멀리 갈 수 없었던 것은 바로 그 자리에서 다른 사람들이 그 사람이 가지고 있지 않은 통찰력과 관점을 제시했기 때문이다. 예수님은 묶고 푸는 것에 대해 말씀하시면서 '두세 사람이 내 이름으로 모이는 곳에 내가 그들과 함께 있다'고 하셨다."[13]

때로는 궁금하다. 과거 1800년대에 누가 진짜로 가장 성경적으로 지지를 받았을까. 에베소서 6장을 들어 노예제를 지지한 기독교인들이었을까, 아니면 갈라디아서 3장을 들어 노예제 폐지를 지지한 기독교인들이었을까. 양쪽 모두 자신의 입장을 뒷받침하는 완벽하게 적법한 성경 구절을 가지고 있었으나, 이제 와서 돌아보건대 도덕적 차원에서는 한쪽만 정당화될 수 있어 보인다. 표면적으로는 성경이 노예 제도를 용인하는 것처럼 보일 것이다. 하지만 우리는 교회로서 그런 구절들을 용케 해결해 왔다. 옳고 그름에 대한 공통된 감각 때문이었고, 일종의 공동체적 합의 때문이었다. 어쩌면 하나님은 우리가 올바른 이유를 위해 취사선택하도록 성경 안에 이 모든 불연속성과 갈등을 남겨 두셨는지도 모른다. 다윗이 원수를 죽인 일에 대해 말하도록 두고 예수님이 원수를 사랑하는 일에 대해 말씀하도록 두신 것은 하나님이 우리를 위해 모든 것을 자세히 쓰고 싶지 않으셨기 때문인지도 모른다. 우리가 함께 해 나가면서 올바른 결정을 내리길 원하셨기 때문인지도 모른다. 어쩌면 하나님은 우리가 이런 토론을 하기를 바라시는지도 모른다. 믿음은 단지 옳은 사람이 되는 것이 아니라 공동체의 일원이 되는 것이기 때문이다.

내가 기억하는 한, 성경에 내재하는 갈등에 대처하는 기독교의 반응은 어떻게든 설명해 내고, 모난 부분을 부드럽게 다듬고, 뒤틀린 부분을 쫙 펴는 쪽이었다. 그리하여 모든 사람이 같은 생각을 갖게 하는 게 목표다. 일관되고 조리 있고 포괄적인 하나의 성경적 세계관을 제시하여 하나님이 진실로 정치, 경제, 신학, 과학, 성생활을 포함한 모든 것에 관해 한 가지 의견을 갖고 계시다고 자신 있게 선포할 수 있게 하는 것이다. 우리는 객관적이고 편견 없이 읽을 수 있는 완벽하고 빈틈없는 책을 가질 수만 있다면 최종 병기를 갖게 될 거라고 생각한다. 그러면 시내산에 숨어 계신 하나님도 필요하지 않을 테고, 우리 서로도 필요하지 않을 것이다. 그 대신 우리는 하나님의 물리적 재현, 곧 종이 위에 잉크로 쓰인 각자의 우상을 묵상하기만 하면 될 것이다.

성경에 대해 좋아하지 않는 것들—명백한 모순, 상충되는 해석, 골칫거리인 구절들—을 붙들고 씨름하는 만큼이나 나는 하나님이 이런 긴장이 존재하도록 허용하신 데는 이유가 있을 거라고 생각하기 시작했다. 어쩌면 우리의 성경 사랑은 우리의 해석을 다른 사람에게 확신시키기 위해 얼마나 용맹하게 싸우는가가 아니라 다양한 의견을 보존하기 위해 얼마나 부지런히 애쓰는가로 측정되어야 할지도 모른다.

* * *

나는 중학생 때 이래로 똑같은 성경책을 갖고 있다. 그 표지에는 결혼하기 전 성(姓)이 굵은 금색 글씨로 새겨져 있는데 검은색 가죽 표지에 비해 글씨는 작고 소심해 보인다. 가장자리는 말려 있고, 책등은 닳았으며, 심하게 구겨져서 단어조차 잘 읽을 수 없는 페이지도 많다. 그래도 새 성경책을 살 수는 없다. 낡을 대로 낡고 곳곳에 표시가 되어 있는 성경이 너무 익숙한 탓에 다른 성경책은 통 적용이 안 된다. 그 성경책은 일종의 일기장이요 엉성하게 그어진 밑줄과 이제는 거의 읽을 수 없는 메모로 가득한 영적 여행기다. 고등학생 때는 마커로, 대학 때는 잉크로, 가장 최근에는 연필로 급하게 휘갈겨 쓴 메모가 가장자리마다 빼곡히 적혀 있다.

처음에는 표지에 내 이름이 있는 게 부끄러웠다. 마치 무언가를 나의 공로로 돌리려는 듯 건방져 보였다. 그러나 지금은 내 이름이 거기 있어서 기쁘다. 내 이름은 나라는 존재가 성경 옆에 있음을 의식하지 않고는 결코 성경책을 펼 수 없음을 뜻한다. 내 이름은 내가 언제나 거기에 있음을, 나 자신과 나의 짐을 비롯한 나의 모든 것을 가져오지 않고는 하나님의 영감으로 된 이 영광스러운 책을 단 한 단어도 읽을 수 없음을 일깨워 준다. 내 이름을 생각할 때 생각나는 모든 것—나의 추억, 나의 비밀, 나의 문화, 나의 교육, 나의 견해, 나의 관계, 나의 성적 성향, 나의 편견, 나의 선호, 나의 가장 진실한 바람, 나의 가장 깊은 두려움—은 내가 읽는 모든 것에 색을 덧입히고 생기를 불어넣는다. 나의 해석은 나만큼이나 오류가 있을 수 있다. 그러니 그 사실을 명심하는 게 좋다.

3부

변화

18장

페미니스트 샘

나와 마찬가지로 샘은 살기 위해 질문했지만 나보다 훨씬 질문을 잘했다.

우리는 뉴스 편집실에서 같이 근무했다. 기사 도입부를 공유하고, 정치에 대해 토론하고, 촉박한 마감 시간 동안 서로를 응원하고, 중노동의 대가로 어떻게 고작 땅콩을 줄 수 있느냐며 불평을 늘어놓았다. 그녀의 20년 넘는 경력 덕분에 나는 지역 정치의 내부자 세계를 탐색할 수 있었고, 내키지 않는 정보원에게서 부드럽지만 끈질기게 이야기를 끄집어내는 방법도 배웠다. 그녀는 점심시간에 담배를 피웠고 이따금 편집인의 말에 어깃장을 놓았다. 글을 쓸 때는 필명을 사용했는데, 독자들이 자신을 남자라고 생각할 때 좀 더 진지하게 받아들이기 때문이라고 했다. 나는 단서를 묻어 두는 편이었지만, 샘은 언제나 핵심으로 곧장 들어갔다.

나는 시에서 발행하는 신문인 「차타누가 타임스」에서 기자로 첫 이력을 쌓았는데, 내가 보수적인 기독교 대학을 나왔다는 말이 돌자마자 동료들은 내 옆에서 더 이상 욕을 하지 않았고 같이 점심을 먹자고 하지도 않았다. 샘을 만난 것은 데이턴 신문사에서였다. 그녀는 자칭 "손 씻은 빨갱이"로서 보수적인 동료들 사이에서 눈에 띄는 특이한 사람이었다. 당시 우리는 정치적인 의견 차에도 불구하고, 천연덕스런 유머 감각과 남성 중심의 권력 구조에 대한 반감을 공유했고 이내 편집실에서 좋은 친구이자 동지가 되었다.

카운티 담당으로 일했던 샘은 레아 카운티 위원회가 본성을 거스르는 죄로 게이와 레즈비언을 고발하기로 한 논쟁적인 결의안을 채택했을 때 이를 처음으로 보도한 기자 중 하나였다.

"어떻게 후배님처럼 똑똑한 여자가 그들 중 하나일 수 있는지 나는 진짜 이해가 안 돼요." 어느 날 그녀는 컴퓨터 모니터를 쳐다보면서 말했다.

"그들 중 하나라고요?" 내가 물었다.

"그 복음주의자들 중 하나." 그녀가 말했다.

"음, 모든 복음주의자가 동성애가 불법이어야 한다고 생각하진 않아요." 내가 말했다. "사실, 이 마을에 사는 대부분의 복음주의자들이 위원회의 결정에 대해 별로 기뻐하지 않았다는 걸 말하고 싶네요."

"오, 그렇군요." 그녀는 안경 너머로 나를 바라보고 갈색 눈으로 힐긋 살피더니 말했다. "하지만 그 태도, 후배도 알다시피,

어떤 것에 대해서도 틀릴 수 없다는 그들의 그 맹목적인 확신 말이죠."

"선배님이 기독교인을 좀 더 알게 된다면, 어쩌면 그렇게 생각하지 않을지도 몰라요." 내가 말했다. "선배님이 언젠가 나와 함께 교회에 간다면, 어쩌면……."

샘은 저 밑에서부터 올라오는 웃음을 터뜨렸다.

"자, 봅시다." 그녀가 말했다. "나는 민주당 지지자이고 페미니스트예요. 게이 친구들도 있고요. 이건 내가 교회 사람들과 잘 맞지 않을 거라는 걸 말해 주죠."

어쩌면 그녀의 말이 맞을 거라고 생각했지만 어쨌든 나는 한 번 더 시도했다.

"놀라실 수도 있겠지만……." 나는 말했다. "내 말은, 기독교인이 되기 위해서 꼭 보수주의자가 **되어야 할** 필요는 없다는 거예요."

샘은 어찌나 크게 웃었는지 기침을 할 지경이었다. "글쎄요, 누군가가 그 말을 기독교인들에게 해 줘야 하지 않을까요?" 마침내 그녀가 말했다. "최소한 칼 로브(미국의 공화당 정치인—옮긴이)에게라도 말이죠."

내가 실망한 것을 눈치채고서 그녀는 덧붙였다. "자, 들어 봐요. 나는 후배님과 믿음에 헌신하는 후배님의 삶을 존경해요. 진짜로 후배님은 내가 아는 가장 괜찮은 기독교인 중 하나예요. 후배님이 속한 보수적인 복음주의자 집단과 몇 차례 아주 추잡한 언쟁을 벌인 적이 있는데, 내가 그런 생활 방식에 적합하다고 생각하지 않을 뿐이에요. 나는 지옥 불이나 저주 따위에 관심 없어요. 남편에게 복종하라 같은 계명에도 완전 관심 없고요. 게이 친구들에게 억지로라도 이성애자가 되라고 말하는 건 상상할 수도 없어요. 그리고 생명 존중(낙태 반대)이라는 이유로 부시 같은 사람에게 투표하는 것도 상상할 수 없고요. 현재 나는 예수님과 아무런 문제가 없어요. 하지만 만약 복음주의 기독교인들만이 하나님의 모든 것을 파악한 사람들이라면 그들은 주변에서 가장 친절하고 관대한 사람들이어야 할 것 같아요. 후배님에게 불쾌감을 주려는 것은 아니지만, 이 바닥에서 20년 넘게 일했는데 기독교인들은 그렇지 않더라고요. 내가 아는 대부분의 기독교인들은 오로지 논쟁, 회심, 그리고 선거에서 이기는 데만 관심이 있어요."

답을 준비했어야 했는데 나는 준비가 되어 있지 않았다. 사실 나는 샘의 말이 맞다고 생각했다. 어디선가부터 복음은 정치적 입장이나 생활 방식의 규제, 또는 무슨 이유에서인지 기독교 영역으로 들어온 무언의 규칙 같은 엄청난 규모의 가외의 것에 파묻혀 버렸다. 때로는 예수님 자체가 잔해 밑에 묻힌 것 같다.

"무슨 말씀이신지 알아요." 나는 말했다. "교회가 예수님을 닮지 않아서 죄송해요."

"아이고, 예쁜 아가씨, 그건 후배님 잘못이 아니에요." 샘이 대답했다. "아마도 남자들이 운영해서 그럴 거예요."

이번에는 우리 둘 다 웃었다.

19장

적응

기세 좋게 나왔는데 싸울 사람이 아무도 없을 때는 항상 좀 무안하다. 답하려고 열심히 배운 질문을 세상이 요구하지 않는다는 사실을 깨달았을 때 우리 중 많은 이들이 그렇게 느꼈으리라. 교회에서 자랐거나 기독교 교육을 받은 우리 중 다수는 세상이 무신론자들과 불가지론자들로 가득 차 있다는 인상을 받았다. 그리고 세속적 인본주의의 부상이 기독교에 대한 가장 큰 위협이라고 생각했다. 그러나 막상 현실 세계에 들어가 보니, 대부분의 동료들이 영적인 것을 잘 받아들였다. 대부분이 하나님을 믿었고, 초자연적인 것에 열려 있었고, 강요받지 않는 한 신앙적인 생각을 존중했다. 대부분이 샘과 비슷했다. 그들은 예수님이 몸으로 부활하신 것을 뒷받침해 주는 역사적 증거를 찾아다니지 않았다. 그들은 예수님을 따르는 사람들 사이에서 어떤 생명의 징후를 찾고 있었다.

브라이언 대학을 졸업한 뒤로 나는 기적의 과학적 실현 가능성에 대해 입증해 달라는 요청을 받은 적은 한 번도 없지만, 왜 기독교인들이 좀 더 예수님 같지 않느냐는 질문은 종종 받았다. 내가 만난 사람들 중 그리스도를 신적 존재로 보기 어렵기 때문에 기독교를 거부하는 사람이 한두 명은 있었겠지만, 대부분의 사람들은 기독교인이 되면 비판하기 좋아하고 편협하고 참을성이 없고 불친절한 사람이 된다고 생각했기 때문에 기독교를 거부했다. 사람들은 악의 문제에 대해 나와 논쟁하지 않았다. 그들은 왜 기독교인들이 인간의 고통을 덜어 주고, 가난한 사람들을 지원하고, 폭력과 전쟁에 반대하기 위해 더 많은 일을 하지 않는지 캐물었다. 그들 대부분은 모든 해답을 제시해 주는 신앙을 찾고 있지 않았다. 그들은 자유롭게 질문할 수 있는 신앙을 찾고 있었다.

이윽고 답을 준비해야 했던 우리도 질문을 하기 시작했다. 새로운 문화와 전통을 접하면서 미국의 복음주의 기독교인들이 절대 진리를 독점하고 있다고 우리 자신이나 다른 사람들을 설득하기가 점점 더 어려워졌다. 예를 들어, 로마 가톨릭을 무시하며 자란 친구들이 갑자기 가톨릭 전통의 아름다운 예전에 이끌려 역사적 기독교의 진가를 인정하게 되었다. 주류 개신교도가 너무 진보적이라고 배웠던 친구들이 사회 정의에 헌신하는 그들의 모습이 믿음에 필수적이지는 않더라도 참신하다고 생각하게 되었다. 한때 불교와 같은 종교를 일방적으로 악하다고 여겼던 우리 중 많은 이들이 마음챙김과 요가 수행 속에서 영적인 풍요로움을 발견하고 있었다. 미국만이 큰 활약을 하던 세상에서 이제 여러 나라가 다채롭고 활기찬 지식 시장에 기여하는 세상으로 바뀌었다. 하나님이 특정 국가와 정당, 교단, 종교에 속해 있다는 가정은 이제 터무니없어 보였다.

우리 세대(저자는 80년대생, 밀레니얼 세대다─옮긴이)는 아마 다른 어느 세대보다 기독교의 고유성을 방어할 준비가 잘 되어 있는 세대일 것이다. 하지만 우리는 다른 관점에서 볼 줄 아는 최적의 세대이기도 하다. 그래서 해체하기 시작했다. 자신의 믿음에 대해 좀 더 비판적으로 생각하고, 자신의 믿음을 분해해서 하나하나 조사하고, 살아남기 위해 어떤 부분이 필수적이고 어떤 부분을 버려야 하는지 토론하기 시작했다. 3년 만에 나의 믿음은 극적으로 바뀌었고, 내가 혼자가 아님을 알았다. 문화적 기류가 변하고 있음을 감지했고, 다른 신앙인들도 내가 질문한 것과 같은 질문을 던지고 있음을 알았다. 그리하여 착하고 자의식이 강한 여느 밀레니얼 세대처럼, 나는 블로그를 시작했다.

블로그의 이름은 '원숭이 마을에서 진화하기'로 지었다. 그리고 내 믿음의 어떤 부분이 근본적인지, 어떤 부분이 그렇지 않은지 알아내려고 노력한 과정을 기록했다. 머지않아 작은 온라인 공동체가 형성되었고, 댓글이 달리면서 생존기도 같이 올라왔다. 어떤 사람들은 종교 다원주의와 씨름했고, 다른 사람들은 성경과 씨름했다. 어떤 사람들은 동성애에 대해, 다른 이들은 위선에 대해 질문을 갖고 있었다. 어떤 사람들은 하나님의 존재를, 다른 이들은 교회의 효율성을 의심했다. 내가 몇몇 독자들과 편지를 주고받으며 알게 된 바, 대부분의 경우 그들의 신앙을 힘들게 만든 것은 질문 자체의 무게가 아니라 질문을 해서는 안 된다는 생각이었다. 그리고 실제로 질문이 허용되지 않는다는 것을 알게 되었다. 내 블로그에서 일어난 일이 다른 많은 사람들에게서도 일어나고 있었다. 거실과 교회에서, 커피숍과 술집에서, 미국과 전 세계에서 일어나고 있었다. 환경이 변하고 있었고, 그와 함께 기독교도 변하고 있었다.

* * *

버락 오바마에게 투표했던 2008년 가을까지만 해도, 나는 복음주의라는 거품 바깥에서 안을 들여다보는 게 어떤 것인지 잘 알지 못했다.

나는 엄밀하게 말해 광신도가 아니었다. 침실 벽에 셰퍼드 페어리(유명한 그라피티 예술가―옮긴이)가 그린 '희망' 포스터도 없었고, 내 차에 '오바마/바이든 금지' 범퍼 스티커를 붙이고 다니지도 않았다. 오바마의 입장 중 어떤 부분, 특히 낙태에 관한 입장에 동의하지 않았고 그의 경험을 우려했지만 의료 정책, 외교 정책, 환경, 빈곤, 경제를 포함한 대부분의 이슈에서 존 매케인의 관점보다 그의 관점을 선호했다. 나는 그의 리더십 스타일과 의사소통 능력에 감탄하기도 했다.

나는 정치 이야기 앞에서 위축되는 사람이 아니다. 하지만 그런 나조차도 보수적인 여러 친구들로부터 받은 적대적인 반응에 압도되었다. 나는 사회주의자요 영아 살해자라고 불렸다.

사람들은 믿음과 조국에 대한 나의 헌신에 의문을 제기했고, 어떤 사람은 내가 투표함에서 내리는 결정 때문에 영원한 값을 치를 수도 있다고 조언했다. 어떤 친구는 버락 오바마를 오사마 빈라덴에 비유했다. 다른 친구는 그가 적그리스도일지 모른다고 했고, 또 다른 사람은 왜 의심의 여지 없이 큰 환난을 몰고 올 사람에게 투표하냐고 다그쳤다. 내가 존경했던 여성들은 힐러리 클린턴을 저속한 말로 부르면서 그녀가 지옥에 갈 거라고 농담을 던졌다. 한 기독교인 동료는 테드 케네디(케네디의 막내동생으로 47년간 상원의원을 지낸 정치인—옮긴이)가 뇌종양에 걸린 게 하나님이 개입하신 결과라고 생각한다고 했다. "예수님은 복지를 싫어하신다", "기독교적 가치에 투표하라"와 같은 제목의 이메일을 계속해서 받았다. 목사님들과 선생님들은 투표함에서 내가 내리는 결정이 내가 향후 1년 동안 내릴 가장 중요한 결정임을 내비쳤다.

내가 볼 때 예수님의 가르침은 너무 급진적이어서 정치 강령으로 구체화되거나 단일 후보자에 의해 대표될 수가 없다. 나의 기독교적 가치를 세상에 알리는 것은 어떤 정치인에게 달려 있는 게 아니다. 그건 나에게 달려 있다. 그래서 누군가 내가 공화당원이 아니라는 사실을 알고는 "어떻게 그러고도 기독교인이라고 할 수 있니?"라고 질문할 때면 늘 좀 난처하다.

기독교인과 비기독교인을 막론하고 수많은 사람이 다음과 같은 인상을 받는 것 같다. 기독교인이라면서 민주당에 투표할 순 없어, 기독교인이라면서 진화를 믿을 순 없어, 기독교인이라면서 게이가 될 순 없지, 기독교인이라면서 성경에 의문을 가질 순 없어, 기독교인이라면서 다른 종교에 관대할 순 없어, 기독교인이라면서 페미니스트가 될 순 없어, 기독교인이라면서 술을 마시거나 담배를 피울 순 없어, 기독교인이라면서 「뉴욕 타임스」를 읽을 순 없어, 기독교인이라면서 게이의 권익을 위해 후원할 순 없어, 기독교인이라면서 우울해질 순 없어, 기독교인이라면서 의심할 순 없지 등등. 사실 나는 대부분의 사람들이 기독교에서 멀어지는 것은 치러야 할 제자도 때문이 아니라 잘못된 원칙 때문이라고 확신한다. 잘못된 원칙을 고수하면 신앙이 변화에 적응하기란 불가능해진다. 요구사항, 만반의 준비, 전제 조건의 목록이 길수록 믿음은 변화하는 환경 앞에 더욱 취약해지고 서서히 시들어 소멸할 가능성이 더욱 커진다. 복음이 가외의 것들과 얽히게 되면, 여러 가지 위험한 원칙들이 가외의 것들과 힘을 합쳐 복음을 무너뜨리려 위협하기에 이른다. 멍에는 너무 무거워지고 우리는 그 아래서 비틀거린다.

여러 세기 전 아무도 생물의 진화에 대해 들어 본 적 없던 때에 성 아우구스티누스는 창세기 해석과 관련하여 잘못된 원칙을 만들지 말라고 경고했다. 그는 이렇게 썼다. "너무 모호하고 우리의 시야를 훨씬 벗어난 문제와 관련해서, 우리는 우리가 받은 믿음을 훼손하지 않으면서도 매우 다른 방식으로 해석될 수 있는 성경 구절들을 발견한다. 그런 경우 성급하게 달려들어 너무 확고하게 한쪽 편에 서지 말아야 한다. 진실을 향한 탐구가 더 진전되어 정당하게 그 입장을 약화시킨다면, 우리도 그와 함께 무너질 것이다."[14]

블로그를 통해 나는 온갖 연령층의 다양한 사람들을 만났다. 그들은 잘못된 원칙 때문에 더 이상 자신이 기독교인이 아니라고 생각하는 사람들이었다. 어떤 사람은 "생물 수업을 들었는데 진화론이 건전하다는 확신이 들었어요"라고 말했다. "문화 전쟁을 하느라 지쳤어요"라고 말한 사람도 있다. 또 다른 사람은 "기독교인이 아닌 사람들이 모두 지옥에 간다는 생각을 가지고는 살아갈 수가 없었어요"라고 했다. 신앙과 지적 성실성 사이에서, 혹은 종교와 연민 사이에서 선택을 해야 한다고 느껴 기독교를 버린 모든 선한 사람을 생각하니 답답하고 슬프다. 새로운 의견은 환영하지 않는다는 누군가 그들에게 했던 말이 아니었더라면 그들이 기여할 수 있었을 새로운 의견들을 생각하니 마음이 아프다.

물론 우리는 모두 잘못된 원칙을 가지고 살아간다. 우리는 모두 말하든 말하지 않든 자신의 믿음을 짓누르는 검증되지 않은 가정과 규칙의 목록을 가지고 있다. 우리는 모두 누가 '안에' 있고 누가 '밖에' 있는지 결정할 수 있게 해 주는 작은 줄자를 가지고 있다. 그리고 우리는 모두 자신의 믿음이 어떤 변화도 견디지 못할까 봐 두려워 직면하고 싶지 않은 진실을 가지고 있다. 보수적인 기독교인들만 그런 게 아니다. 스스로를 진보적이라 여기는 우리는 모든 이에게 관대할 수 있지만 관대하지 못한 사람한테는 관대하지 못하며, 판단하는 사람들에 대해서는 우리도 판단하며, 우리가 현재 해체하고 있는 전통이나 권위, 교리나

기득권 등에 대해서는 부당하게 비판적이다. 어떤 면에서 우리
는 모두 근본주의자다. 우리는 모두 자기가 애정하는 신학 체계
와 정치적 입장을 가지고 있고 복음의 본질이 아님에도 손바닥
에 손톱자국을 남길 정도로 꽉 붙드는 도덕성의 기준을 가지고
있다.

예수님은 말씀하셨다. "수고하며 무거운 짐을 진 사람은 모
두 내게로 오너라. 내가 너희를 쉬게 하겠다. 나는 마음이 온유
하고 겸손하니, 내 멍에를 메고 나한테 배워라. 그리하면 너희는
마음에 쉼을 얻을 것이다. 내 멍에는 편하고, 내 짐은 가볍다"(마
태복음 11:28-30).

한번은 어떤 사람이 예수님의 짐 혹은 가르침에 대해 물었
다. 그는 예수님께 유대인의 율법 중에서 가장 중요한 것이 무엇
인지 질문했다. 종종 어떤 질문에 다른 질문으로 답하시는 경우
가 많았던 예수님이 이번에는 그 사람에게 직설적으로 대답하
셨다.

"네 마음을 다하고, 네 목숨을 다 하고, 네 뜻을 다하여, 주
너의 하나님을 사랑하여라 하였으니, 이것이 가장 중요하고 으
뜸가는 계명이다. 둘째 계명도 이것과 같은데, 네 이웃을 네 몸
과 같이 사랑하여라 한 것이다. 이 두 계명에 온 율법과 예언서
의 본뜻이 달려 있다"(마태복음 22:37-40).

사랑.

사랑은 이렇게 단순하면서도 이렇게 깊다. 이렇게 쉬우면
서도 이렇게 어렵다.

예수님의 멍에를 메는 것은 교리적 진술에 서명하거나 일련의 명제에 지적으로 동의하는 게 아니다. 올바른 사람이 되거나 우리가 알고 있는 사실을 바로잡는 게 아니다. 그것은 하나님을 사랑하고 다른 사람을 사랑하는 것이다. 원수를 사랑하고 조건 없이 용서하고 과한 관대함을 보이라는 예수님의 가르침은 급진적이어서 그 멍에는 어렵다. 배운 사람과 무지한 사람, 부자와 가난한 자, 종교인과 비종교인 등 모든 사람이 접근할 수 있어서 그 멍에는 쉽다. 우리가 좋아하든 좋아하지 않든, 사랑은 모든 곳에서 모든 사람에게 열려 있어 다르게 해석되고, 다르게 적용되고, 다르게 꼬이고, 다르게 나타날 수 있다. 사랑은 믿음보다 크고 선행보다 크다. 사랑은 양쪽 모두에 거하고 양쪽 모두를 초월하기 때문이다.

복음서에서 "예수님의 사랑하신 제자"로 묘사된 사도 요한은 소아시아 지역의 교회들에 보낸 편지에서 이렇게 설명했다. "사랑하는 여러분, 서로 사랑합시다. 사랑은 하나님에게서 난 것입니다. 사랑하는 사람은 다 하나님에게서 났고, 하나님을 압니다. 사랑하지 않는 사람은 하나님을 알지 못합니다. 하나님은 사랑이시기 때문입니다.…… 지금까지 하나님을 본 사람은 없습니다. 그러나 우리가 서로 사랑하면, 하나님이 우리 가운데 계시고, 또 하나님의 사랑이 우리 가운데서 완성된 것입니다"(요한일서 4:7-8, 12).

기독교 신앙의 가장 중요한 기본 요소가 상대적인 것이요 과학으로 측정할 수 없는 것이며 신학으로 체계화하거나 규칙으로 관리할 수 없는 것이라니 얼마나 역설적인가. 시인과 예술가, 음악가, 신학자, 철학자들이 수백 년간 어떤 형태로든 담으려고 했던, 존재하되 잘 포착되지 않는—하지만 우리가 경험하는 순간 알게 되는—것에 하나님이 당신의 가장 큰 비밀을 숨겨두시다니, 얼마나 적절하고도 얼마나 이상한 일인가. 절대 진리가 말로 형용할 수 없는 모습으로 존재한다니, 얼마나 사랑스러우면서도 얼마나 터무니없는 일인가.

* * *

내가 가장 좋아하는 텔레비전 시리즈 중 하나는 BBC 방송의 다큐멘터리 〈살아 있는 지구〉다. 진행자인 데이비드 애튼버러는 100미터 높이의 박쥐 똥 더미를 먹고 사는 바퀴벌레들의 소리를 세상에서 가장 멋지게 들려줄 줄 알거니와, 살아 있는 유기체가 얼마나 훌륭하게 환경에 적응할 수 있는지를 보여 주는 이 다큐멘터리가 나는 아주 마음에 든다. 쌍봉낙타의 매우 두꺼운 속눈썹부터 북극토끼의 빽빽한 하얀 털, 활공하는 잎개구리의 끈적끈적한 노란색 발가락에 이르기까지, 각각의 동물은 먼지 많은 사막, 눈 덮인 툰드라 지대, 나무 꼭대기 등 자신의 서식지에서 고유한 방식으로 잘 살아간다.

　동굴 에인절피시를 예로 들어 보자. 이 작은 물고기는 아마도 지구상에서 가장 분화된 생물일 텐데, 동굴 폭포에서 살도록 독특하게 적응했기 때문이다. 수족관의 해양 에인절피시는 화려한 지느러미와 매력으로 전 세계에 알려졌지만, 동굴 에인절피시는 추하기 이를 데 없다. 피부 색소를 잃어버렸기에 물고기라기보다는 유령이나 날개 달린 뱀처럼 보인다. 지느러미에 있는 미세한 갈고리로 박쥐처럼 동굴 벽에 달라붙을 수 있는데 자리를 잘 잡으면 폭포 아래로 떨어져 내려오는 박테리아를 잡아먹을 수 있다. 눈구멍은 비어 있고 몸은 길쭉하고 끈적끈적하다.

과학자들은 해양 에인절피시 무리가 수백만 년 전에 포식자를 피하거나 기후 변화에 적응하기 위해 동굴로 이주한 게 틀림없다고 믿는다. 많은 동굴 생물들과 마찬가지로, 이 물고기는 자신이 사는 환경에서는 시력이 더 이상 유용하지 않기에 세월의 흐름과 더불어 시력을 잃는 쪽으로 진화했고 다른 감각 기능을 개선했다. 동굴 에인절피시는 태국에 있는 몇몇 외딴 동굴에만 살고 있다. 그래서 〈살아 있는 지구〉 제작진은 자연 서식지에 사는 이 작은 생존자들의 영상을 담느라 온갖 어려움을 겪어야 했거니와, 우리의 애튼버러는—나는 그가 『반지의 제왕』의 빌보 배긴스와 약간 닮았다고 생각하는데—흡사 동굴 에인절피시들이 (『반지의 제왕』의) '가운데땅'을 발견한 듯한 소리를 낸다.

동굴 에인절피시는 생존이 늘 아름답지만은 않음을 실증한다. 때로 지느러미에서 발톱이 자라기도 하고 보기 위해 눈이 멀기도 한다. 내 이야기도 아름답지 않다. 심지어 아직 끝나지도 않았다. 그럼에도 내 이야기를 하는 것은, 믿음이 살아남기 위해서는 적응해야 한다는 내 나름의 진화론을 지지해 주는 내가 가진 최고의 증거가 내 이야기이기 때문이다.

사도 바울은 고린도 사람들에게 이렇게 썼다. "누구든지 그리스도 안에 있으면, 그는 새로운 피조물입니다. 옛 것은 지나갔습니다. 보십시오, 새 것이 되었습니다"(고린도후서 5:17). 예수 그리스도를 따르는 자들은 과도기의 인류다. 기독교인의 삶은 개인 차원에서든 집단 차원에서든 낡은 것과 새로운 것, 필요한 것과 불필요한 것, 좋은 것과 나쁜 것, 죄악과 구원의 어색한 조합으로 구성되어 있다. 새로운 환경에 적응하기란 어려운 일이다. 어떤 원칙이 거짓이어서 버려야 하고 어떤 원칙이 참된 본질이어서 발전시키고 성장시켜야 하는지 알기 어렵기 때문이다. 나는 때로 우리가 동굴 벽에 붙어 있는 에인절피시처럼 조금 이상해 보일 거라고 확신한다.

아직 서른도 되지 않았지만, 지난 몇 년간 내 믿음은 일생일대의 변화를 겪은 것 같다. 성경, 구원, 과학, 종교, 우주의 추첨, 예수님, 그리고 진리에 대한 근본적인 믿음을 재고해 보았다. 때로 그 과정은 엉망이었다. 그러나 끊임없이 변화하는 환경에서 살아남을 수 있는 믿음, 의심과 두려움을 이겨 낼 수 있는 믿음을 갖는 쪽으로 매일 좀 더 가까워지는 느낌이 든다. 내가 늘 하나님과 더 가까워지는 것 같다고 말할 수는 없다. 의심이 수시로 돌아오니 말이다. 하지만 내가 움직이는 것이지 하나님이 움직이시는 게 아님을 마침내 이해하기 시작했다. 구원과 마찬가지로 진화도 일상적인 과정이다. 나는 지금도 여전히 변하고 있다. 그리고 내가 언제나 그러하기를 기대한다.

20장

해결사 댄

사람들은 내 남편 댄의 말에 귀 기울이는 편이다. 이는 그가 대부분의 시간에 조용하고, 대부분의 시간에 옳기 때문이다. 그리고 키가 193센티미터나 되어서 우러러보아야 하기 때문이다. 그는 신중하게 단어를 골라서 말하고, 자기가 토론에 기여할 수 있는 의미 있는 무언가를 찾은 후에야 대화에 참여한다. 나는 그가 강압적인 의견이 아니라 언제나 좋은 질문으로 토론의 수준을 끌어올리는 게 좋다. 답을 알 때조차도 그는 생각을 나누어 달라고 요청받을 때까지 기다리는 편을 선호한다.

　댄이 어떤 것이든—자동차, 컴퓨터, 변기, 텔레비전, 웹 사이트, 무선 어댑터, 고장 난 무선 조종 비행기, 낡아빠진 트럭, 못 쓰게 된 장신구 등—고칠 수 있다는 건 잘 알려진 사실이다. 똑똑하고 수완이 좋고 세심한 댄은 타고난 해결사다. 그래서 그가 과감하게 데이턴 시내에 있는 1930년대에 압류된 허름한 집을 사기로 결정했을 때, 나는 그가 해낼 수 있으리란 걸 알았다.

페인트는 벗겨지고 기둥은 꺼지고 옆에 있는 나무에 잡아먹힐 것처럼 보이는 집이었지만, 우리는 개의치 않았고 그 아담한 이층집이 마음에 들었다. 뿌리째 뽑힌 복도로 인해 현관이 무너져 문은 삐걱거렸고, 집 안은 완전 재난 상황이었다. 본래 깔아 놓은 강화마루 바닥은 한 겹의 먼지로 뒤덮여 있었고, 오래된 카펫에서는 고양이 오줌 냄새와 곰팡내가 났다. 십여 개의 창문은 교체해야 했고, 욕실은 사용 불가였다. 욕조와 화장실 바닥에는 썩은 물이 탁한 갈색 웅덩이를 남겼다. 벽에는 누군가 그리려다 만 녹색 해초가 남아 있었다.

이런 첫인상에도 불구하고 집은 튼튼한 것 같았고 훌륭한 평면도가 있었다. 무엇보다 아주 좋은 가격에 샀다. 댄은 바로 작업에 뛰어들었다. 바닥을 뜯고, 벽을 다시 세우고, 현관을 교체했다. 그는 몇 시간이고 마룻바닥에 코를 박고서 집 아래 어두운 공간을 기어다니며 일했다. 한번은 벽에 구멍을 내자 모래시계에서 모래가 쏟아지듯 바퀴벌레 똥이 쏟아져 나왔다. 이전 집주인이 누구였을지 떠올리게 하는 별의별 것들이 다 있었다. 세탁실에는 벌거벗은 바비 인형이 있었고, 침실에는 오래된 사진들이 있었고, 변기 뒤에서는 처방전 보관함이 발견됐다. 댄은 석고와 먼지, 땀 냄새를 풍기며 집에 돌아왔다.

그가 내 생각만큼 빠르게 움직이지 않는다고 속을 태우던 때가 있었다. 내가 꼼꼼하게 고른 페인트 색깔로 벽을 칠하지 않았고, 내가 할인점에서 산 거울이 세면대 위에 걸려 있지 않았다. 겉보기에는 상황이 좋아지는 게 아니라 더 나빠지는 것처럼 보였다. 바닥에는 각종 도구와 파편, 2×4 크기로 잘라 놓은 조각들이 널브러져 있었고, 석고 먼지가 공기 중에 하도 많이 떠다녀서 맛을 볼 수 있을 정도였다. 하지만 댄은 모든 것을 계획대로 해냈다. 어떻게 할지 계획을 세우고, 수리하고, 마무리했다. 나는 이 '과정을 존중'해야 했고 미적인 부분은 나중으로 미뤄야 했다. 필수적인 게 먼저다. 어릴 적, 봄 대청소 시간에 우리는 옷장을 뒤집어엎어서 다시 정리하고 침대 아래에 있는 물건을 모두 꺼냈다. 그때 엄마는 이렇게 말씀하시곤 했다. "때로는 어질러야 깨끗해지는 법이야."

　전체 집수리 과정이 6개월쯤 걸릴 거라고 생각했는데, 결국 집을 뒤집어엎다 보니 1년 정도 걸렸다. 하지만 생애 최악의 부동산 시장에서 우리는 수익을 내고 그 집을 팔 수 있었다. 댄이 수리를 마쳤을 즈음 그 집은 거리에서 가장 예쁜 집이 되어 있었다. 하늘색으로 포인트를 준 깨끗한 진회색 벽에, 새로 만든 창문과 깔끔하게 다시 세운 현관, 그리고 반짝이는 까만색으로 기둥에 써 넣은 번지수까지. 나는 부동산 채널에 나오는 것처럼 집수리 전후의 사진을 찍었다.

　나는 댄이 뒤집어엎는 '과정을 존중'했는데 댄은 의심을 붙들고 씨름하는 내게 이와 똑같은 방식으로 반응했다. 그것은 댄이 나에게 준 가장 큰 선물 중 하나였다. 사람들이 보이는 나를 고치고 싶어 하고, 조용히 시키려 하고, 꾸짖으려 하고, 너무 많은 질문을 하지 말라고 경고하려는 것은 당연했다. 하지만 댄은 이게 내 믿음의 여정에 필요한 과정임을 누구보다도 잘 이해하는 것 같았다. 내가 짜증과 불안, 눈물과 분노를 겪는 동안, 기나긴 밤과 어두운 날을 통과하는 동안 그는 듣고, 질문하고, 기댈 어깨를 제공하고, 참을성 있게 나를 쭉 지켜보았다. 때로는 어질러야 깨끗해질 수 있다는 것을, 그는 알고 있었던 것 같다.

21장

질문을 살아내기

어렸을 때 피부병이 너무 심해서 잠을 잘 수 없었던 적이 있다. 몇 시간 동안이나 이리저리 뒤척이면서 이불에 피가 묻을 때까지 미친 듯이 팔과 다리를 긁었다. 그때마다 엄마나 아빠를 부르곤 했는데, 부모님은 교대로 와서 내 몸에 로션을 발라 주시고 내 손에 깨끗하고 시원한 양말을 끼워 주셨다. 때로는 나와 함께 기도하셨다. 내가 베개에 얼굴을 파묻고 울 때는 나를 안아 주시거나 머리를 쓰다듬어 주셨다.

어느 날 밤, 아빠가 같은 일을 반복하고 방을 나가시려고 할 때였다. 나는 아빠에게 물었다. 하나님은 왜 나에게 이런 일이 일어나도록 놔두시냐고, 왜 내 피부병이 사라지게 하지 않으시냐고 물어보았다. 그때 아빠는 내 방문 가에 서 계셨던 것으로 기억한다. 잘 때 켜 놓는 작은 등의 은은한 불빛이 아빠의 얼굴과 이마 위 주름을 비추었다. 아빠 눈에는 눈물이 고여 있었다.

"나도 모르겠구나." 아빠가 목소리를 가다듬고 말씀하셨다. "하지만 하나님이 너를 사랑하신다는 것은 안단다."

아빠는 뒤돌아 나가며 살며시 문을 닫으셨다. 아빠의 느리고 무거운 걸음걸이로 인해 거실까지 이어진 마룻바닥에서 삐걱거리는 소리가 났다. 평생 기독교 교육에 헌신하신 아빠, 히브리어로 구약을 읽고 그리스어로 신약을 읽을 줄 아시는 아빠, 책꽂이에는 주석이 빼곡하고 벽에는 학위증이 가득한 아빠, 아름다운 설교를 하시고 유창한 논문을 쓰신 아빠, 그 아빠가 모르다니.

처음에 나는 화가 났고 그다음에는 두려웠다. 그러나 어둠 속에 누워 몸을 긁으며 울고 기도하면서 나는 다른 어떠한 대답도 옳지 않다는 것을 깨달았다. 다른 어떤 대답도 내 질문을 올바르게 다루지 못할 것이다. 20년이 지난 지금, 나는 그 말씀이 아빠가 나에게 해 준 말씀 중 가장 중요한 것이라고 확신한다.

나는 참된 믿음의 척도는 확실함이라고 생각하곤 했다. 의심, 모호함, 미묘한 차이, 불확실함 등은 확신의 부족이요 "대답할 것을 항상 준비"해야 하는 그리스도인 군사의 전신갑주에서 치명적인 약점이었다.

우리 이전 세대는 선한 의도를 가지고 부지런히 수고하여 자녀들이 똑똑하게 기독교를 변증할 수 있도록 준비시켰다. 우리는 우리가 가진 세계관이 우월하고 다른 모든 세계관은 결함이 있다는 이야기를 계속해서 들었다. 우리는 기독교인으로서 우리만이 절대 진리에 접근할 수 있고 어떤 논쟁이든 이길 수 있다고 배웠다. 우리를 위해 적절한 성경 구절이 선택되었고, 우리를 위해 반대 입장이 요약 제시되었고, 우리를 위해 최고의 답변이 작성되었다. 그래서 2천 년 동안의 신학적 숙고와 논쟁을 붙들고 고군분투할 필요 없이 그리스도의 신성, 삼위일체의 본질, 성경의 역할과 해석, 기독교의 기본 원칙 같은 중요 사항에 대한 결론에 바로 도달할 수 있었다.

그 결과 우리 중 많은 이들이 비할 데 없는 수준의 확신을 가지되 엄청나게 호기심이 부족한 상태로 세상에 들어갔다. 답은 준비되어 있었지만, 더 이상 질문이 무엇인지 알지 못했다. 믿음을 지킬 준비는 되었지만, 믿음을 스스로 발견하는 감동과 전율은 놓쳤다. 하나님이 옳다고 확신했지만, 우리가 틀릴 수도 있다는 생각은 하지 않았다.

간단히 말하자면, 우리는 의심하는 법을 배우지 않았다.

의심은 다루기 어려운 동물이다. 하나님을 의심하는 것과 우리가 하나님에 대해 믿고 있는 바를 의심하는 것, 이 둘 사이의 차이점을 배우도록 요구하기 때문이다. 전자는 믿음을 파괴할 수 있는 잠재력을 가지고 있고, 후자는 믿음을 풍부하게 하고 다듬을 수 있는 힘을 가지고 있다. 전자는 악덕이고, 후자는 미덕이다.

사도 베드로가 먹어도 되는 음식과 먹지 말아야 하는 음식을 규정한 율법이 필요한지 의심하지 않았다면, 또는 마르틴 루터가 구원을 돈 주고 살 수 있다는 개념을 의심하지 않았다면 우리는 지금 어디에 있을까? 갈릴레오가 교회가 만든 우주론을 단순하게 받아들였다면, 혹은 윌리엄 윌버포스가 노예 제도를 그냥 받아들였다면 어땠을까? 우리가 신앙의 선배들이 던진 어려운 질문들과 그들이 자주 질문할 수밖에 없던 고뇌를 인정하지 않은 채 바울 서신이나 성 아우구스티누스의 『고백록』을 읽을 때, 그들의 몸부림을 얼버무리고 넘어갈 때 우리는 기독교 역사의 복잡함과 명암을 부당하게 다루게 된다.

내가 지난 5년간 배운 것이 있다면, 의심은 믿음이 진화하는 작동 방식이라는 것이다. 의심은 우리가 잃어버린 것을 회복하거나 새로운 것을 포용할 수 있도록 잘못된 기본 원칙들을 내어 버리는 데 도움을 준다. 의심은 정련하는 불, 즉 우리의 믿음을 살아 있게 하고 움직이게 하고 부글부글 끓게 하는 뜨거운 불꽃이다. 확신은 믿음을 그 자리에 얼어붙게 할 뿐이다.

건강한 의심(자신의 신앙을 의심하는 것)이 아마도 건강하지 않은 의심(하나님을 의심하는 것)에 대항하는 최선의 방어책이라고 주장하고 싶다. 하나님에 대한 우리의 생각과 하나님 자신을 구별하는 방법을 알면, 하나님에 대한 우리의 생각 중 하나가 심각하게 도전을 받을 때도 우리의 믿음은 안전하게 유지된다. 우리의 신학이 달이 아니라 오히려 달을 가리키는 손가락임을 인식할 때, 우리는 이따금씩 질문하는 자유를 누리게 된다. 우리도 테니슨이 말한 것처럼 말할 수 있다.

우리의 작은 세계는 정해진 날이 있습니다.
그 세계는 그날을 보내고 끝이 납니다.

그 세계는 당신의 부서진 빛에 불과하니,

오 주님, 당신은 그것보다 크십니다.[15]

나는 가끔 내 작은 세계—나의 신학, 나의 전제, 나의 믿음, 심지어 나의 원칙까지도—가 거룩하고 초월적이신 하나님의 부서진 빛에 불과하다는 것을 알았다면, 화내고 원망하는 기도로 밤을 지새우는 날이 적지 않았을까 하는 생각이 든다. 하나님이 아니라 내 작은 세계에 의문을 가졌더라면 좋았을 텐데 싶다.

우리 세대는 신앙은 정복된 땅을 지키는 것이 아니라 새로운 영역을 발견하는 것임을 어렵게 배우고 있다. 믿음은 옳은 사람이 되거나 안주하거나 변화를 거부하는 것이 아니다. 믿음은 여정이며, 모든 세대는 각자 자신의 밑그림을 지도에 제공한다. 나는 이 여정에서 가야 할 길이 멀지만, 앞서가시는 예수님을 볼 수 있으리라 생각한다.

* * *

이따금 사람들은 내가 진리에 대해 어떻게 생각하는지 묻는다. 진리를 믿는지, 진리가 뭐라고 생각하는지, 그리고 진리가 상대적이라고 생각하는지 아니면 절대적이라고 생각하는지 묻는다. 눈에 끼고 있는 콘택트렌즈를 무려 이틀 동안이나 잃어버린 적 있는 사람에게 묻기에는 꽤 높은 수준의 질문이다.

사람들이 진짜로 물어보려는 질문은 이런 게 아닐까 싶다. "기독교인은 옳고 다른 사람은 틀렸다고 생각하니?" 나는 아직 그 질문에 답할 준비가 되어 있지 않은 것 같다. 그 질문이 중요한 건지 여전히 잘 모르겠으니 말이다.

절대 진리가 존재한다면, 그 진리는 분명 태양처럼 우리가 간접적으로 경험하는 어떤 것 아닐까. 우리는 그림자 속에서 태양을 보고, 태양이 달을 비추는 것을 보고, 태양이 우리 피부를 따끔거리게 하는 것을 느끼지만, 태양을 뚫어져라 쳐다보거나 태양이 자신의 소유라고 주장한다면 그것은 대체로 좋은 생각이 아니다. 이따금 나는 성경이나 에밀리 디킨슨의 시를 읽으면서 진리와 마주친 적이 있는 것 같다. 하지만 내가 댄에게 그 진리에 대해 말하려고 하면 말이 잘 나오지 않는다. 나는 내가 아는 모든 사람 안에서—네이선, 락스미, 아델 안에서, 심지어 준에게서도—진리의 작은 조각들을 보는 것 같다. 사람마다 예수님을 조금씩 다르게 경험하기 때문에, 진리는 관계성을 뜻하는 예수 그리스도의 인격 안에서 구체화된다고 나는 믿는다.

나는 더 이상 모든 것에 대해 대답할 준비가 안 되어 있다. 때로는 어떤 대답이 질문의 심각성이나 복잡성을 정당하게 다루지 못한다고 느끼기 때문에, 때로는 솔직히 무엇이 가장 좋은 대답인지 모르기 때문에, 어떤 때는 묻는 사람이 어차피 대답을 원하지 않는다는 것을 알 수 있기 때문에.

안타깝게도 "모르겠다"라는 말은 기독교계에서 유행이 지난 언어지만, 나는 지금도 내 입으로 익숙하게 그 말을 하려고 노력한다. 고집이 세고 의지가 강한 나는 내가 침묵하거나 애매한 태도를 보이면 사람들이 내가 스스로 생각할 수 없다거나 해당 사안에 대해 충분히 연구하고 숙고하지 않았다고 넘겨짚을까 봐 전전긍긍한다. 내 친구들이 잘 알듯이, 나는 내가 잘 알지 못한다는 짐작을 받느니 차라리 악랄한 모욕의 집중포화를 참아 낼 것이다. 나는 충분히 읽지 않는다고 오해받는 것보다 잘 썼지 않는다고 오해받는 편이 낫다.

어떻게 보면 요즘 교회도 마찬가지다. 때로 기독교인들은 우리가 인생의 모든 질문에 단도직입적인 대답을 내놓지 않으면 사람들이 우리의 믿음을 불합리하다고 생각하지 않을까 걱정한다. 리처드 도킨스 같은 매우 시끄러운 무신론자들에게 반응하다가 우리 스스로도 너무 시끄러워졌다. 예수님을 믿는 게 삶의 방식이 아니라 논쟁에서 어떤 입장을 취하는가로 재편되었다.

하지만 나는 기독교인이 된다고 해서 모든 답을 알아야 하는 것은 아님을 알 때 사람들이 복음에 훨씬 더 수용적이 된다는 사실을 발견했다. 내가 만난 대부분의 사람들은 자신의 모든 질문에 대답해 줄 종교를 찾고 있지 않았다. 오히려 그들은 안심하고 질문할 수 있는 믿음의 공동체를 찾고 있었다.

베드로가 "대답할 것을 항상 준비"하라고 처음 썼을 때 그는 네로 황제 시대에 박해 받고 있던 교회를 향해 쓴 것이다. 기독교인이 되는 게 매우 위험한 시기였다. 네로는 주후 64년에 일어난 대화재를 포함해 로마 제국에서 잘못되어 가는 모든 일의 책임을 예수님을 따르는 자들의 탓으로 돌렸다. 전승에 따르면, 베드로 자신도 잔인하게 십자가에 못 박혔다. 베드로는 이렇게 썼다. "그러므로 여러분이 열심으로 선한 일을 하면, 누가 여러분을 해치겠습니까? 그러나 정의를 위하여 고난을 받으면, 여러분은 복이 있습니다. 그들의 위협을 무서워하지 말며, 흔들리지 마십시오. 다만 여러분의 마음속에 그리스도를 주님으로 모시고 거룩하게 대하십시오. 여러분이 가진 희망을 설명하여 주기를 바라는 사람에게는, 언제나 답변할 수 있게 준비를 해 두십시오. 그러나 온유함과 두려운 마음으로 답변하십시오. 선한 양심을 가지십시오. 그리하면 그리스도 안에서 행하는 여러분의 선한 행실을 욕하는 사람들이, 여러분을 헐뜯는 그 일로 부끄러움을 당하게 될 것입니다. 하나님께서 바라시는 뜻이라면, 선을 행하다가 고난을 받는 것이, 악을 행하다가 고난을 받는 것보다 낫습니다"(베드로전서 3:13-17).

이 말씀은 토론 팀을 위한 조언이 아니라 순교자들을 위한 조언이었다! 베드로는 독자들에게 용기를 내라고, 인내심과 동정심, 온화함과 존경심으로 가해자의 눈을 들여다보라고 당부했다. 나무랄 데 없는 삶을 살고, 예수 그리스도의 가르침을 따르고, 원수를 죽기까지 사랑하라고 권고했다. 이 구절은 일련의 명제를 두려움 없이 방어하라는 게 아니다. 두려워하지 말고 소망을 붙잡으라는 말이다. 체계화되거나 입증되거나 이성적으로 설명될 수 없는, 날 것 그대로의 황홀하고도 무모한 소망을 말이다.

베드로는 이런 행동이 호기심을 불러일으킬 수 있음을 알았다. 그는 동료 기독교인들이 그들의 급진적인 공동체와 관습

적이지 않은 삶으로 인해 심문의 대상이 될 것을 알았다. 그들이 대답할 수 있도록 준비시키면서 베드로는 그들이 질문을 받을 것을 예상한 것이다. 우리의 삶이 세상에 질문을 유발할 만큼 영감을 주지 않는 한, 기독교를 변호하려는 우리의 답변은 아무리 최선일지라도 언제나 쓸모없이 울리는 꽹과리 소리와 같다.

철학 박사 학위를 갖고 있지만 멋지고 잰 척하지 않는 내 친구 데이비드는 이렇게 썼다. "신앙이라는 건 언제나 위험한 일이고 도박이야. 네가 원한다면, 모험이기도 하지. 믿음과 의심 사이의 경계가 행동에 있어 가장 중요한 지점이야. 순종하기 위해서 필요한 건 확신이 아니야. 틀릴 위험을 감수하려는 의지만 있으면 돼."

그는 이걸 내 페이스북 담벼락에다가 적었다.

* * *

내가 좋아하는 시인 라이너 마리아 릴케는 한 젊은 작가에게 이런 조언을 남겼다. "마음속에 풀리지 않고 남아 있는 모든 것에 인내심을 가지세요. 문이 잠겨 있는 방이나 외국어로 쓰인 책을 대하듯, 질문 자체를 사랑하려고 해 보세요. 당장 답을 찾으려 하지 마세요. 답이 지금 당신에게 주어질 수 없는 이유는 당신이 답을 살아 낼 수 없기 때문이에요. 문제는 겪어 보았느냐 하는 것입니다. 당분간은 그냥 질문을 살아 내도록 하세요. 아마도 먼 훗날, 자신도 모르게 답을 경험하고 있는 자신을 점차 발견하게 될 겁니다."[16]

나는 모르는 게 아주 많다. 악이 어디서 왔는지, 하나님이 왜 세상에 그토록 많은 고통을 허용하시는지 모르겠다. '정의로운 전쟁' 같은 게 있는지 모르겠다. 하나님이 궁극적으로 선과 악을 어떻게 심판하실지 모르겠다. 어느 교회의 전통이 진리를 가장 잘 드러내는지 모르겠다. 하나님이 종교 체제에 어느 정도 내재하시는지, 누가 천국에 가고 누가 지옥에 가는지 모르겠다. 지옥이 영원한 상태인지 혹은 일시적인 것인지 혹은 어떤 모습인지 모르겠다. 성경의 어떤 이야기가 역사적으로 정확하고 과학적으로도 입증 가능한 사실의 설명으로 다루어져야 하는지, 어떤 이야기가 은유로 읽도록 의도되었는지 모르겠다. 성경 이야기가 내 삶을 변화시키기만 하면 정말 의미 있는 것인지 모르겠다. 하나님의 주권과 인간의 자유 의지를 어떻게 조화시켜야 할지 모르겠다. 대량 학살과 여성에 대한 억압을 용인하는 것처럼 보이는 성경 구절을 어떻게 다루어야 할지 모르겠다. 다른 기독교인들은 전혀 안 그런 거 같은데, 나는 왜 이렇게 많은 질문을 갖고 있는지 모르겠다. 이 질문들 중에 어떤 질문에 대한 답을 찾게 되고 어떤 것을 찾지 못하게 될지 모르겠다.

하지만 나는 천천히 이런 질문들을 사랑하는 법을 배우고 있다. 문이 잠겨 있는 방과 같고, 기묘한 내용을 담은 책과 같고, 손뼉 치는 나무 같고, 동굴 벽을 기어오르는 물고기 같고, 애팔래치아 산맥과 히말라야 산기슭에 착 달라붙은 안개 같은 질문들을 말이다. 그리고 천천히 질문을 살아 내는 법을 배우는 중이다. 급진적인 랍비의 가르침을 따르는 법을 배우고, 왕은 낮아지고 종은 높아지는 거꾸로 된 왕국에서 살아가는 법을 배우고, 고아와 과부, 노숙자와 감옥에 갇힌 자, 가난한 자와 병자의 눈에서 하나님을 찾는 법을 배우고 있다. 바라건대 내가 인내심을 갖는다면 질문 자체가 의미로 녹아들 것이고, 답이 더는 그렇게 중요하지 않을 것이고, 아마도 멀고도 평범한 어느 날에 이 모든 것이 이해가 될 것이다.

어린아이와 같은 믿음을 갖는다는 것은 질문하지 않는다는 뜻이라고 말하는 이들이 있다. 분명 아이를 많이 만나 본 적 없는 사람이다. 아이가 있거나 아이를 사랑하거나 아이와 5분 이상 시간을 보내 본 사람이라면, 아이들이 질문을 엄청 한다는 것을 안다. 아이들은 짧은 답변에 만족하는 경우가 거의 없다. 대답을 듣자마자 곧바로 이어서 "왜요?"라거나 "어째서요?"라는 질문으로 옮겨 간다.

심리학자들은 말한다. 이 발달 단계의 아이들을 다루는 가장 좋은 방법은 질문에 직접 대답하는 것이 아니라 이야기를 들려주는 것이라고. 소아과 의사인 앨런 그린은 다음과 같이 설명한다. "수천 명의 아이들과 이야기를 나누고 나서 내가 내린 결론은 이거예요. 아이들의 질문이 진정으로 의미하는 바는, '우와 너무 재미있어요. 우리 같이 그것에 대해 얘기해요. 제발 더 얘기해 주세요'라는 것이다." 질문은 아이가 사랑과 신뢰를 표현하는 방식이다. 대화를 시작하는 아이의 방식이다. "당신과 대화하고 싶다"는 아이의 표현 방식이다.[17]

그래서 어린아이가 자기 아빠에게 달이 어디서 왔는지 묻는다면, 아빠는 아이에게 "달이 지구 주위를 돌면서 태양 빛을 반사하는 거야"라고 말할 수 있다. 혹은 "달은 해와 숨바꼭질 하기를 좋아해. 그래서 때로는 달이 검은 커튼 뒤에서 빼꼼 내다보는 것처럼 보이지. 어떤 때는 달의 머리 부분만 볼 수도 있고 어떤 때는 아예 아무것도 볼 수가 없어!"라고도 말할 수 있다. 달이 어떻게 눈에 보이지 않는 팔로 거대한 바다를 앞뒤로 잡아당겨 조수간만의 차이를 만드는지 말할 수도 있다. 우주 비행사들이 달 표면을 걷고 달에서 골프를 치고 달에서 돌을 주워 모은 이야기를 할 수도 있다. 달에는 우리가 망원경으로만 볼 수 있는 오목하게 팬 곳과 분화구와 분지가 있으며, 실제 바다는 아니지만 '고요의 바다'라고 불리는 특별한 장소가 있다는 이야기를 할 수도 있다. 그런 다음 아이를 밖으로 데리고 나가서 목말을 태우고 잠시 달을 쳐다보게 할 수도 있다. '달을 뛰어넘는 소'에 관한 시를 읊거나 '달과 함께 천천히 춤을'이라는 노래를 부를 수도 있다. 머지않아 아이는 아빠가 들려주는 아름다운 이야기에 흠뻑 빠져서 처음 질문이 무엇이었는지 잊어버리게 될 것이다.

내가 확실하게 아는 게 하나 있다면, 절망을 초래하는 정도의 아주 심각한 의심은 하나님께 질문하기 시작할 때가 아니라 두려움 때문에 질문하기를 멈출 때 시작된다는 것이다. 혼돈의 암흑기와 가장 영광스러운 명료한 순간에 우리는 그저 호기심 많고 의존적인 어린아이로 남는다. 하나님이 내미신 손을 미친 듯이 잡아당기며 끌어모을 수 있는 온갖 질문과 온갖 기도와 온갖 성질을 동원해 간청한다. "하나님, 당신과 대화하고 싶어요!"

하나님은 우리를 정말로 사랑하시는 게 틀림없다. 왜냐하면 그분은 언제나 긴 이야기로 응답하시니 말이다.

감사의 말

신인 작가와 이상한 제목(처음 제목은 '원숭이 마을에서 진화하기'였다)의 원고에 기회를 주신 나의 출판 대리인 레이첼 가드너에게 감사드립니다. 존더반 출판사의 훌륭한 관계자 분들에게 감사드립니다. 특히 안젤라, 브라이언, 마이크, 로라, 베스에게. 이 기획의 독창성을 충분히 유지하면서도 여러분의 전문성과 창의성을 제공해 주셔서 감사합니다. 기획안을 검토해 준 벤 윌리엄스에게 감사하고, 워드서브에 기획안을 언급해 준 크리스천 조지에게 감사합니다. 이 책에 굉장히 많은 영감을 불어넣어 준 RachelHeldEvans.com의 독자 공동체 여러분, 사랑합니다. 여러분은 의심의 여지 없이 다른 책에도 영감을 줄 것입니다.

　나와 함께 이야기를 나눈 친구들에게 특히 감사드립니다. 여러분 삶의 아름다움과 복잡함은 내가 여러분에게 부여한 호칭—군인, 변증가, 페미니스트, 과부, 모순덩어리, 가장 친한 친구—을 훨씬 능가합니다. 여러분은 한 장(章)으로 압축할 수 있는 것보다 더 많은 방법으로 내게 영향을 주었고, 단어들로 짜낼 수 있는 것보다 더 많은 방법으로 나를 축복해 주었습니다.

나를 강하게 밀어붙이고 가장 많이 격려해 주신 선생님들께 그 어느 때보다 감사드립니다. 콜린 보예트, 코니 랜드레스, 리처드 다거티, 캐리 발렌타인, 레이 레그, 휘트 존스, 베스 임프슨, 존 카펜터, 루스 칸트저, 그리고 브라이언 대학 식구들과 '원숭이 마을'을 고향이라고 부를 수 있는 아주 멋진 곳으로 만들어 준 데이턴의 좋은 분들에게도 특히 감사드립니다.

엄마, 아빠, 그리고 아만다. 호기심을 잃지 않고, 질문하고, 믿음의 도약을 하도록 가르쳐 주셔서 감사해요. 어린 시절 이야기를 쓰기 쉽고 읽기 좋게 만들어 주셔서 고마워요.

댄, 당신의 이름은 겉표지 내 이름 옆에 있어야 해요. 당신이 아니었으면 이 책은 존재하지 않았을 테니까. 열정을 좇아갈 수 있게 내 등을 밀어 줘서 고마워요. 내가 의기소침해졌을 때 힘을 줘서 고마워요. 내가 믿음을 잃어버렸을 때조차 당신은 잃어버리지 않아 주어서 고마워요. 희생해 주고, 들어 주고, 격려해 주고, 조건 없이 사랑해 줘서 고마워요. 당신보다 더 나은 인생의 동반자를 찾을 수는 없었을 거야. 어떤 새로운 모험이 우리를 기다리고 있을까. 어서 빨리 보고 싶다.

주

1. William J. Bouwsma, *John Calvin: A Sixteenth-Century Portrait* (Oxford: Oxford University Press, 1988), 72.

2. Edward J. Larson, *Summer for the Gods: The Scopes Trial and America's Continuing Debate over Science and Religion* (Cambridge: Harvard University Press, 1997), 88-89.

3. 앞의 책, 14.

4. Kurt P. Wise, *Faith, Form, and Time: What the Bible Teaches and Science Confirms about Creation and the Age of the Universe* (Nashville: Broadman and Holman, 2002).

5. Kurt P. Wise, "Geology," *In Six Days: Why Fifty Scientists Choose to Believe in Creation* (Green Forest, Ariz.: John F. Ashton, 2000), 353.

6. Josh McDowell, *Evidence That Demands a Verdict* (San Bernardino, Calif.: Here's Life, 2004), 10.

7. David Noebel, *Understanding the Times* (Manitou Springs, Colo.: Summit, 1991), 841.

8. 앤디와의 여러 번에 걸친 대화를 재구성했다.

9. Jonathan Edwards, "Sinners in the Hands of an Angry God," *Wikisource, the Free Library*, http://en.wikisource.org/wiki/Sinners_in_the_Hands_of_an_Angry_God (2009년 9월 2일 접속).

10. Anne Lamott, *Traveling Mercies* (New York: Anchor, 2000), 3. (『마음 가는 대로 산다는 것』, 청림출판)

11. C. S. Lewis, *Mere Christianity* (New York: HarperCollins, 2001), 64. (『순전한 기독교』, 홍성사)

12. N. T. Wright, *Surprised by Hope* (New York: HarperOne, 2008), 18-19. (『마침내 드러난 하나님 나라』, IVP)

13. Rob Bell, *Velvet Elvis: Repainting the Christian Faith* (Grand Rapids: Zondervan, 2005), 43.

14. Saint Augustine, *The Literal Meaning of Genesis*, translated and annotated by John Hammond Taylor, S.J. (New York: Newman, 1982), 1:41.

15. Alfred Tennyson, "In Memoriam A. H. H.," *Wikisource, the Free Library*, http://en.wikisource.org/wiki/In_Memoriam_A._H._H. (2009년 9월 2일 접속).

16. Rainer Maria Rilke, *Letters to a Young Poet* (Toronto: Random House of Canada, 1986), 34. (『젊은 시인에게 보내는 편지』)

17. Alan Greene, "Why Children Ask 'Why,'" *DrGreene.com*, March 13, 2000: http://www.drgreene.org/body.cfm?id=21&action=detail&ref=564 (2009년 9월 2일 접속).

옮기고 나서

2020년 12월,『다시, 성경으로』를 통해 레이첼 헬드 에반스를 알게 되었다. 그 전 해 서른일곱 살이라는 젊은 나이에 두 아이를 남기고 세상을 떠난 가슴 아픈 사연이 있는 작가라는 사실밖에는 아는 게 없었다. 당시 '사망의 음침한 골짜기'에 빠져 있던 나는『다시, 성경으로』를 읽으며 꺾인 무릎을 일으켜 세울 수 있었다. 그녀가 성경을 보는 관점에 동의가 되었고, 솔직하고 쾌활하고 명민한 글쓰기가 무척 마음에 들었다.

책이 나온 시점은 막 코로나 광풍이 몰아치기 시작한 시기였다. 대중 앞에서 강의하고 교육하는 일로 밥벌이를 하는 나는 일이 뚝 끊겼다. 사람들을 직접 만나서 하는 활동은 어렵거나 불가능해졌다. 나만 겪는 일도 아닌데다가 나보다 힘든 사람들이 도처에 있었다. 아무것도 할 수 없어서 하릴없이 시간만 보냈다. 그러다가 온라인 소그룹 독서 모임을 시작했다. 이름은 '호모 레겐스'(읽는 사람)라고 지었다.

　독서 모임을 시작한 가장 큰 이유는『다시, 성경으로』를 알리고 함께 읽고 나누고 싶어서였다. SNS를 통해 함께 읽을 사람들을 모집했다. 그렇게 수십 명의 사람들과 이 책을 읽고 나누었다. 레이첼의 문제의식은 공감을 받았고, 문제의식을 풀어낸 방식과 내용은 인정과 찬사를 받았다. 이 시대에 절실한 작가를 너무 일찍 잃었다는 생각에 이 책을 읽은 이들은 너 나 할 것 없이 애도를 표했다. 레이첼은 잊히지 않고 많은 이들의 마음에, 정신에 살아 있다.

　『다시, 성경으로』를 읽고 난 후, 나는『교회를 찾아서』,『성경적 여성으로 살아 본 1년』도 읽었다. 그녀는 유쾌하고 삐딱했고 관종(?) 같기도 했다. 나와는 완전히 다른 스타일인데 너무나 매력적인 사람이었다. 의심하는 사람들이 냉소적이기 쉬운데 그녀의 글은 따뜻했다. 보수적인 신앙생활이 전부라고 생각한 사람들에게 사고의 확장, 대전환을 가져다줄 수 있는 글쓰기를 할 수 있는 재능 있는 작가였다.

　그러던 중에 내게 기적 같은 기회가 찾아왔다. 레이첼이 남긴 미번역된 마지막 책(하지만 그의 첫 책!)을 번역하게 된 것이다! 이 책『헤아려 본 믿음』(*Faith Unraveled*)은 2010년에 출간된『원숭이 마을에서 진화하기』(*Evolving in Monkey Town*)를 2014년에 제목을 바꿔 확대 개정한 책이다. 다른 책들에는 자세히 등장하지 않은 어린 시절과 부모님, 그녀가 받은 교육, 당시의 사회상, 정치·종교적 문화, 신앙의 변화 등을 알 수 있다. 이 책을 읽으면 레이첼이 쓴 다른 책들이 더 잘 이해된다.

번역하는 내내 간접적으로 레이첼의 인생을 살았다. "혹시 내가 틀린 거라면?" 레이첼은 마음속에서 꼬물꼬물 올라오는 의심을 밟아 죽이지 않고 대면하기로 작정한다. 기독교 근본주의 신앙 안에서 교육받고 믿었던 것들을 의심하면서, 그녀는 괴로워하고 잠 못 자고 분노하고 운다. 분투한다. 설치고 말하고 생각한다. 닥치고 믿으면 쉬울 텐데 내면의 질문 앞에 정직하게 선다. 그녀의 정직함과 성실함이 나를 감동시켰다.

이 책은 논란을 불러올 것이다. 아마 정답을 안다고 주장하는 사람들을 불편하게 만들 것 같다. "오직 믿음"을 강조한 신앙인들은 검지를 좌우로 흔들어 보일지도 모른다. 그녀를 보편 구원론자라고, 행위 구원론자라고 눈을 가늘게 뜨는 사람도 있을 것이다. 위험한 신학이라고 우려하는 사람도 있을 거고, 그의 의심과 질문에 답을 주고 싶어서 손가락이 근질거리는 사람도 있을 것이다.

레이첼이 바라는 바가 어쩌면 이것인지도 모르겠다. 시끄럽게 만들기. "혹시 내가 틀린 거라면?" 이 질문이 마음에 화살처럼 꽂힌 사람도 있을 테고 불편한 이도 있을 것이다. 왜 그런지 각자의 자리에서 자기 이야기를 해 보면 좋겠다. 자기가 기독 신앙에서 믿고 행하는 바가 무엇인지, 그것은 하나님의 구원의 이야기에서 절대적인 것인지 상대적인 것인지, 그 믿음을 통해 궁극적으로 이루려는 바가 무엇인지 스스로에게 질문하고 답해 보자. 레이첼이 명랑한 가이드 역할을 해 줄 테니, 초행길이라도 두려워하지 마시길.

함께 이야기해 보아요

들어가며 : 나는 왜 진화론자인가

1. 처음 이 책에 끌린 이유는 무엇입니까?

2. 진화론을 둘러싼 논쟁에서 당신의 경험은 어땠나요? 성장하면서 진화에 대해 어떻게 느꼈나요? 지금은 어떻게 생각하나요?

3. 레이첼의 친구 아델은 근본주의란 "움켜쥔 주먹의 손톱이 손바닥에 자국을 남길 정도로 자기가 믿는 교리를 꽉 붙잡는 것"이라고 정의합니다(25쪽). 당신은 근본주의를 어떻게 정의하나요?

4. 레이첼은 기독교인들이 과거에 저지른 실수들, 이를테면 천동설을 주장한 것, 면죄부를 판 것, 재세례파 사람들을 박해한 것, 노예제를 조장한 것 등을 언급합니다(27-28쪽). 또 다른 것도 있을까요? 이런 실수들로부터 우리는 무엇을 배울 수 있을까요?

5. 레이첼이 "과학의 다양성이 아니라 신앙의 다양성"(29쪽)이란 측면에서 자신이 진화론자라고 말하는 것은 무슨 뜻일까요?

6. 최근에 거시적인 신학적 혹은 정치적 사안에 대해 생각이 바뀐 적이 있나요?

1장 최우수 기독교인 상

1. 1장은 레이첼이 종교적으로 어떻게 양육되었는지에 초점을 맞춥니다. 그녀의 이야기에 공감할 수 있나요? 어떤 부분이 그렇죠?
2. 성장하면서 당신이 교육받은 신앙에 대해 의심을 가져 본 적이 있나요?
3. 고등학생 때 레이첼을 만났다면 친구가 되었을 거라고 생각하나요? 가부간 이유를 말해 봅시다.
4. 1장 끝부분에 레이첼은 이렇게 씁니다. "때로는 내가 이토록 확신에 찼던 날들이 그립다. 번개가 치고 난 뒤 천둥이 치는 것처럼, 한밤중의 아몬드체리 향처럼 믿음이 확실하던 때 말이다"(54쪽). 지금 당신은 자신의 믿음에 대해 어렸을 때처럼 확신하나요?
5. 어린 시절의 믿음에 대해 가장 그리운 것은 무엇이고, 어린 시절의 믿음에서 벗어나 기쁜 점은 무엇인가요?

2장 십계명 여인 준

1. 준과 같은 사람을 만난 적이 있습니까? 그녀가 기독교인이라고 주장하는 사실에 대해 어떻게 생각하나요?

2. 기독교인들은 준과 같은 사람들에게 어떻게 반응해야 할까요?

3장 원숭이 마을

1. 이 책을 읽기 전에 스콥스 재판에 대해 잘 알고 있었나요? 3장을 읽고 이 재판에 관해 무엇을 배웠나요?
2. 증인석에서 윌리엄 제닝스 브라이언이 보인 언행에 대해 어떻게 평가하겠습니까? 그가 가장 잘한 순간, 가장 못한 순간은 각각 어느 때였나요?
3. 브라이언의 입장이 되었다고 상상해 보죠. 당신은 다르게 답했을까요?
4. 기독교 공동체, 특히 복음주의 공동체가 스콥스 재판 이후로 달라졌다고 생각하나요? 어째서 그렇죠?

4장 변증가 그렉

1. 그렉이 십계명 여인 준 또는 윌리엄 제닝스 브라이언과 다른 점은 무엇인가요?
2. 변증 세미나에서 레이첼은 단 하나의 성경적 세계관 같은 게 없는 건 아닌지, 혹시 "사람 수만큼 많은 세계관이 있는 건 아닌지" (80쪽) 궁금해하기 시작합니다. 당신은 어떻게 생각하나요?
3. 레이첼이 그렉의 이야기를 공유하는 이유는 무엇일까요?

5장 회의론자가 질문할 때

1. 와이즈 박사가 가위로 성경을 잘라 낸 후에 "성경이 참이고 진화가 틀렸거나 혹은 진화가 참이고 내가 성경을 버려야 하거나, 둘 중 하나다"(85쪽)라고 결론짓는 것에 대해 어떻게 생각하나요? 그의 말이 맞나요?
2. 성장하는 동안 믿음을 변호하기 위해 "언제나 답변할 수 있게 준비를 해"(90쪽) 두어야 한다는 부담을 느꼈습니까? 아직도 가끔 그런 부담을 느끼나요?
3. 5장은 레이첼이 변증 운동에 관여한 일을 묘사합니다. 변증은 어떤 식으로 건설적으로 사용될 수 있고, 어떤 식으로 파괴적으로 사용될 수 있나요?
4. 레이첼은 자기 세대에 대해 이렇게 말합니다. "예수 그리스도를 경험하고 알기 위해 우리는 거듭날 필요가 없었다. 그저 태어나기만 하면 되었다. 우리의 부모님과 선생님, 그리고 우리가 좋아하는 신학자들은 우리가 실제로 질문과 씨름할 시간을 갖기도 전에 모든 답을 우리에게 제공했다"(92쪽). 당신의 경험도 이러한가요?

6장 군인 네이선

1. 커피숍에서 레이첼과 네이선이 나눈 대화에서 제기된 신학적 문제는 무엇인가요?

7장 신자가 질문할 때

1. 7장의 앞부분에 레이첼이 묘사하고 있는 처형 장면과 같은 영상을 본 적이 있나요? 그때 당시 당신의 삶에는 무슨 일이 일어나고 있었나요? 레이첼에게 영향을 준 것과 같은 방식으로 그 사건이 당신에게도 영향을 끼쳤습니까?
2. 자르미나는 처형된 후 어떻게 되었다고 생각하나요?
3. 자르미나의 처형은 레이첼의 마음에 비기독교인의 영원한 운명에 대한 의문을 불러일으킵니다. 당신도 비슷한 질문으로 씨름한 적이 있나요?
4. 이 장에서 문제가 되거나 혼란스럽기까지 한 부분이 있었나요? 어떤 부분이 그랬나요?
5. 110-112쪽에서 레이첼은 일련의 질문을 쭉 이어 갑니다. 어떤 질문이 가장 마음에 와 닿았나요?
6. '우주적 뽑기 행사'(117쪽)를 언급하면서 레이첼이 하려는 말은 무엇일까요?
7. '믿음의 위기'라고 불릴 만한 일을 경험한 적이 있습니까? 무엇 때문이었나요?
8. 이 장이 좀 더 희망적인 내용으로 끝나지 않아서 실망했나요?

8장 예수, 샌들을 신은 하나님

1. 기독교 철학자 엘턴 트루블러드는 말했습니다. "기독교 역사에서 그리스도의 신성을 말할 때 그것은 단지 예수님이 하나님과 같다는 의미가 아니다. 그리스도의 신성은 이보다 훨씬 급진적

인 개념이다. 그것은 도리어 하나님이 예수님과 같다는 의미다."
이런 관점은 당신이 복음서에 접근하는 방식에 변화를 가져오나
요?

2. 레이첼은 자신의 신앙 경험 어느 시점에선가 "예수님이 짐을 꾸
려 내 마음에서 내 머리로 거처를 옮기신 것 같은 느낌이 들었
다"고 설명합니다(125쪽). 이게 무슨 뜻일까요? 공감이 되나요?

3. '반석' 위에 집을 짓는다는 것(126쪽)은 무엇을 의미합니까? 이
비유가 어떻게 의심하는 사람들에게 희망을 줄 수 있을까요?

9장 생존자의 죄책감

1. 세상에 대한 정보에 접근할 때 레이첼의 세대(밀레니얼 세대)는
이전 세대와 어떻게 다른가요? 이런 사실이 이십대가 종교 다원
주의, 악의 문제, 사회 정의 같은 사안에 접근하는 방식에 어떤
영향을 줄까요?

2. 레이첼이 '생존자의 죄책감'으로 괴롭다고 말한 것(132쪽)은 무
슨 뜻일까요?

3. 134쪽에서 레이첼은 이렇게 말합니다. "어떤 기독교인들은 모든
사람이 지옥에 간다는 생각보다 모든 사람이 천국에 간다는 생
각에 더 기분이 상한다." 이 말에 동의하나요? 왜 그런가요?

4. 이 장에서 레이첼은 자신의 의심이 관계에 어떤 영향을 주었는
지 설명합니다. 의심으로 괴로워하는 레이첼과 그녀를 도우려는
친구 중, 당신은 누구와 더 관련이 있나요?

5. '녹조라떼 신학'을 접한 적이 있습니까? 그것에 대한 레이첼의
평가(138-140쪽)에 동의하나요?

6. 142쪽에서 레이첼은 "꽤 오랜 세월 좋은 기독교인은 언제나 질문에 대답할 준비가 되어 있어야 한다고 생각했지만, 결과적으로 나를 다시 신앙으로 돌아가게 이끈 것은 질문이었다"라고 말합니다. 그녀는 어떤 질문을 했고, 왜 그것이 그녀에게 희망을 주었을까요?

10장 예언자 요한

1. 당신은 요한계시록 7장에 있는 요한의 환상(145-147쪽)을 어떻게 해석하나요?

11장 더 높은 길

1. 어떤 상황에서 "하나님의 길은 우리의 길보다 높다"라는 말을 주로 듣거나 사용하나요? 자신의 신앙에 대해 의문을 가진 사람에게 멸시하는 투로 이런 말을 사용하는 상황에 처한 적이 있나요?
2. 인간의 양심(혹은 도덕법)이 신학을 발전시키는 데 역할을 한다고 생각하나요?
3. C. S. 루이스는 『순전한 기독교』에서 이렇게 말했습니다. "우리는 그리스도로 말미암지 않고는 아무도 구원받을 수 없음을 안다. 그러나 우리는 그리스도를 아는 사람만이 그분으로 말미암아 구원받는지는 알지 못한다." 이 말에 대해 어떻게 답하겠습니까? 동의하나요?
4. 152-156쪽에서 레이첼은 루이스의 입장을 성경이 지지하고 있

음을 몇 가지로 언급합니다. 설득력이 있었나요?

5. 문맥으로 볼 때, 이사야가 말한 '더 높은 길'(사 55:6-12)은 무엇을 의미한다고 생각하나요? 어떻게 하나님의 길이 우리의 길보다 높을까요?

12장 과부 락스미

1. 락스미 같은 사람을 만난 적이 있나요? 그 사람에게서 무엇을 배웠나요?

13장 하나님이 하신 일

1. "하나님이 하신 일이야"라는 말을 들어 본 적이 있나요? 어떤 상황에서였나요?

2. 레이첼이 부당하게 이 말을 비판한다고 생각하나요? 그 말이 왜 그렇게 그녀를 괴롭히는 것 같나요?

3. 177쪽에서 레이첼은 이렇게 말합니다. "하나님 나라에서는 우주의 추첨이 거꾸로 작동하는 것 같다." 이게 무슨 말일까요?

4. 산상수훈에 나오는 팔복은 축복의 개념을 어떻게 뒤집습니까?

5. 예수님의 가르침에 근거해서 볼 때, 돈과 권력 같은 것을 선이나 악을 위해 사용될 수 있는 축복, 저주, 유혹, 가치 중립적인 기회라고 말할 수 있을까요?

6. 레이첼은 무엇이 참으로 '하나님이 하신 일'(179쪽)이라고 인정하나요? 동의합니까?

7. 레이첼에 따르면, 성경에서 그녀가 자신과 가장 동일시하는 인물은 바리새인입니다. 공감이 되나요? 만약 당신이 실제로 예수님을 만났다면 그분을 따르기로 선택했을지 궁금했던 적은 없나요?

8. 181쪽에서 레이첼은 "우리가 가진 규칙과 규정의 목록이 길어질수록 하나님 자신이 그중 하나를 어길 가능성이 커진다"라고 말합니다. 살면서 이런 일을 직접 경험해 본 적이 있나요?

9. 이번 장이 '하나님이 하신 일'이나 '축복'에 대해 당신이 이야기하는 방식에 변화를 가져올 거라고 생각하나요? 왜 그런가요?

14장 복음전도자 마크

1. 마크의 설교가 어땠나요? 그런 설교를 들어 본 적이 있나요?

2. 그런 설교를 들으면 어떤 느낌이 드나요? 죄책감인가요? 동기부여? 두려운가요?

15장 심판의 날

1. 레이첼이 이 장에서 묘사하는 '심판의 날' 집에 대해 어떻게 생각하나요? 그것이 복음을 전하는 효과적인 방법일까요? 왜 그런가요? 혹은 왜 그렇지 않은가요?

2. 처음으로 '콜링'을 받거나 회개 기도를 했던 게 기억나나요? 천국과 지옥이 존재한다는 사실이 당신이 기독교로 개종하는 데 영향을 끼쳤습니까?

3. 복음서에서 예수님은 다른 주제보다 천국에 대해 훨씬 더 많이 말씀하십니다. 그분이 말씀하시는 천국은 무엇일까요?
4. 202쪽에서 레이첼은 "그리스도인이 된다는 것은 어쩌면 언젠가 천국을 경험하는 것이 아니라 날마다 천국을 경험하는 것일지도 모른다"라고 합니다. 어떻게 생각하나요?
5. '구원'이라는 말을 들으면 무엇이 떠오르나요? 우리는 무엇으로 부터 구원을 받나요?
6. 205쪽에서 레이첼은 말합니다. "나는 예수님이 우리를 죄에서 구원하기 위해 죽으셨다고 여전히 믿으면서도 또한 우리를 죄에서 구원하기 위해 사셨다고 생각하게 되었다." 무슨 의미일까요?

16장 모순덩어리 아델

1. 혹시 동성애자 친구가 있나요? 그 친구들은 기독교와 관련해서 어떤 경험을 했나요?
2. 아델을 모순덩어리라고 부르는 게 타당한가요?

17장 검술 훈련

1. 레이첼은 왜 '성경적 여성'(211-216쪽)이라는 개념으로 인해 혼란스러웠나요?
2. 성경이 일상에서 무기로 사용되는 상황을 떠올려 볼 수 있나요? 당신을 공격하는 무기로 사용된 적도 있나요?
3. 성경을 설명할 때 '무오성'이라는 단어를 사용하는 게 유용하다

고 생각하나요? 그 이유는 무엇인가요?

4. 당신을 괴롭히는 성경 구절이 있습니까? 어떤 것이죠?

5. 224쪽에서 레이첼은 말합니다. "성경이 나의 세계관에 영향을 미치는 것처럼 나의 세계관이 내가 성경을 읽는 방식에 영향을 끼친다." 동의하나요?

6. 어떻게 하면 성경이 우리 각자의 이미지들로 만들어진 우상이 되는 것(225-228쪽)을 막을 수 있을까요?

18장 페미니스트 샘

1. 샘에 의하면 대부분의 복음주의 기독교인들은 "오로지 논쟁, 회심, 그리고 선거에서 이기는 데만 관심이" 있다고 합니다(234쪽). 이 말에 어느 정도 진실이 들어 있나요?

19장 적응

1. 세상이 변하고 있고 기독교도 그와 함께 변하고 있다는 레이첼의 의견(237-238쪽)에 동의하나요? 왜 그렇죠? 이건 좋은 일인가요, 나쁜 일인가요?

2. 지난 몇 년간 당신의 믿음은 어떤 방식으로 바뀌었나요?

3. 이 책을 읽고 당신의 믿음에 변화가 있었나요?

4. 레이첼이 민주당(진보적인 당)에 투표했다는 것을 알았을 때 기독교인들이 그녀를 어떻게 대했는지 읽고서 놀랐나요? 복음주의 기독교가 왜 이렇게 정치와 얽혔다고 생각하나요?

5. 240쪽에서 레이첼은 말합니다. "나는 대부분의 사람들이 기독교에서 멀어지는 것은 치러야 할 제자도 때문이 아니라 잘못된 원칙 때문이라고 확신한다." 이 말에 동의하나요? 당신의 신앙 여정에서 만났던 '잘못된 원칙'은 어떤 게 있나요?

6. 창세기 해석에 관한 글에서 성 아우구스티누스는 이렇게 말했습니다. "너무 모호하고 우리의 시야를 훨씬 벗어난 문제와 관련해서, 우리는 우리가 받은 믿음을 훼손하지 않으면서도 매우 다른 방식으로 해석될 수 있는 성경 구절들을 발견한다. 그런 경우 성급하게 달려들어 너무 확고하게 한쪽 편에 서지 말아야 한다. 진실을 향한 탐구가 더 진전되어 정당하게 그 입장을 약화시킨다면, 우리도 그와 함께 무너질 것이다." 아주 오래된 이 말이 신앙, 과학, 진화 생물학을 둘러싼 현재의 논쟁에 어떻게 적용될 수 있을까요?

7. 사랑이 기독교 신앙의 가장 중요한 근본 요소라는 생각에 대해 어떻게 생각하나요?

8. 레이첼이 "예수 그리스도를 따르는 자들은 과도기의 인류"(246쪽)라고 말한 것은 무슨 뜻일까요?

20장 해결사 댄

1. 의심으로 힘들어하는 누군가를 '고치려고' 노력해 본 적이 있나요? 그래서 어떻게 되었나요?

21장 질문을 살아내기

1. 이 장에서 레이첼은 의심의 장점을 몇 가지로 분석합니다. 의심에 대해 이런 식으로 얘기하는 게 편한가요, 아니면 의심은 분명히 잘못되었다고 느끼나요?

2. 253-254쪽에서 레이첼은 "하나님을 의심하는 것과 우리가 하나님에 대해 믿고 있는 바를 의심하는 것"을 구별합니다. 이런 구별이 도움이 되나요? 구별하기 어려울 때도 있나요?

3. 왜 그렇게 많은 기독교인이 "잘 모르겠다"라고 말하기를 두려워한다고 생각하나요?

4. 베드로전서 3장 13-17절에 대한 레이첼의 해석이, "언제나 질문에 대답할 준비가 되어 있어야" 한다는 의미에 대한 당신의 관점에 변화를 주었나요?

5. 레이첼의 친구 데이비드는 말합니다. "신앙이라는 건 언제나 위험한 일이고 도박이야. 네가 원한다면, 모험이기도 하지. 믿음과 의심 사이의 경계가 행동에 있어 가장 중요한 지점이야. 순종하기 위해서는 확신이 필요한 게 아니야. 틀릴 위험을 감수하려는 의지만 있으면 돼"(259쪽). 이 말은 8장에서 반석 위에 집을 짓는 것에 대해 레이첼이 도달한 결론(126-127쪽 참조)과 어떻게 연결될까요? 이런 접근 방식의 실제적, 일상적 의미는 무엇일까요?

6. 어린아이와 같은 믿음을 갖는다는 것은 무엇을 의미한다고 생각하나요?

7. 이 책을 읽고 나서 당신의 생각이나 느낌은 어땠나요?

헤아려 본 믿음

의심과 질문을 통해 새로운 믿음에 이르게 된 이야기

초판 1쇄 인쇄 2023년 1월 10일
초판 1쇄 발행 2023년 1월 20일

지은이   레이첼 헬드 에반스
옮긴이   김경아
펴낸이   박명준

편집   박명준   펴낸곳 바람이 불어오는 곳
디자인   김진성   출판등록 2013년 4월 1일 제2013-000024호
독자 일독 천서진   주소 03041 서울 종로구 자하문로 5, 5층
제작   공간   전자우편 bombaram.book@gmail.com
                       문의전화 010-6353-9330   팩스 050-4323-9330

ISBN 979-11-91887-06-8 03230

바람이불어오는곳 은
삶의 여정을 담은 즐거운 책을 만듭니다.

🅵 🅾 bombaram.book